教育部中外语言交流合作中心
2020年度国际中文教育研究课题重大项目
"中国高校国际中文教育办学主体作用研究"
（项目编号 20YHO3A）

谨以此书纪念孔子学院成立二十周年

本书编委会

主　编：刘　宏
副主编：华媛媛　安　然
编　委：孙明材　张恒军　傅　琼
　　　　　陈子骄　宋　刚　赵存丽
　　　　　李　凡　孙　凡

Proceedings Of Research On
The Principal Role
Of Chinese Universities In
International Chinese Education

"中国高校国际中文教育办学主体作用研究"

研讨论文集

刘 宏 主编

辽宁师范大学出版社
·大连·

ⓒ 刘　宏　2024

图书在版编目(CIP)数据

"中国高校国际中文教育办学主体作用研究"研讨论文集 / 刘宏主编. -- 大连：辽宁师范大学出版社，2024.11. -- ISBN 978-7-5652-4465-0

Ⅰ. H195.3-53

中国国家版本馆 CIP 数据核字第 2024M5S023 号

ZHONGGUO GAOXIAO GUOJI ZHONGWEN JIAOYU BANXUE ZHUTI ZUOYONG YANJIU
"中国 高校 国际 中文 教育办学主体 作用 研究"
YANTAO LUNWEN JI
研 讨 论 文 集

责任编辑：杨斯超
责任校对：王文燕　杨焯理
装帧设计：陶　非

出 版 者：辽宁师范大学出版社
地　　址：大连市黄河路 850 号
网　　址：http://www.lnnup.net
　　　　　http://www.press.lnnu.edu.cn
邮　　编：116029
营销电话：(0411)82159126　82159220
印 刷 者：大连金华光彩色印刷有限公司
发 行 者：辽宁师范大学出版社

幅面尺寸：170mm×230mm
印　　张：17.5
字　　数：225 千字
出版时间：2024 年 11 月第 1 版
印刷时间：2024 年 11 月第 1 次印刷
书　　号：ISBN 978-7-5652-4465-0

定　　价：68.00 元

前　言

党的二十大报告提出："增强中华文明传播力影响力……深化文明交流互鉴，推动中华文化更好走向世界。"国际中文教育既是建设教育强国、文化强国的重要组成部分，也是推动中外文明交流互鉴、丰富世界文化的重要举措。当前，在世界面临百年未有之大变局和以中国式现代化全面推动中华民族伟大复兴两大背景下，国际中文教育事业正迈入高质量发展阶段，展现出全新的态势。

2024年11月15日，习近平主席向2024年世界中文大会致贺信并祝贺孔子学院成立20周年。习近平主席指出，支持服务国际社会开展好中文教育是中国作为母语国的责任。习近平主席的贺信为推进国际中文教育高质量发展、深化全球交流文明互鉴提供了根本遵循和行动指南。

中国高校是推动国际中文教育事业发展的主体力量，服务新时代国际中文教育事业的新发展，积极参与国际高等教育合作，展现中国高等教育特色，服务中华民族伟大复兴是中国高校的时代使命。中国高校的角色定位与功能发挥将对国际中文教育产生深远的影响。如何更加精准地定位中国高校在国际中文教育中的角色，如何更加有效地发挥其办学主体作用，引领和推动国际中文教育高质量创新发展，成为当前迫切需要研究的问题。

大连外国语大学承担的教育部中外语言交流合作中心2020年度国际中文教育研究课题重大项目"中国高校国际中文教育办学主体作

用研究"围绕中国高校在国际中文教育中的主体责任、主体作用以及相关保障体系展开研究。作为此项课题实践成果之一的"中国高校国际中文教育办学主体作用"高端论坛于2023年5月由大连外国语大学成功举办，旨在对新时代国际中文教育机制化体系化建设进行更深层次的解读与探索。论坛汇聚了国内外众多知名高校、研究机构的专家学者，围绕中国高校办学主体作用、国际中文教育理论建设及教学实践等议题展开了深入研讨，为探索国际中文教育领域的前沿理论和体制改革提供了宝贵的建议。本论文集正是基于此次论坛的丰硕成果编纂而成，旨在系统梳理和总结当前关于中国高校国际中文教育办学主体作用的研究进展与实践探索，从理论层面探讨了中国高校发挥主体作用以推动国际中文教育创新发展的路径；从实践层面讨论了高校国际中文教育的管理机制改革、师资队伍建设、课程体系优化以及教学模式创新等具体方案。

　　本论文集的出版得到了相关专家的悉心指导、各位作者的积极配合以及辽宁师范大学出版社全方位的支持，对此表示诚挚的谢意。希望本论文集能够发挥其学术价值，助力加强国际中文教育的理论体系构建和应用研究，促进国际中文教育学界、业界各方建立广泛而深入的合作，助力中国高校更好发挥办学主体作用，为推动国际中文教育高质量创新发展、服务教育强国建设做出积极的贡献。

项目课题组
2024 年 10 月

目录

新时代中国高校在国际中文教育中办学主体作用研究 …………… 1

On the Cultivation for the Postgraduates of International Chinese Education in Information Literacy …………………………… 19

中文纳入亚美尼亚国民教育体系的特征和动因、挑战及对策 ……… 35

国际中文教育人才培养目标下劳动教育实践新路径探索 …………… 49

中医孔子学院建设：现状、挑战与优化路径 …………………………… 57

历史、现实和未来：百年未有之大变局下国际中文教育发展的多维审视 ……………………………………………………………………… 77

国际中文教师身份建构研究——基于扎根理论和互动叙事的多案例探索 …………………………………………………………………… 88

国际学生艺术类课程远程线上教学的困境与对策 …………………… 113

任务型项目式教学在汉语言基础课教学上的应用——以汉语言专业汉语听说课为例 …………………………………………………… 123

提升留学生跨文化交际能力的教学策略研究 ………………………… 133

母语负迁移视角下汉语教学难点及对策——以阿拉伯语母语者为例 …………………………………………………………………… 142

数字化视域下乌兹别克斯坦汉语教学调查及发展策略研究 ………… 152

反素语气副词"反正"的语法化及相关教学问题探析 ……………… 175

中国优秀文化融入军校汉语课程的思考 ……………………………… 182

监测评估孔子学院办学质量 促进中方高校发挥主体作用——基于大连外国语大学海外十所孔子学院的实证调研 ………………… 189

现代汉语中"杀"的词义新解及相关对外汉语教学研究 …………… 207
浅谈国际中文教育中的中国现当代文学本科课程教学 …………… 217
国际中学教育普通证书文言文考试命题趋势与剑桥大学在英国汉学传播中的作用分析 …………………………………………………… 226
浅谈新时代孔子学院品牌形象发展策略——以意大利孔子学院为例
……………………………………………………………………… 242
多模态视角下《无穷之路》中传播中国故事的隐喻和转喻机制 …… 251
交互式任务型教学法在口语课中的具体操作 …………………… 267

新时代中国高校在国际中文教育中办学主体作用研究[①]

刘宏　傅琼　华媛媛　安然[②]

摘　要：随着新时代国际中文教育事业不断向前发展推进，探索中国高校在国际中文教育办学中的主体作用已成为中国高等教育国际化发展的内在需求。本文针对中国高校国际中文教育和孔子学院管理体系发展状况进行问卷调查与分析梳理，总结了当前中国高校在国际中文教育和孔子学院转型发展中存在的问题，提出了强化中国高校在国际中文教育中的办学主体作用的政策建议，为中国高校优化国际中文教育管理体系，科学制定孔子学院管理方案，顺利实现国际中文教育的转型、创新和高质量发展提供参考。

关键词：中国高校　国际中文教育　主体作用

---

① 本文发表于《语言教育》2023年第1期。
基金项目：教育部中外语言交流合作中心2020年度国际中文教育研究课题重大项目"中国高校国际中文教育办学主体作用研究"（项目编号：20YH03A）

② 作者单位：刘宏，大连外国语大学中国东北亚语言研究中心；傅琼，大连外国语大学孔子学院工作处、中国东北亚语言研究中心；华媛媛，大连外国语大学孔子学院工作处。

一、引言

2019年12月9日至10日,国际中文教育大会在湖南长沙召开。此次大会是在孔子学院创办15年、连续举办13届全球孔子学院大会的基础上召开的。学者们对本次会议充满了期待和激情,普遍认为此次大会标志着国际中文教育在新发展理念的指导下,进入了一个新的发展阶段[1]。伴随着一年一度的全球孔子学院大会名称的改变,孔子学院在国家层面的管理机制和体制开始创新和调整。2020年,教育部党组经研究决定,将原有的孔子学院总部更名为教育部中外语言交流合作中心(以下简称语合中心),不再对外使用"国家汉语国际推广领导小组办公室(英文HANBAN)"的名称。2020年6月,由多家大学和商业机构发起的民间公益教育机构"中国国际中文教育基金会"(以下简称基金会)在北京成立,办公场所设在北京语言大学。

从孔子学院建设到国际中文教育概念的提出及实践充分说明:一是在世界百年未有之大变局背景下,国家高等教育领域的开放战略步入新发展时期和新发展格局,从而推动了高等教育对外开放和高质量发展;二是国家治理体系和治理能力现代化不断推进,国家对原有国际中文教育事业的体制机制做出重大调整,促使其与世界接轨;三是国家对推动中文国际化做出全局性规划,加强国家语言能力建设,将海外孔子学院教育、海外华文教育和国内海外留学生教育整合到国际中文教育框架体系内;四是国家促进国内外办学主体更好地整合汉语国际教育资源,加强国内外平台建设,引入数字化技术支持,进行市场化运作,充分发挥社会力量,促进多元化中文教育机构发挥各自职能,形成资源优势互补。

学者宁继鸣认为:"面对百年未遇之大变局,给予我们的事业属性和学科定位,建设一个高质量的国际中文教育体系,在实践和理论中赋予'国际中文教育'应有的价值和意义,继而转化生成一个具有普遍意义的全球性的'国际中文教育'生态系统,是我们的必答题,是顺应时代发展、服务构建人类命运共同体这一时代命题的历史责任和必然选择。"[2]

在国际中文教育事业进入新阶段、开启新范式的背景下,新时代中国高校在国际中文教育中办学主体作用的内涵随之发生变化,语合中心及基金会形成的崭新工作机制要求中国高校从自身发展角度思考其在国际中文教育事业中的能动性、主动性。服务新时代国际中文教育事业的新发展是中国高校积极参与国际高等教育合作、在世界高等教育发展史中展现中国高等教育特色的时代使命。

二、中方院校在孔子学院办学中的支撑能力研究

2015年12月,在第十届孔子学院大会上,时任国务院副总理刘延东首次提出"加强院校支撑能力建设"[3],此时正是孔子学院建设进入第二个十年的时候,无论是国际国内形势的变化,还是孔子学院自身的可持续发展需要,都对中外大学提出了更高的要求。2017年,"大力加强中方合作院校支撑能力建设"作为"办好孔子学院"的重点工作被写入《国家教育事业发展"十三五"规划》。

2019年以前,学者宁继鸣、刘利、张晓慧、钟英华、安然、周勇、徐丽华、李凡等都撰文阐述过中方院校在孔子学院办学中的主体责任和支撑能力建设。如张晓慧在《论中国大学对孔子学院发展的支撑能力建设》一文中讨论了中国大学参与孔子学院建设的初衷以及中国大学应具备的支撑能力。她认为中国大学参与孔子学院建设应具备人力支撑能力、物力支撑能力和智力支撑能力,同时提出中国大学在支撑能力建设中存在外派人员选派难、非英语国别教材和工具书编写能力差、大学的智库功能尚未显现等问题。张晓慧提出加强中方大学支撑能力建设的五个策略:一是加大对中方院长和教师选拔与任职的政策支持;二是

加强孔子学院人才培养的针对性;三是发挥好智库功能,开展中国语言文化走向世界的战略研究;四是加强孔子学院急需的教材和工具书编写工作;五是全面深化与外方大学的交流与合作,把孔子学院真正办成自己的"海外学院"[4]。

山东大学学者赵跃研究了孔子学院与中方高校协同发展问题。赵跃认为,二者协同发展对孔子学院的推动作用表现在认同度提高、风险控制、业务拓展和文化创新方面,对中方高校的推动作用表现在学科支持、结构优化、吸引力增加和国际化发展上。赵跃提出宏观层面、中观层面和微观层面的协同发展路径,也从另一个侧面反映了中方高校办学支撑能力指标,并提出做好战略规划与伙伴选择工作、建立协调机构与运行机制、开发校本课程与建设虚拟校园、实施校产结合与寻求社会支持四个建议[5]。

俞苏洋从中方合作院校与孔子学院的作用关系出发,分析和归纳了孔子学院中方合作院校在组织、体制、资源和品牌四个方面的支撑能力上存在的问题。俞苏洋从四个方面提出了支撑能力建设的具体建议,特别强调中方高校要把好人员关、把好教材关、把好研究关、把好项目关、把好经费关,认为中方高校应具有孔子学院品牌建设意识和本土化发展的战略眼光,全面提升孔子学院的管理水平、办学质量、本土化程度和社会影响力[6]。

李凡、安然、高航和徐丽华、包亮两个研究团队分别分析了大连外国语大学和浙江师范大学在承办孔子学院过程中加强支撑能力建设的具体做法。大连外国语大学不断整合资源,加强支撑能力建设,形成学校上下切实有效的管理机制和工作机制:一是优化管理机制,为参与孔子学院建设提供制度保障;二是出台系列政策,为孔子学院输送精兵强将;三是筹划"走出去"项目,支持孔子学院举办文化学术活动;四是设计组织"请进来"项目,搭建体验和了解中国文化的平台;五是主动开发多语种汉语教材,丰富孔子学院教学资源。浙江师范大学在加强支撑能力建设方面形成以孔子学院建设为中心,区域问题研究、国际合作交流和学科建设协同发展的良好格局。浙江师范大学聚焦非洲孔子学院建设和非洲学研究,助力非洲师资本土化发展,把大学多学科智库功能发挥到极致,精准服务国家发展与中非之间的友好交流与合作[7]。

宁继鸣还曾在中国经济发展进入"新常态"的背景下,提出孔子学院发展的"新常态"概念,即调整节奏、改善结构、增强定力,构建"制度信任"机制,有效吸纳社会参与力量,以期实现更好、更稳定的健康发展状态,符合国际社会多元需求和中国大国责任的要求[8]。宁继鸣认为,孔子学院发展新常态的关键之一在于"制度信任",在于办学主体对办学资源的"计划性安排",在于资源配置的主观能动性[9]。

以上学者在孔子学院转型升级之前对中方大学办学支撑能力的研究,以及对中方院校在承办孔子学院过程中实践的研究,为我们研究世界百年未有之大变局下中方院校在国际中文教育中的主体作用提供了学理基础和实践可能。

三、中国高校在国际中文教育中办学主体作用研究问卷的设计与结果

(一)问卷的设计与发放

在新时代国际中文教育需求背景下,强化和提升中方高校办学主体作用迫在眉睫。为了全面了解我国高校在国际中文教育中的办学情况,课题组聚焦国际中文教育体系中的孔子学院教育,在考察相关文献的基础上,于2022年4月至8月面向我国开展国际中文教育工作并承办孔子学院的中方高校进行了问卷调查。本次调查使用"问卷星"专业问卷调查平台,问卷针对孔子学院管理的机制体制、国际中文教育的师资保障、学科及教学保障、财务保障以及孔子学院办学质量评估等方面

共设计了81个问题,含封闭式问题和开放性问题两种形式。此次问卷调查共发放问卷62份,收回有效问卷47份,回收率为75.81%,覆盖了承办孔子学院的47所中方高校及178所孔子学院。

(二)问卷调查结果与分析

在填写调查问卷的47所高校中,31.91%为综合类高校,25.53%为师范类高校,19.15%为理工类高校,10.64%为外语类高校,12.77%为其他类高校,在学校类型方面具有较强的代表性。通过对回收问卷进行数据统计和分析,可直观了解高校国际中文教育现状及存在的一些问题。

1.关于孔子学院管理机制体制

根据回收的调查问卷,47所高校中有38所高校在学校"十四五"规划中对孔子学院发展有所表述,占比为80.85%。有23.4%的高校的孔子学院工作为一把手校长主管,72.34%的高校为副校长主管,4.26%的高校为其他级别领导主管。有70.21%的高校成立了支持孔子学院建设的工作机构,如孔子学院工作处、国际中文教育办公室、汉语国际推广办公室、国际交流与合作处孔子学院事务科等,并配备了专职工作人员。

从问卷统计结果可以看出,大多数高校将孔子学院工作列入了学校发展规划中,但部分高校对孔子学院建设发展的实际重视度和参与度不足,如:一把手校长负责制在大多数高校孔子学院管理工作中未能得到重视和落实,一些高校没有设置专门机构和配备专职人员管理孔子学院工作,而是由学校某一部门人员兼职管理。

参与问卷调查的47所高校中,有65.96%的高校召开过孔子学院办学主体作用年度工作会议;46.81%的高校制定了保障孔子学院发展的相关规章制度,如孔子学院工作管理办法、人员选拔与管理规定、运行经费管理办法等;74.47%的高校将孔子学院中方院长、教师及志愿者的选派工作提交校党委会或校长办公会审议,其余高校则不经过校级会议审议;在孔子学院理事会制度执行情况方面,59.57%的高校每年定期召开孔子学院理事会议,其余高校则不定期按需召开或未能按时召开理事会议。

从问卷反馈情况来看,大多数高校已确立对孔子学院重要事项报告和决策的会议制度,部分高校制定了孔子学院相关规章制度并出台了系列文件,如内蒙古师范大学制定了《内蒙古师范大学孔子学院建设管理办法(试行)》及《内蒙古师范大学孔子学院中方院长和教师选派及管理办法》,厦门大学制定了《厦门大学孔子学院骨干教师队伍建设实施办法(试行)》《厦门大学孔子学院专职教师管理条例(试行)》《厦门大学"国际中文教师志愿者"项目管理条例(试行)》,大连外国语大学制定了《大连外国语大学中方院长及后备人才管理工作实施办法》《大连外国语大学孔子学院经费管理实施办法》等。然而,大多数高校关于孔子学院的规章制度并不完善,有关人员、经费等制度措施并不健全,还有部分高校的理事会机制执行不到位,与孔子学院的科学化、规范化管理要求还存在一定差距。

2.关于国际中文教育师资保障

师资储备是国际中文教育最为重要的支撑系统。根据问卷统计结果,目前高校外派孔子学院的教师,30—40岁最多,其次为30岁以下;多为助教或讲师职称,副教授及以上职称较少。外派中方院长年龄段为50岁以上最多,其次为40—50岁,多为副教授或教授职称。

在参与问卷调查的高校中,有80.85%的高校在一定程度上进行了孔子学院中方院长和国际中文教师的人才储备工作,并有梯队建设方面的具体措施,如北京大学、华东师范大学、东北财经大学、复旦大学、大连外国语大学等均建立了孔子学院专职教师或骨干教师队伍;沈阳师范大学和厦门大学出台政策选派优秀专职教师挂职锻炼,进行有针对性的培育与考察;渤海大学建立了中方院长和骨干教师后备人才库,健全师资"育、培、选、派、管"一体化机制。

在外派教师工资待遇方面,76.6%的高校为外派院长和教师保留原校内待遇或部分校内待遇,23.4%的高校给予其象征性待遇。在职称评聘方面,有7所高校给予外派中方院长和教师职称晋升单独认定的倾斜政策,占比为14.89%。此外,有47.27%的高校为外派教师制定了激励政策。如山东大学将教师外派工作视同海外访学经历,转化并认定外派教师海外工作量,保障教师晋升发展;广东外语外贸大学给予中方院长副处级领导岗位责任津贴奖励;大连外国语大学为外派院长和教师在职称评聘中单列指标并发放年终绩效;广西师范大学为外派中方院长和教师发放绩效,为其提高外派期间职称待遇一级,结束任期后延长此项待遇一年。

此外,课题组还调研了各高校孔子学院本土师资建设以及外派教师培养培训情况。根据统计结果,有61.7%的高校为孔子学院培养和聘用了本土教师,有63.83%的高校开展了不同类别的本土师资及外派教师培训。在孔子学院教师选派工作中,各高校普遍存在的困难有:受全球卫生问题影响、师资短缺、待遇不足等。

从以上统计结果可以看出,多数高校在孔子学院中方院长和教师的人才储备和梯队建设方面做了相应工作,并采取了一些以调整待遇为主的激励措施。目前,中方高校仍是孔子学院师资供给的主体,然而在全球卫生问题影响下,外派师资短缺仍是国际中文教育和孔子学院发展的瓶颈问题。调查结果显示,在外派教师队伍中,助教和讲师职称的中青年教师数量较多,仅有少数高校在职称晋升方面给予外派教师单独认定的政策倾斜。对于正处于职业生涯中科研和评聘职称关键期的中青年教师,缺乏职称晋升的倾斜政策也是导致优质师资派出困难的主要原因之一。

3.关于国际中文教育学科及教学保障

国际中文教育事业和学科都进入了转型升级的重要时期,学科理论体系的构建及相应的教学保障是支撑国际中文教育事业发展的重要基石。根据问卷统计,高校支持国际中文教育的学科专业以及派出教师和志愿者的学科专业归属主要为中国语言文学、外国语言文学和教育学。

在参与调查的 47 所高校中,有 15 所高校设有孔子学院或国际中文教育相关教学指导及督导委员会,定期或不定期召开工作会议对孔子学院进行教学指导。有 16 所高校设立了孔子学院或国际中文教育相关教学改革立项,17 所高校主持了语合中心教学项目,20 所高校开发了国际中文教育相关教材。此外,有 8 所高校开发了信息资源库,7 所高校开发了多媒体教学资源。

可以看出,国际中文教育发展离不开中文、外语及教育学等学科的支撑。一些高校在上述学科的本体建设、教材编写、资源开发、数据库建设等方面取得了一些成果。然而调查结果显示,多数高校还存在着对国际中文教育教学督导力度不够、学校层面未形成支持国际中文教育开展教学改革的机制、较少参与语合中心教学科研项目申报、对教材建设的重视程度很不均衡、开发各类多媒体教学资源的能力不强等问题。高校在学科和教学方面的保障不足是制约国际中文教育高质量发展的重要因素之一。

4.关于《国际中文教育中文水平等级标准》

2021 年 7 月正式实施的《国际中文教育中文水平等级标准》(以下简称《等级标准》)健全和完善了中国语言文字规范标准体系,使国际中文教育进一步规范化和标准化,是实现中文国际化的重要指导依据。因此,课题组对中方高校学习和执行《等级标准》的情况进行了调查。有 34.04% 的高校组织了孔子学院中方院长和教师学习和研讨《等级标准》。一些高校也围绕《等级标准》开展了教学资源的研发工作,如山东大学的"基于《等级标准》的初等语法实景数字化系列微课制作""《HSK初等(1—3级)字词'一体化'词汇教程》研发及微课资源建设",渤海大学的"中布共建中文专业背景下汉语综合课本土化教学资源的立体开发与建设合作开发",大连外国语大学的"《等级标准》教学资源建设项目《讲故事话中国》"等。

"国际中文教育标准体系"是未来国际中文教育发展理念的思考重点、理论前瞻和道路指引。要建成这一体系需要进行大量的科学研究工作,而且必须与时俱进,努力创新,不断汲取第四次科技革命在互联网、大数据、人工智能、认知科学、在线教育等领域快速发展的成果和养料[10]。根据问卷反馈,中方高校和海外孔子学院在执行《等级标准》过程中面临着不同程度的困难,如孔子学院配套教材不足、教师专业水平不高、部分教师及志愿者专业不对口、设立HSK(汉语水平考试)考点较难、缺少系统培训等。可以看出,多数高校对《等级标准》的学习和研究不足,相关培训的举办、教材的研发、课程和教学资源的建设需要中方高校进一步重视和统筹落实。此外,协助有关国家设立考点、研制当地中文教学标准等工作也是中方高校发挥主体作用的重要领域。

5.关于孔子学院质量评估

孔子学院的办学质量直接影响国际中文教育的转型升级和内涵发展,对孔子学院办学质量进行科学评估是中方高校发挥主体责任的重要内容。根据47所高校的反馈问卷,有44.68%的高校对孔子学院进行过办学质量评估,评估方式包括通过理事会审核年度报告进行评估,通过听课制度、问卷调查制度和教师年度考评制度进行评估,进行孔子学院自我检测和开展学员满意度调查,设立评价指标,组织专家赴孔子学院巡查等。其中,仅有5所中方高校专门组织过校内或校外专家对孔子学院进行质量评估,占比仅为10.64%。

从问卷调查的情况来看,多数高校是结合实际工作的经验和成果来对各自承办的孔子学院进行评估,科学系统评价孔子学院质量的工作目前仍很薄弱。在评估标准的制定和质量保障体系的构建方面,仍缺少相关理论探索和实证研究。广西师范大学在孔子学院评估工作中设立了5个一级测评指标和27个二级测评指标,并通过年度考核方式对孔子学院进行评估。厦门大学自主设计研发了孔子学院绩效评估系统。这些做法和经验对指导孔子学院办学思路、监测孔子学院办学质量是非常有益的尝试,对中方高校未来建立科学有效的孔子学院办学质量评估体系具有很好的借鉴意义。

(三)问卷调查的结论

对于整个国际中文教育事业发展而言,孔子学院是龙头,起到领航导向的作用[11]。在过去的十几年中,中方高校积极参与国际中文教育事业,对孔子学院建设的支撑能力不断提高。通过问卷调查,我们看到许多高校将孔子学院建设列入学校发展规划,制定了一系列规章制度,加强了人员配备和财务管理。一些高校建立了孔子学院专职教师和骨干教师队伍,培养和培训海外本土教师,在加强学科专业建设、国别汉语教材编写、多媒体教学资源开发等方面取得了阶段性成果。一些高校申报孔子学院建设理论的社科基金项目,开展国际中文教育相关信息调研及跨文化案例的实践研究,为国际中文教育的发展提供了智力支持,推动了孔子学院跨越式发展。

随着国际中文教育进入新的发展阶段以及孔子学院的转型升级,中方高校在国际中文教育事业发展上,必然由发挥支撑作用向全面发挥主体作用转变。我们在看到过去中方高校在支撑国际中文教育事业所取得成绩的同时,也应认识到中方高校在新的发展阶段面临观念认识不足、调整步伐缓慢、办学主体积极性和内生创造力不足等问题,具体表现在如下七个方面。

一是部分高校对中国高等教育国际化及国际中文教育在教育国际化进程中所起作用的认识还不到位,观念、理念未能跟上新时代赋予国际中文教育高质量发展的使命和要求,还未能适应国际局势变化带来的影响以及国际教育市场的未来发展趋势。

二是部分高校在作为国际中文教育办学主体方面组织架构不够健全,缺少顶层设计和科学规划,因而没能从办学主体的全局视角统筹规划国际中文教育布局,难以适应新形势下国际中文教育的转型发展要求。

三是中方高校孔子学院管理机制体制仍不完善,对相关制度的执行仍不到位。一方面,人员管理机制和财务管理制度不够规范,缺少相应规章制度予以保障,一些高校对决策制度和理事会制度的执行不到位;另一方面,许多高校没有形成孔子学院、职能部门和二级学院的联动机制,导致各方资源分散,没有整合优化资源配置,形成合力。

四是中方高校在发挥主体作用过程中,国际中文教育师资建设不足。许多高校没有对现有的教师人才引进与培养机制进行调整和创新,教师队伍梯队建设不够、教师流动性强的问题仍然没有得到解决。多数高校缺乏相应激励机制和标准化考核机制,对教师的职业发展缺少长远规划,加之海外本土中文教师培养数量和质量不足以支撑孔子学院的中文教学,从而导致中文师资短缺。

五是中方高校在构建完善的国际中文教育学科理论体系方面探索不足。尤其是在"新文科"建设和跨学科发展背景下,中方高校在发挥自身学科专业优势、促进国际中文教育专业课程改革、探究学科交叉融合、加强教学资源建设方面的理论研究和实践探索不足,还没有构建出更加科学和完善的学科体系来支撑和引领国际中文教育事业稳步发展。

六是对《等级标准》的推广和应用不够深入。多数中方高校没有给予《等级标准》的学习和研究足够的重视，没有充分发挥《等级标准》在教学、测试及质量评估等各个环节的指导作用，在推进国际中文教育标准体系建设方面和促进对象国中文教学标准建设方面的支撑力度不足。

七是在强化主体作用过程中，中方高校缺乏科学的孔子学院评估反馈机制。孔子学院虽然在规模上实现了跨越式发展，但在教学质量及保障机制上仍未实现标准化建设，缺少一套全面、严谨、能促进特色发展的、可操作性强的孔子学院办学质量评价指标体系。从长远来看，这不利于孔子学院发现问题并及时做出改进，制约了孔子学院办学质量的提升，不利于实现国际中文教育的内涵式发展目标。

四、中国高校提升国际中文教育办学主体作用的政策建议

通过总结中方高校在国际中文教育事业和孔子学院建设中取得的成绩和在新的发展阶段面临的挑战，可以看到，在当今国际中文教育面对新形势和新挑战的背景下，推动改革和创新，开启以强化内涵建设、提升质量和效益为核心的发展新模式，是国际中文教育未来的发展方向。中国高校应准确识变、科学应变、主动求变，充分发挥现代大学治理体系优势，不断完善内部控制管理制度，强化办学主体责任，尽快形成对国际中文教育的理念支撑、制度支撑、学科支撑、信息资源支撑格局，推动国际中文教育的转型、创新和高质量发展。

第一，加快革新高等教育国际化发展理念，准确认识新时代国际中文教育在高等教育国际化进程中的重要作用。传统的国际中文语言教学和中华语言文化国际传播已不能完全适应新时代赋予国际中文教育高质量发展的新使命和新要求，我们需要从世界百年未有之大变局和中华民族伟大复兴的战略全局中把握国际中文教育的新发展格局，放眼长远看国际中文教育。中国高校应把握国内国际两个大局，明确高

等教育高水平对外开放的现实要求,理性认识国际中文教育发展由规模增长向高质量发展的转变,树立中方高校国际中文教育办学主体责任意识,准确把握国际中文教育对加强国家语言能力建设、提升中文国际地位和我国国际话语权的重要意义,主动推进高等教育国际化理念的革新与发展。

第二,完善高校内部组织架构,为顺利开展国际中文教育提供坚实的组织保障。落实党委领导、校级领导负责制,设置国际中文教育管理机构,配备专职人员全面负责国际中文教育和孔子学院规划、建设与发展。建立以孔子学院归口管理机构为"一主体",职能部门(组织部、教务处、科研处、学科发展规划处、国际交流处、人事处、财务处等)和对口二级学院(国际教育学院、外国语学院、文化传播学院等)"两协同"的管理架构,从顶层设计和归口管理入手,充分调动相关职能部门和二级学院协同联动、共同参与,形成聚合力,优化高校内部资源配置,保障国际中文教育顺利开展。

第三,加强国际中文教育管理机制体制建设,提供高效管理服务和制度保障。一是中方高校应提高政治站位,服务国家战略,将国际中文教育事业纳入学校事业发展规划,纳入"双一流"建设,纳入国际化考核指标体系;二是将孔子学院报告和决策事项按照不同层级纳入学校会议制度,包括校党委常委会、校长办公会、院系党政联席会、孔子学院理事会等,以规范重要事项的审议流程和会议决策制度;三是建立健全规章制度,包括制定并出台关于人员选派、经费管理、项目管理等事项的管理办法和实施细则,加强对孔子学院的科学化、精细化、规范化管理;四是探索二级学院及社会机构与孔子学院共建模式,以期为后备人才储备、外派人员管理、专业课程对接、中外师生交流、资金保障等寻得更精准的对接方式。立足新发展方位,中方高校对孔子学院管理机制进行改革和创新,可以更好地为孔子学院提供管理服务和制度保障,促进孔子学院实现转型升级。

第四，做好国际中文教育师资储备规划和梯队建设，保障教师队伍的延续性。一是加大国际中文教师选拔培养的力度，组建并不断更新和完善孔子学院专职教师、骨干教师队伍，并根据教师的年龄结构、专业领域、科研能力和外语水平等统筹建立后备人才库，合理规划师资梯队建设；二是建立标准化考核机制和激励机制，通过政策保障并提高外派教师待遇，在职称晋升方面给予政策倾斜，鼓励更多优秀教师"走出去"；三是通过中国政府奖学金和孔子学院奖学金等机制加大本土中文教师的培养培训力度，建立健全本土教师培养和选拔任用机制，使本土师资队伍更具系统性、稳定性和适配性；四是通过高校联盟、孔子学院合作大学联盟等教育平台，建立国际中文教育教师资源库，使得高校间能够实现师资互补，以缓解高校国际中文教育师资短缺的问题。

第五，加强国际中文教育学科建设，为国家语言能力建设提供理论支撑。国际中文教育包括事业和学科两大组成部分，二者既相互融合又相互支撑。事业发展可为学科发展提供广阔的学术探索和应用空间，学科发展又可为事业发展提供源源不断的智力支持和人才保障[12]。一是应加快推进国际中文教育学科理论研究和学科建设发展，有条件的高校增设国际中文教育博士专业学位点，为培养高水平国际中文教育人才做好坚实的学科保障；二是应加大对国际中文教育教学的督导力度，支持开展国际中文教育教学改革，鼓励科研项目申报、教材编写、教学资源开发等工作；三是将国际中文教育学科建设的理论研究与国家语言能力研究有机结合，为提升国家语言能力、服务国家战略提供理论与实践的支撑。

第六，加强《等级标准》的推广和应用，继续推进国际中文教育标准体系建设。国际中文教育标准研究起步晚，发展空间巨大。《等级标准》是国际中文教育的标准之一，未来我国要制定针对不同类别、不同领域、不同对象的各种标准,构建国际中文教育标准矩阵,通过标准建设,掌握国际中文教育的话语权[13]。一是中国高校应加强对《等级标准》的推广和应用,包括围绕《等级标准》开展学习、研讨和培训,开发新一代中文教材和教学资源;二是要持续推进国际中文教育标准体系建设,加强理论和实践探索,努力构建相互支撑、相互补充、具有完整组织框架的国际中文教育标准体系;三是推进各国、各地区中文教育标准的建设,推动中文进入世界各国国民教育体系,促进中文国际化。

第七,构建孔子学院质量评估体系,科学评价孔子学院办学质量。在孔子学院实现规模跨越式发展后,科学评估其办学质量成为新时代对中方高校发挥主体作用提出的新要求。质量评估需紧密结合孔子学院各自发展规划,实现目标管理,形成常态化、制度化的评估。中方高校应在对孔子学院和中外方承办大学的充分调研基础上,主动探索并尝试建立孔子学院质量评估指标体系,既要有规范性标准,还要兼顾国别地区差异和本土特色,激励和引导孔子学院及时发现和改进问题,不断提升办学质量。评估孔子学院的教学和管理质量,也更有利于中外共同探讨如何建构起更加开放、包容、规范的中文教育体系,以回应新时代国际中文教育高质量发展的需求。

五、结语

党的二十大报告提出,"增强中华文明传播力影响力。坚守中华文化立场……讲好中国故事、传播好中国声音,展现可信、可爱、可敬的中国形象……推动中华文化更好走向世界"。这是我国首次将文明传播力影响力列入国际传播能力建设的重要范畴,具有极为重要的现实意义和理论创新价值。这就要求中方高校未来在推动中华文化更好走向世界的新时代新征程中,在增强文化自信的关键时刻,发挥更大的主体作用和战略作用。中国高等教育、国际中文教育和孔子学院发展建设正在迈向更加多元、更有内涵的高质量发展新时期。作为促进国际中文教育高质量可持续发展的主体力量,中方高校应将国际中文教育纳入中国高校现代大学治理体系,在国际中文教育领域丰富中国高等教育对外开放内涵,在历史交汇中实现国际交流合作新格局,为加强国家语言能力建设、加快构建中国话语体系、推动构建人类命运共同体做出积极贡献。

参考文献

[1]宁继鸣.国际中文教育研究报告2020[M].北京:商务印书馆,2022.

[2]同[1].

[3]刘延东:适应需求融合发展　为促进世界文明交流互鉴贡献力量[EB/OL].(2015-12-06)[2024-07-25]. http://www.xinhuanet.com/politics/2015-12/06/c_1117370532.htm.

[4]张晓慧.论中国大学对孔子学院发展的支撑能力建设[J].国际汉语教育(中英文),2017,2(3):5—9.

[5]赵跃.孔子学院与高校协同发展研究[J].山东社会科学,2013(10):188—192.

[6]俞苏洋.孔子学院中方合作院校支撑能力初探[J].武汉科技大学学报(社会科学版),2018,20(4):461—464.

[7]徐丽华,包亮.整合优势资源构建支撑能力探索双赢之路——以浙江师范大学为案例分析[J].国际汉语教育(中英文),2017,2(3):25—28.

[8]宁继鸣.新常态:孔子学院的完善与创新[J].国际汉语教育(中英文),2017,2(3):10—15.

[9]同[7].

[10]马箭飞.在《国际中文教育中文水平等级标准》新书发布会暨国际学术研讨会上的致辞[J].国际汉语教学研究,2021(2):4—5.

[11]邵滨,周之畅.新时代国际中文教育中孔子学院的创新发展[N].语言文字报,2019-12-15(002).

[12]吴应辉.国际中文教育新动态、新领域与新方法[J].河南大学学报(社会科学版),2022,62(2):103—110+155.

[13]赵杨.构建国际中文教育标准体系[J].国际汉语教学研究,2021(2):9—11.

On the Cultivation for the Postgraduates of International Chinese Education in Information Literacy [1]

Lu Zou　Liang Yu [2]

Abstract: The postgraduates of International Chinese Education is the main force of International Chinese teachers, whose information literacy plays a vital role in the development of International Chinese Education. The Postgraduates of International Chinese Education need to complete a variety of tasks, such as professional learning, academic research, teaching practice and so on, so it is necessary to improve their information literacy. To improve the self-consciousness of information literacy, construct the curriculum system of information literacy training, and actively participate in the practical

---

[1] Fund Project: 2021 Dalian University of Foreign Languages Scientific Research Fund Project: "Research on the Information Literacy of International Chinese Teachers in the Information Age" (Project No.: 2021XJYB31).

[2] Author's Unit: School of Chinese Studies, The Center of Information Technology, Dalian University of Foreign Languages.

activities of information literacy are the important strategies for cultivating the information literacy of International Chinese Education postgraduates.

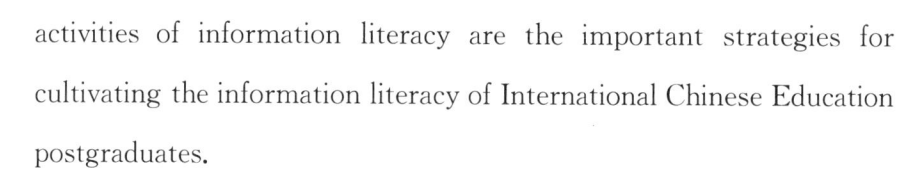

Key words: the postgraduates of International Chinese Education; Information Literacy; Training Strategies

1. Introduction

With the advent of the information era and the post-epidemic era, the development of international Chinese education has put forward higher requirements for the information literacy of international Chinese teachers. The postgraduate students of international Chinese education are the main force of international Chinese teachers, and their information literacy plays a vital role in the development of international Chinese education.

At present, the academic community continues to pay more attention to the information literacy of international Chinese teachers, and the representative related papers in the past three years are as follows: Lin Haiyan and Zhao Huanyu's *Research on the Cultivation of Information Literacy of International Chinese Teachers under the "the Belt and Road" Initiative* (2020), Li Guigui and Zhuang Yaoyao's *Analysis of the Ways to Improve the Information Literacy of International Chinese Teachers in the Post Epidemic era* (2021), Shi Chunyan and Wang Xiucheng's *The Cultivation Path of Information Literacy of International Chinese Teachers in the Context of the New Liberal Arts* (2022). In this context, it is of great significance to pay attention to the research on the cultivation of information literacy of postgraduate students in international Chinese education.

2. The Connotation of Information Literacy of Postgraduates for International Chinese Education

The term "information literacy" was first put forward by Paul Zurkowski, president of the American Information Industry Association. He explained "information literacy" is "the ability to make use of a large number of information tools and major information sources to make questions answered."

With the development of the times, the study of "information literacy" has attracted the attention of domestic experts and scholars.

Professor Zhu Zhiting (2002) proposed that "information literacy is people's understanding of the importance of information as a universal social phenomenon, as well as the comprehensive quality of their various abilities in information activities, including information awareness, information ability, information thinking, information means, information ethics and other specific contents." He divided teachers' information literacy into information literacy, subject information literacy, special information literacy and scientific research information.[1]

Zhang Yujie (2019) proposed that in the context of Internet plus, international Chinese teachers should adapt to the development of the times and have good information awareness, information knowledge, information ethics and information ability. The details are as follows: Firstly, teachers of international Chinese can adapt to the trend of social development, update teaching concepts, and use advanced educational technology to implement teaching awareness. Secondly, teachers should master the relevant knowledge of Chinese language teaching under the condition of information technology. Thirdly, we need to abide by the corresponding rules and regulations when using the Internet to obtain various information resources. Fourthly, teachers can effectively use the Internet and information technology to improve the level of Chinese teaching.[2]

Lin Haiyan and Zhao Huanyu (2020), referring to the information literacy ability standards of higher education in the United States, the United Kingdom, Japan and other countries as well as the *Standards for Teachers of International Chinese Language*, proposed that the evaluation index of information literacy of teachers of international Chinese language should be a multi-level and multi-dimensional complex system, which includes both academic research of teachers and teaching practice. It also studies and formulates the information literacy ability standards and evaluation system of international Chinese teachers in these two major fields.[3]

Shi Chunyan and Wang Xiucheng (2022) proposed the connotation of information literacy of international Chinese teachers in the context of "new liberal arts": information literacy of international Chinese teachers should include scientific research and teaching practice. From the perspective of scientific research, we should have the following two abilities: 1. Efficiently obtain the required information from massive information resources and be familiar with retrieval tools; 2. Effectively handle information management tools. From the perspective of teaching practice, the integration of information technology and Chinese curriculum can cultivate students' ability to communicate in Chinese by means of information teaching ability, information processing ability, creating language communication situation ability and virtual simulation technology.[4]

In addition to the general information literacy mentioned above, the information literacy required for master's degree students of international Chinese education has its particularity. It mainly includes:

In terms of knowledge learning, master students of international Chinese education should have high information reading and writing ability and be able to use information tools to independently retrieve, select and learn the broad and diverse knowledge required by the discipline of international Chinese education in the face of massive knowledge content.

In terms of academic research, postgraduate students of international Chinese education need to use computer and its network technology to retrieve relevant documents, sort out data, write papers, and make charts. They need to improve their information literacy to meet the needs of academic research.

In terms of teaching practice, master's degree students of international Chinese education need to have certain information literacy, be familiar with relevant international Chinese online teaching platform and digital teaching resources, and be able to effectively integrate into their own teaching design, teaching implementation, teaching evaluation, teaching reflection and other teaching links.

3. The Necessity of Improving Information Literacy of Postgraduates for International Chinese Education

3.1 The necessity of improving professional knowledge learning through information literacy

The professional knowledge that master students of international Chinese education need to master mainly includes: Chinese subject knowledge and Chinese teaching knowledge. Chinese subject knowledge also includes Chinese basic knowledge, linguistic knowledge, cross-cultural communication knowledge, etc. Its knowledge content is very broad and diverse.

However, the major of International Chinese Education generally does not limit the professional background of the students who apply for the examination when enrolling students, so there is a lack of professional knowledge and knowledge system for the undergraduate students who are not master students of international Chinese education. Although some colleges and universities will appropriately offer certain basic courses for this part of graduate students in view of this situation, they generally focus on the first semester of the first academic year, and the effect of the classroom learning is not ideal.

In the face of this situation, it is necessary for postgraduate students of international Chinese education to improve their professional knowledge system by improving their own information literacy and taking the way of independent learning. At present, the

Internet can provide rich learning resources and multiple learning channels for the master's degree students of international Chinese education, but it requires the master's degree students of international Chinese education to be able to identify the self-study professional knowledge they need after self-analysis. On this basis, relying on the Internet, students use relevant information platforms and digital resources to search, obtain, sort out, and learn to improve relevant subject knowledge and teaching knowledge, which can be effectively applied to future international Chinese teaching practice.

3.2 The necessity of academic research and thesis writing through information literacy

Postgraduate students of International Chinese Education need to carry out relevant academic research on the basis of teaching practice within two or three years of schooling, and complete relevant course papers and master's thesis on this basis. In this process, it is necessary for postgraduate students of International Chinese Education to have high information literacy to ensure successful completion.

First of all, postgraduate students of International Chinese Education need higher information retrieval ability. They need to obtain, classify, read, label and apply the documents on the basis of extensive reading of relevant documents, and determine their interest points for academic research on this basis. Then they need to further clarify their research perspective and topic selection direction.

Secondly, the academic research of International Chinese Education is a scientific research based on practice. In the process of research, the relevant resource base, database and corpus resources are often used. This requires the master of international Chinese education to master the use of relevant resources by using information literacy, and to properly screen, standardize and effectively use the information resources obtained under the principle of information ethics.

In addition, in the process of writing the course paper and graduation thesis, the master of international Chinese education will use relevant information collection and processing tools, questionnaire tools, data analysis tools, chart making tools, etc., which also need the support of the information literacy of the master of international Chinese education.

3.3 The necessity of implementing teaching practice through information literacy

At present, the teaching method of international Chinese education is mostly online teaching or online and offline integration, which makes all links of international Chinese education inseparable from the support of information technology, and also puts forward higher requirements for the postgraduate students of international Chinese education.

In the early preparation process of teaching, on the one hand, the postgraduate students of international Chinese education need to understand the relevant platforms and methods of using in the live and teaching classes, such as Tencent Conference, Nail, ZOOM, Tang Feng, etc., and be able to select the appropriate platform to be used in teaching according to the needs of students, and be familiar with the operation methods of relevant standby platforms to avoid affecting teaching; On the other hand, this process also requires the postgraduate students of international Chinese education to use information technology to make corresponding teaching courseware according to the teaching content. The selection of teaching resources, font processing, image display, and video playback all require the postgraduate students of international Chinese education to have high information technology capabilities.

In the implementation process of classroom teaching, the postgraduate students of international Chinese education need to effectively guide Chinese learners to learn how to use the operating methods of the teaching platform according to the different situations of the countries where the teaching objects belong, so that the teaching resources prepared in the early stage of teaching can be effectively used, and implement the interactive links of online teaching, so as to ensure the teaching effect of online Chinese classroom. But sometimes there are some non-predicted events in the online teaching process, and the processing of non-predicted events can just test the reserve and application of information literacy of master students of international Chinese education, which requires the master students of international Chinese education to consciously improve their own information literacy and accumulate rich teaching resources and teaching capabilities through information technology capabilities. It can be better applied to the teaching practice of online international Chinese education.

In the process of teaching evaluation and teaching reflection, on the one hand, the examination of the Chinese learning effect for Chinese learners, the arrangement and correction of course assignments and course papers in online teaching can not be separated from the relevant information technology capabilities of the master of international Chinese education who undertakes the task of teaching Chinese; On the other hand, master students of international Chinese education should learn to detect the information feedback of teaching objects in time during the teaching process, which can be used as an opportunity for their own teaching evaluation and teaching reflection, and on this basis, further improve their teaching ability through communication with multiple parties, so as to form a virtuous circle of comprehensive ability improvement.

4. Strategies for the cultivation of information literacy for postgraduate students in international Chinese education

Relying on relevant scientific research projects, this study conducted a questionnaire survey on the master's degree students of international Chinese education in some universities, and collected 106 valid questionnaires. On this basis, the corresponding data were collated and analyzed quantitatively. Two tutors of international Chinese education were interviewed. After analyzing the problems of the current master's degree students of international Chinese education in information literacy, the following training strategies were proposed.

4.1 To cultivate the self-consciousness of postgraduate students of international Chinese education to improve their information literacy

When investigating the "impact of information technology on

Chinese language teaching" of international postgraduate students of Chinese language education, more than 85.92% of them chose "very favorable"; For the survey question "Will you actively understand the information technology related to your major?" 81.56% of graduate students chose "conforming", "basically conforming" and "completely conforming"; A total of 96.08% of the graduate students chose "conforming", "basically conforming" and "completely conforming" to the survey question "Do you have the awareness of using information technology to solve problems?". From the above data, we can see that the postgraduate students of international Chinese education have strong information awareness in terms of their own information literacy.

However, in the interview with two tutors of international Chinese education, "What is the level of information literacy of the masters of international Chinese education in your school?" The two tutors also talked about the analysis of the reasons for this problem. The differences in the academic background of the postgraduate students of international Chinese education at the undergraduate stage, the constructed attention to information literacy, the independent learning ability of information technology and so on have certain restrictions on the improvement of their information literacy.

Therefore, it is necessary to pay attention to the improvement of the self-consciousness of information literacy of postgraduate students of international Chinese education, so that they can always have the self-consciousness of information literacy in the process of learning professional knowledge, carrying out relevant scientific research, and implementing teaching practice, and can have a high sensitivity of paying attention to information at all times, and actively lay a solid foundation for their independent learning and ability improvement.

4.2 To train colleges and universities to build an information literacy curriculum system for international Chinese education master students

When investigating "What do you think are the main factors that affect the information literacy of the master of international Chinese education graduate students?", more than 75% of the respondents believe that the curriculum of their university is the main factor that affects the information literacy of the master of international Chinese education graduate students.

Through interviews with two tutors of international Chinese education, the author learned that the universities where the two tutors are located have offered optional courses related to the improvement of information literacy, such as modern education technology, Chinese information processing, etc. In addition, the graduate students will be organized to participate in lectures by relevant experts to guide the masters of international Chinese education how to use electronic resources, digital media, and data tools for academic researching thesis writing and teaching practice, but the implementation effect still needs the attention, study and operation of graduate students themselves.

Through sorting out the training programs of the colleges and universities where the respondents are located, it is found that "being skilled in modern educational technology for teaching" is one of the training objectives. However, for this training goal, the relevant courses need to be further improved.

Therefore, with the rapid development of information technology, its corresponding curriculum content and perfect curriculum system need to be effectively constructed, and teachers should be effectively utilized to integrate the information literacy courses related to international Chinese education into the curriculum system of the training programs, or the information literacy content should be effectively expanded on the basis of the existing curriculum content.

4.3 To encourage postgraduate students of international Chinese education to actively participate in information literacy practice activities

In the survey of "Can you choose the right information technology based on the Chinese teaching content?" for the postgraduate students of international Chinese education, more than 83.5% of the respondents thought that they could choose the right information technology based on the Chinese teaching content, but there were also some situations where they thought that the technology was difficult to apply to scientific research and teaching, which required the guidance of professionals and systematic study and repeated operation.

In the interview with two tutors of international Chinese education, both of them talked about the beneficial help of the master of international Chinese education in participating in the relevant skill competition for the improvement of information literacy, which is mutual. On the one hand, in the process of participating in the competition, the master of international Chinese education are more active in the retrieval, acquisition, screening and processing of information resources; They will even take into account the way of handling non-predicted events in advance in the application of information technology in teaching design, teaching implementation, teaching evaluation and reflection; On the other hand, the tutor of master's degree in international Chinese education, also needs to closely follow the preparatory process and the implementation process of the graduate student's competition, and "set an example" to effectively use information technology and digital resources, control all aspects of information literacy, and effectively guide graduate students.

Therefore, to encourage postgraduate students of international Chinese education to actively participate in information literacy practice activities, such as various teaching skill competitions and micro-class competitions, is an effective training strategy for their information literacy improvement.

In addition, the front-line teachers of Master of International Chinese Education with high information literacy and strong information technology ability are important aspects to ensure the effective implementation of the above three training strategies. At the same time, it is also necessary for the front-line teachers engaged in the Master of International Chinese Education to improve their awareness of information literacy, effectively use information technology in their own academic research and teaching implementation, and integrate these contents into the course teaching and thesis guidance, so as to effectively improve all aspects of the information literacy of the Master of International Chinese Education.

5. Conclusion

To effectively improve the information literacy of postgraduate students for international Chinese education is a powerful guarantee for the development of international Chinese education. It requires the continuous efforts of graduate students, front-line teachers and training institutions to actively integrate information technology, digital resources, and network platform resources to promote the sustained and vigorous development of international Chinese education.

Notes:

[1] Zhu Zhiting. *Information Education Outlook* [M]. Shanghai: East China Normal University Press, 2002:22.

[2] Zhang Yujie. On the Cultivation of Information Literacy of International Chinese Teachers in the "Internet plus" Era [J]. *Information Record Materials*, 2019(2):238.

[3] Lin Haiyan, Zhao Huanyu. Research on the Cultivation of Information Literacy of International Chinese Teachers under the "the Belt and Road" Initiative [J]. *Information Science*, 2020(4):110.

[4] Shi Chunyan, Wang Xiucheng. The Cultivation Path of Information Literacy of International Chinese Teachers in the Context of the new Liberal Arts [J]. *China Adult Education*, 2022(8):73.

References:

[1] 教育部关于印发《教育信息化 2.0 行动计划》的通知[EB/OL]. (2018-04-18) [2022-03-20]. https://www.moe.gov.cn/srcsite/A16/s3342/201804/t20180425_334188.html.

[2] Office of the National Chinese Language Promotion Leading Group. *Standards for Teachers of International Chinese Language* [M]. Beijing: Foreign Language Teaching and Research Press, 2007.

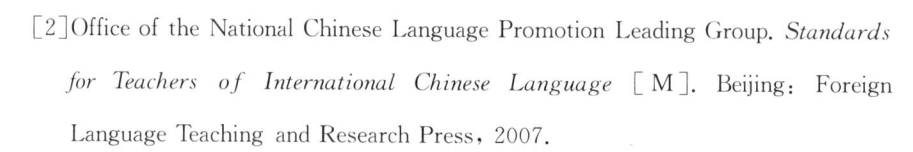

[3] Li Guigui, Zhuang Yaoyao. Analysis of the Ways to Improve the Information Literacy of International Chinese Teachers in the Post Epidemic era [J]. *Language Teaching and Research*, 2021(4): 34-43.

[4] Li Quan. Suggestions for Revision of the Guiding Training Plan for Chinese Language International Education Majors [J]. *International Chinese Language Education (Chinese and English)*, 2021(2): 18-25.

[5] Zhou Mansheng. Cultivation of Chinese language teaching talents in the "Internet plus" era of national informatization [J]. *Journal of South China Normal University (Social Sciences Edition)*, 2018(5): 26-28.

[6] Xu Juan, Song Jihua. Connotation, evaluation system and cultivation of information literacy of teachers of Chinese as a foreign language [J]. *Trends and research in teaching Chinese as a foreign language*, 2016(1): 26-31.

[7] Hao Hongyan. Chinese Internationalization and Online Chinese Teaching [J]. *Tianzhong Academic Journal*, 2023(2): 134-136.

中文纳入亚美尼亚国民教育体系的特征和动因、挑战及对策

薛婧婧　李宝贵[①]

摘　要：中文纳入亚美尼亚国民教育体系呈现出纳入课程体系和"由高向低""部分纳入"等特点，在纳入动因上具有纳入需求强烈、价值突出、态度积极等国别化特征，但目前仍面临基础教育学段纳入程度较低、中文教育资源比较匮乏、孔子学院课堂力量相对薄弱等挑战。基于此，本文着眼于亚美尼亚日益增长的中文语言需求，建议优化中文基础教育统筹规划、强化中文教师和教材资源建设、深化联动多方中文教育合作，为全面推进中文纳入亚美尼亚国民教育体系提供中国方案，并为中文纳入俄语区亚洲国家国民教育体系提供借鉴。

关键词：中文　亚美尼亚　国民教育体系

一、引言

汉语纳入海外各国国民教育体系是汉语走向世界的重要标志[1]。

---

① 作者单位：薛婧婧，鲁迅美术学院基础教学部；李宝贵，辽宁师范大学国际教育学院。

根据教育部发布的《2022年中国语言生活状况》,全球有180多个国家和地区开展中文教学,81个国家将中文纳入国民教育体系,开设中文课程的各类学校及培训机构8万多所,正在学习中文的人数超过3000万[2]。2021年11月30日,《国务院办公厅关于全面加强新时代语言文字工作的意见》印发,强调大力提升中文国际地位和影响力,并对加强国际中文教育和拓展语言文字国际交流合作提出了指导性意见和具体要求,为中文纳入海外国民教育体系指明了方向。一方面,进入有关国家的国民教育体系是汉语真正走向世界和高水平汉语国际化的制度保证[3],是中文在当事国健康、可持续发展提供重要保障。另一方面,汉语国际传播的成功程度,主要体现在汉语进入国民教育体系的程度上[4]。进入对象国国民教育体系的程度越深、覆盖面越广,汉语传播就越成功,这主要表现为在对象国大中小学开设汉语课程。

自1992年中国和亚美尼亚建交以来,中亚关系发展势头良好,各领域合作稳步推进。亚美尼亚有积极发展境内中文教育的愿景,中文教育在2006年被纳入亚美尼亚国民教育体系,取得了重大进步。目前,亚美尼亚基础教育阶段有8所初中、1所高中将中文列入教学大纲,其中中国—亚美尼亚友谊学校为中方投资办学,学员超过3200名。截至2020年,亚美尼亚境内高等教育阶段已有4所大学开设中文相关专业[5],现正推进布留索夫国立大学汉语师范专业建设。亚美尼亚仅有的一所孔子学院,于2009年2月揭牌成立;2013年,中方合作院校由山西大学变更为大连外国语大学;截至2020年5月,学员人数累计13469人。亚美尼亚语的中文教学材料有《初级汉语—亚美尼亚语教学辞典》《亚美尼亚语讲中国文化》《亚美尼亚人学汉语》《快乐汉语》等,其中2022年出版的《快乐汉语》(亚美尼亚语版)是目前唯一被亚美尼亚教育科学部批准作为中小学指定使用的本土中文教材,它标志着亚美尼亚中文教育进入更高阶段、迈向更高水平。

亚美尼亚中文教育相关研究起步较晚、研究成果不多,相关研究集中分为以下几类:亚美尼亚国际中文教育现状研究(米丽娜,2015;彩虹,2019;HARUTYUNYAN ANI,2020),亚美尼亚国际中文教育"三教"问题研究(林爽,2016;鲁昕,2016;刘琪,2018;王鹏杰,2019;吴航,2020;陈晓达、蔡钰琳,2021),亚美尼亚孔子学院建设与发展研究(高航、高清宇,2018),亚美尼亚境内中国文化传播研究(安娜,2012;黄成好,2021)等。总体来看,亚美尼亚中文教育相关研究主要聚焦于中文教育实践方面,宏观层面和中观层面的研究不足,尚无对中文纳入亚美尼亚国民教育体系的研究以及针对当前中文纳入问题的分析和对策研究。新时代构建区域国别学的核心是坚持以问题为导向[6],因此本文将以分析中文纳入亚美尼亚国民教育体系的特点和动因为基础,深入探究其动因及面临的挑战,提出具有针对性的优化方案,为中文纳入亚美尼亚国民教育体系及亚美尼亚中文教育的高质量发展提供参考。

二、中文纳入亚美尼亚国民教育体系的特征

国民教育体系主要是指主权国家通过制度或法律的形式,对本国所有享有公民权利的人所提供的一种不同层次、不同形态和不同类型的教育服务系统。李宝贵、庄瑶瑶首次定义了汉语纳入国民教育体系。汉语纳入国民教育体系是指海外各国通过颁布法令、教学课程大纲等形式,以大中小学开课、高中会考、汉语专业学历教育等方式,在国民教育体系的各个学段进行汉语教育[7]。目前亚美尼亚国民教育体系以高校开设中文相关专业、中小学开设中文课程的形式开展中文教学。

从形式上看,中文已纳入亚美尼亚国民教育课程体系。在高等教育方面,目前布留索夫国立大学、俄罗斯-亚美尼亚(斯拉夫)大学、埃里温国立大学、亚美尼亚国立师范大学等4所高校分别设有汉亚翻译、国际关系、中文师范、东北亚区域研究等中文相关专业(见表1)。在基

础教育方面,2015年亚美尼亚教育科学部签发了《〈亚美尼亚初级中文教学大纲〉批准令》《亚美尼亚中小学中文教学许可证书》,标志着中文课正式纳入亚美尼亚基础教育课程体系。亚美尼亚高等教育阶段和基础教育阶段中文必修课及选修课的设立促进了中文在亚美尼亚国民教育体系走深走实。

表1 亚美尼亚高校中文相关专业教学情况

学校名称	教学阶段	课程类型	教师类型	学年课时量
布留索夫国立大学	初级	必修课	本土教师、中国教师	140
	中级	必修课	中国教师	130
俄罗斯—亚美尼亚(斯拉夫)大学	中级	必修课	中国教师	70
	高级	必修课	中国教师	90
	HSK	选修课	中国教师	30
亚美尼亚国立师范大学	初级	必修课	中国教师	100
	中级	必修课	中国教师	95
埃里温国立大学	初级	必修课	本土教师	100
	中级	必修课	本土教师	90

从时间维度上看,中文纳入亚美尼亚教育体系是由高等教育阶段向基础教育阶段延伸的,中文纳入亚美尼亚国民教育体系的方式是"先高后低"。一是2006年,中文率先纳入亚美尼亚高等教育阶段,布留索夫国立大学开设了汉语课作为第三外语课程;2013年,汉语课被设为第二语言课程;2014年,中文相关专业成立。二是致力于中文研究的学者多集中于高等院校,汉学研究和中文教育研究活动由高等教育向基础教育领域拓展。三是中亚两国高校首先开始中文教育合作交流,如布留索夫国立大学创建了汉语语言文化中心、汉语翻译实验室并拟开设汉语师范专业,专门培养亚美尼亚本土汉语师资,使得汉语教育逐渐向基础教育阶段延伸。

从空间维度看，中文已部分纳入亚美尼亚国民教育体系。中文教育已纳入亚美尼亚的高等教育体系和基础教育体系，目前亚美尼亚基础教育阶段中文学习人数较多，正在学习中文的学生有2100余名。其中，埃里温市135公立中学将中文列为必修课，中文必修课由中方教师和本土教师执教，每周2学时，学生人数达800余人。但中文仍未进入其补充教育体系、特殊教育体系。综上，中文纳入亚美尼亚国民教育体系尚处于部分纳入的状态。

二、亚美尼亚选择中文纳入国民教育体系的驱动因素

语言传播的根本动因在于价值，有价值的语言，才会被他族、他国学习和使用[8]。中文对亚美尼亚国家发展具有强大助力作用，促使该国主动将中文纳入其国民教育体系。根据李清清建构的语言选择模型①，探索中文纳入亚美尼亚国民教育体系的动因机制要从语言需求、语言价值以及语言态度三个维度进行分析。

其一，亚美尼亚具有多方面强烈的中文语言需求。一方面，从经济需求角度看，亚美尼亚是最早参与共建"一带一路"的国家之一。多年来，中国一直是亚美尼亚第二大贸易伙伴、第二大出口市场及进口来源国。两国双边贸易额持续稳步增长，并在2021年创超过14亿美元的历史新高（见表2）。中国企业参与亚美尼亚"北南公路"、矿泉水厂、光伏电站、公共电视台演播大厅（中方援亚项目）等项目，提供了大量中文相关工作岗位，反映出在亚美尼亚的国家发展中，中文必不可少。另一方面，从非经济需求角度看，中亚两国共同签署了《中华人民共和国教育部和亚美尼亚共和国教育科学部教育合作协议（2000年）》《中华人民

---

① 语言选择模型是指行为主体在一定的语境下，对一种语言的价值属性、自身的语言要求，以及该语言满足其需求的能力做出自己的评估，并在这一评估的基础上对该语言及其相关因素形成一定的语言态度，这一语言态度进而决定了行为主体做出怎样的语言选择。

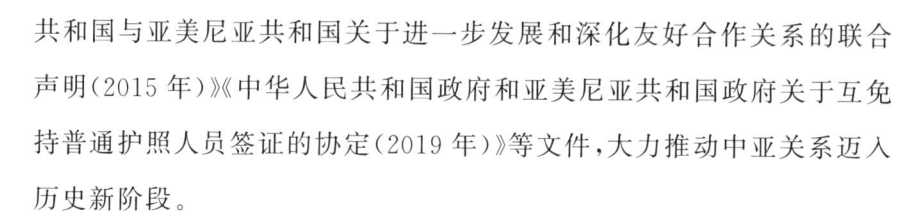

共和国与亚美尼亚共和国关于进一步发展和深化友好合作关系的联合声明(2015年)》《中华人民共和国政府和亚美尼亚共和国政府关于互免持普通护照人员签证的协定(2019年)》等文件,大力推动中亚关系迈入历史新阶段。

表2 中国与亚美尼亚进出口贸易情况表

单位:亿美元

年份	2015	2016	2017	2018	2019	2020	2021
贸易总额	3.30	3.88	4.36	5.21	7.57	9.95	14.15
中对亚出口额	2.16	2.77	2.92	3.08	5.34	7.72	10.84
中对亚进口额	1.14	1.11	1.44	2.13	2.23	2.23	3.31

其二,亚美尼亚重视发掘汉学和中文的研究价值。一方面,亚美尼亚重视中亚历史研究。亚美尼亚与中国的友好邦交历史源远流长,可以追溯至东汉永平十六年(公元73年)。亚美尼亚民间还流传着亚美尼亚人是三国名将马超后裔的传说。据史书记载,亚美尼亚民族英雄马米科尼扬的先祖是中国人马抗[9]。目前中国大连外国语大学设有1所亚美尼亚研究中心,亚美尼亚设有6所中国语言文化相关研究所(见表3)。另一方面,亚美尼亚重视中文研究。由于特殊的地缘位置,很多亚美尼亚人会说多国语言,现在有越来越多的人选择中文作为其第二语言[10]。

表3 亚美尼亚中国相关研究中心建设情况

年份	名称	所在地
2010	布留索夫国立大学中国文化体验中心	埃里温市
2014	俄罗斯—亚美尼亚(斯拉夫)大学汉语语言文化中心	埃里温市
2015	斯捷潘纳万市图马尼扬中学中国文化中心	洛里州
2015	埃里温市第55中学汉语语言文化中心	埃里温市
2016	埃里温国立大学汉语语言文化中心	埃里温市
2016	阿尔马维尔市重点中学中国文化中心	阿尔马维尔州

其三,亚美尼亚中文学习者对中文持积极的语言态度。"在亚美尼亚,人们对中国的热爱和热情不断增强,对汉语的兴趣也日益浓厚。"[11] 亚美尼亚人口结构特殊,境内人口超过290万[12],海外侨民约为境内人口的3倍。随着中国综合国力的提升和民众生活质量的提高,亚美尼亚人的中文学习热情不断攀升。学习中文开阔眼界,学好中文能有更好的职业发展,日渐成为当地民众的共识。

三、中文纳入亚美尼亚国民教育体系的现实挑战

中文纳入亚美尼亚国民教育体系为中亚双方多层次、宽领域、立体化的发展格局奠定了语言基础。随着中文纳入亚美尼亚国民教育体系的日趋深入,其面临的现实挑战也逐步显现。

(一)中文在基础教育阶段纳入程度较低

迄今为止,亚美尼亚基础教育阶段的中文教育尚未得到足够的重视,尚未实现全覆盖,课程体系也不完善,不利于中文深度纳入亚美尼亚国民教育体系。

一是中文在亚美尼亚教育体系中尚未实现全覆盖。中文教育在亚美尼亚国民教育体系中主要集中于高等教育阶段,在基础教育阶段开设中文课程的行政区少、学校少,中文课程的本土教师少,开设中文课程教育的学校大部分集中在首都埃里温市。这些现实情况都对中文教育在亚美尼亚的有效、良性发展形成挑战。

二是中文课程体系仍不完善。中文现已纳入亚美尼亚国民基础教育阶段课程体系,有统一的课程大纲,但是在具体教学过程中仍缺乏对课程内容、课程活动方式和评价方式的科学性、系统性规划。这阻碍了本土学生中文水平的提高速度,阻碍了中文进一步纳入亚美尼亚国民教育考试体系。

(二)本土中文教育资源比较匮乏

中文教育资源为中文纳入海外各国国民教育体系并向纵深发展提

供了物质保障。从整体上看,本土教师、本土教材以及教学资源的分布是初期制约中文教育纳入亚美尼亚国民教育体系的主要因素。

第一,本土中文师资匮乏。一是本土教师人数较少,任务较重。近年来,亚美尼亚掀起"汉语热",中文学习者数量日益增加,亚美尼亚本土中文教师人数明显不足,且缺口呈逐渐扩大的趋势。中文教师教学任务繁重,一名中小学本土中文教师负责整个学校中文教学的情况比较常见。二是本土中文教师待遇不高,流动性强。据亚美尼亚国家统计委员会数据,2020年本土中文教师月均工资为18.98万德拉姆(约合390美元),少数有中国语合中心资助的本土教师月工资约800美元,多数只担任一所学校汉语教学工作的本土教师月工资约300美元,无法满足生活需要。这严重阻碍了本土中文教师队伍的扩大。本土中文教师数量不足严重影响中文纳入亚美尼亚国民教育体系进程。

第二,本土教材资源匮乏。现阶段既有中文教材不能满足学习主体的实际需求。当前亚美尼亚仅有一套亚美尼亚语版中文教材且使用范围有限,很多学校在中文课程中使用自编教材,有的学校中文教学尚无教材。同时,亚美尼亚也缺少线上中文教学资源,目前仅有一个介绍亚美尼亚历史和文化的中文网站(www.newsilkroad.am),完全不能满足亚美尼亚民众学习汉语的需要。可见,亚美尼亚中文教材的数量不足、种类稀少、内容滞后、形式单一的问题已经成为阻碍中文教育进一步纳入亚美尼亚国民教育体系的重要因素。

(三)孔子学院、孔子课堂力量相对薄弱

布留索夫国立大学孔子学院为中文纳入亚美尼亚国民教育体系提供中文教学和文化传播与交流服务。截至2022年11月,布留索夫国立大学孔子学院建有俄罗斯—亚美尼亚(斯拉夫)大学孔子课堂、第55中学孔子课堂、第29中学孔子课堂等3所孔子课堂,辐射埃里温国立大学、布留索夫国立大学、埃里温市第135中学、沙米良中学、洛里中学、塞万中学等 8 个汉语教学点。

布留索夫国立大学孔子学院本部、孔子课堂、中文教学点的所有中文教学工作和学院事务由 14 名中国教师(包括 1 名中方院长)负责,教师工作满负荷且流动性很大。面对亚美尼亚不断增长的中文教学需求,仅靠孔子学院的力量无法提供多元化服务,难以有效推动中文纳入亚美尼亚国民教育体系。

四、中文纳入亚美尼亚国民教育体系的对策

亚美尼亚是较早将中文纳入国民教育体系的国家之一,要想推进中文教育在亚美尼亚国民教育体系中的纵深发展,应凝聚两国合力,尝试采取优化中文基础教育统筹规划、强化中文教师队伍和教材资源建设、深化联动多方中文教育合作、细化孔子学院及孔子课堂多元服务四个有效措施。

(一)优化中文基础教育统筹规划

李宇明提出,少年儿童凭兴趣习得语言,容易产生语言感情,进而产生语言认同,并由语言感情、语言认同进而产生文化兴趣、文化好感,甚至产生跨文化认同[13]。加大中文在亚美尼亚国民教育体系基础教育阶段的纳入力度对亚美尼亚中文教育的健康长远发展具有重要意义。

第一,协助制定中小学中文教学考试大纲。通过制定基础教育阶段中文教学考试大纲,以考促教、以考促学,强化中小学中文教育成效。应发挥亚美尼亚孔子学院的纽带作用和智库作用,对接中亚两国的汉学家和教育部门,持续举办"丝绸之路"中小学校长国际论坛、"一带一路"框架下的亚美尼亚国别区域研究专家论坛,为完善中文教育体系提供理论和实践支持,促进中文纳入亚美尼亚国民教育体系向科学化、规范化、标准化方向发展。

第二,优化基础教育阶段中文课程设置。一是对于已经开设中文

必修课的中小学,如埃里温市第135中学,应优先供给教育资源,打造优秀范本,逐渐提高其中文教育成效;对于已开设中文选修课的中小学来说,争取将选修课转变为必修课,为中文深度纳入基础教育提供更基本、更持久的力量。二是对于尚未开设中文选修课的中小学来说,应从携手孔子学院、该地区中资企业等多元主体,创造中文语言环境,激发本土中文学习需求入手,为中文纳入基础教育阶段提供良好的民意基础。

(二)强化中文教师队伍和教材资源建设

受现实条件等因素影响,亚美尼亚各地区中文教育发展水平良莠不齐,可采取以下措施解决各校中文师资和教材资源不充足、质量不均衡的问题。

一方面,要强化教师资源建设。人才培养结构性改革是适应新时代海外中文教育发展新常态的必然要求[14]。在境外开展国际中文教育,其教学任务应主要由本土汉语教师来承担[15]。可参照《国际中文教师专业能力标准》(T/ISCLT 001-2022)重点加强亚美尼亚本土中文教师资源建设。一是协助亚美尼亚扩大本土高校中文师范专业招生规模,完善本土中文教师资格认证认可体系,补充中文师资缺口。二是构建完善的中文专业人才培养体系,着力培养高层次本土中文人才,既要积极培育亚美尼亚汉学家,也要重视培养专门用途的中文教师。三是建立本土中文教师培训中心和教师协会,尤其要探索短时高效的中小学本土中文教师培养模式,积极助力亚美尼亚基础教育阶段中文教学的推广,做好基础教育和高等教育阶段的中文教学顺畅衔接工作,助推中文进一步纳入亚美尼亚国民教育体系。

另一方面,要强化教材资源建设。可依据《国际中文教育中文水平等级标准》(GF 0025-2021)充实亚美尼亚中文教材资源。一是组织中亚两国专家协助埃里温市第135中学尽快完成整套自编中文教材的编写,并协助出版,进一步解决中文教材紧缺的问题。二是鼓励中文教育机构编制各学段各类中文学习材料,如中文教材、HSK 辅导教材、中文儿童绘本等。三是协助开发配套电化中文教学资源,解决汉语教师需要独立制作电化教学课件的困难,为中文纳入亚美尼亚国民教育体系的顺畅推进打通技术关卡。

(三)深化联动多方中文教育合作

当下,中亚双边关系不断升温,中方应大力支持亚方中文教育发展各项举措,以孔子学院为纽带,凝聚多方力量,加快构建以亚方为主体、中亚两国双向驱动的新发展格局。

一是积极扩大亚美尼亚奖学金生赴华留学规模,开展高校间中亚合作办学项目,如拓宽"一带一路"建设相关专业留学路径、选拔更多中文师范生和高层次人才来华进修,并合理优化留学生就业和创业政策等。

二是打通中亚两国友好学校交流渠道。西安与久姆里、青岛与埃里温等城市已建立友好城市关系,可依托地方合作,进一步加强中亚友好中小学校关系的缔结并增设中文教学点,持续组织亚美尼亚大中小学校长及教育官员赴华访问、学生夏令营赴华游学等语言教学和文化交流活动,增进中亚国际理解和文明互鉴,为中文纳入亚美尼亚国民教育体系拓宽语言实践和文化交流的途径。

(四)细化孔子学院及孔子课堂多元服务

孔子学院及孔子课堂是助力中文纳入各国国民教育体系的重要力量。目前,亚美尼亚国内仅建有 1 所孔子学院、3 个孔子课堂、8 个教学点,可细化孔子学院及孔子课堂的多元服务,促进亚美尼亚孔子学院转型升级,为全面推进中文纳入亚美尼亚国民教育体系发挥助力作用。

一是发挥孔子学院教育功能,助力中文纳入亚美尼亚国民教育体系的效能提质升级。应积极开发适应中亚两国合作情况的中文课程,如"一带一路"高端人才中文培训、"中文＋"矿业或物流等职业人才培养项目，培养传播中国语言文化的使者，形成以中文为标记的侨民圈、校友圈，全力扩展中文纳入亚美尼亚国民教育体系的广度和深度。

二是发挥孔子学院智库功能，助力中文纳入亚美尼亚国民教育体系走深走实。应充分利用孔子学院的区位优势，以亚美尼亚当地实际需求为导向，集合中亚两国专家智慧为本土中文教育体系建设、教材研发、师资培养提供国别化方案，推动亚美尼亚中文教育产业协同发展。

三是发挥孔子学院平台作用，助推中文纳入亚美尼亚国民教育体系行稳致远。应凝聚多方力量，开发多领域、多层次、多形式服务，搭建产学研政企合作交流平台，提供商贸咨询与翻译等服务，加强与亚美尼亚社会各界互动和资源共享，为实现中亚两国"五通"提供支撑，辅助推进中文纳入亚美尼亚国民教育体系。

五、结语

中文纳入亚美尼亚国民教育体系是亚美尼亚的中文教学迈向新阶段的重要标志，是中文国际传播由"量增长"到"质增长"的关键一步。中亚两国政治高度互信，经贸往来蓬勃开展，中亚友谊民间基础深厚。现阶段，中文在亚美尼亚的传播出现了本土化、低龄化等新态势，面临着基础教育阶段纳入程度较低、中文教学资源比较匮乏等亟须解决的问题。因此，我们应优化中文基础教育统筹规划、强化中文教师队伍和教材资源建设、深化联动多方中文教育合作，加快实现中文教学当地化，以满足亚美尼亚民众语言需求，促进中文教育在亚美尼亚国民教育体系中自然、良性发展，推动中文教育持续向好发展，为中文纳入俄语区亚洲国家国民教育体系树立典范。

参考文献

[1] 李宝贵,庄瑶瑶.汉语纳入海外各国国民教育体系之方略探索[J].现代传播(中国传媒大学学报),2020,42(1):84—88.

[2] 国家语言文字政策研究中心:81个国家将中文纳入国民教育体系[EB/OL].(2023-8-19)[2024-5-20].http://www.moe.gov.cn/fbh/live/2023/55470/mtbd/202308/t20230817_1074704.html.

[3] 李泉,张海涛.汉语国际化的内涵、趋势与对策[J].语言文字应用,2014(2):107—117.

[4] 吴应辉.国际汉语教学学科建设及汉语国际传播研究探讨[J].语言文字应用,2010(3):35—42.

[5] 陈晓达,蔡钰琳.国际中文线上教学状况调查分析——以亚美尼亚为例[J].大学,2021(47):158—160.

[6] 罗林.着力构建与我国大国地位相符的区域国别研究[M]//罗林.区域国别学学科建构与理论创新.北京:社会科学文献出版社,2023:3—7.

[7] 李宝贵,庄瑶瑶.汉语纳入海外各国国民教育体系之方略探索[J].现代传播(中国传媒大学学报),2020,42(1):84—88.

[8] 李宇明.探索语言传播规律——序"世界汉语教育丛书"[J].云南师范大学学报(对外汉语教学与研究版),2007(4):1—3.

[9] 莫言.鲜为人知的文明古国亚美尼亚[EB/OL].(2019-05-13)[2022-05-10].http://world.people.com.cn/GB/n1/2019/0513/c1002-31082409.html.

[10] "宁波人足不出户体验亚美尼亚文化!"亚文会上这位外交官说[EB/OL].(2019-05-15)[2022-05-10].http://news.cnnb.com.cn/system/2019/05/15/030051826.shtml.

[11] "中国与亚美尼亚建交三十年:现状与前景"研讨会举行[EB/OL].(2022-04-09)[2022-5-10].http://news.china.com.cn/2022-04/09/content_78158179.htm.

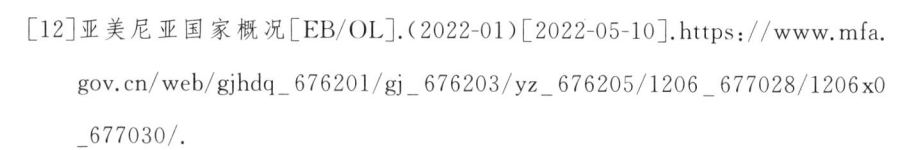

[12] 亚美尼亚国家概况[EB/OL].(2022-01)[2022-05-10].https://www.mfa.gov.cn/web/gjhdq_676201/gj_676203/yz_676205/1206_677028/1206x0_677030/.

[13] 李宇明.海外汉语学习者低龄化的思考[J].世界汉语教学,2018,32(3):291—301.

[14] 李宝贵,刘家宁.新时代国际中文教育的转型向度、现实挑战及因应对策[J].世界汉语教学,2021,35(1):3—13.

[15] 陆俭明.新时代国际中文教育理念创新和实践探索的若干思考[J].语言教学与研究,2022(4):1—8.

国际中文教育人才培养目标下劳动教育实践新路径探索

宋文[①]

摘　要：加快构建中国话语体系和中国叙事体系，讲好中国故事，传播好中国声音，展现可信、可爱、可敬的中国形象，这离不开国际中文教育人才的培养和输出。在国际中文教育人才培养过程中，立德树人的成效是人才评估指标体系中的重要组成部分，而劳动教育是立德树人的重要一环。随着2020年《中共中央　国务院关于全面加强新时代大中小学劳动教育的意见》印发，劳动教育成为培养大学生素质和素养的重要组成部分，实施劳动教育不仅需要实践，更需要依托专业特点设计有效的实施路径。本文从国际中文教育人才培养的视域出发，论证劳动教育对国际中文教育人才培养的必要性；通过问卷调查分析本专业劳动教育实施过程中存在的问题：劳动教育课程开展有名无实、劳动教育未能与国际中文教育专业特色有机结合、学生自身劳动意识不强与教师引导不足等。最后，本文提出了国际中文教育人才培养目标下劳动教育实践的新路径：一是优化课程设置，使劳动教育课程体系化；二是在开展方

---

① 作者单位：宋文，大连外国语大学马克思主义学院。

式上,与专业特色相结合,增加劳动教育课程多元性;三是在具体实施过程中,做到"请进来"与"走出去",将校园内外实践结合起来。

关键词: 国际中文教育 劳动教育 人才培养

一、引言

2020年3月,《中共中央 国务院关于全面加强新时代大中小学劳动教育的意见》(以下简称《意见》)印发。《意见》要求坚持立德树人……把劳动教育纳入人才培养全过程;根据各学段特点,在大中小学设立劳动教育必修课程,系统加强劳动教育……除劳动教育必修课程外,其他课程结合学科、专业特点,有机融入劳动教育内容[1]。《意见》指出了劳动教育在人才培养过程中的重要性,并提出将劳动教育结合专业特点融入课程中,这给国际中文教育人才培养提出了新的要求。

党的二十大报告要求,"提炼展示中华文明的精神标识和文化精髓,加快构建中国话语和中国叙事体系,讲好中国故事、传播好中国声音,展现可信、可爱、可敬的中国形象"[2]。服务于国际中文教育事业的人才,要立足五千多年的中华文明,展现中国的立体形象。而在中华文明发展的脉络中,劳动贯穿其中,勤劳是中华民族传统美德。因此,将劳动教育融入国际中文教育专业人才培养过程有利于加深学生对中国形象、中华民族传统美德的理解,筑牢学生的劳动观念,继而更好地向外传播推广中华文化。

二、在国际中文教育人才培养过程中融入劳动教育的必要性

立德树人成效在专业学位水平评估指标体系中的充分体现能够引导各专业学位点高度重视人才培养[3]。劳动教育是立德树人的一个重要环节,国际中文教育专业人才肩负着传播中华文化、讲好中国故事的重任,在专业人才培养过程中,劳动教育的实施能更好地提升专业人才

的道德修养,进而体现培养的成效。

此外,国际中文教育专业是一门应用型、实践型学科,本专业人才需要有良好的实践应用能力。在专业人才培养过程中,培养实践创新能力,需要进行从纯知识传授到知识与实践能力相结合的转换,尤其注重向实践能力培养的转变,把人才培养与其未来职业发展有机地贯通起来[4],而针对国际中文教育设置的劳动教育能够作为连接课堂理论知识学习和社会实践的桥梁,因此,将劳动教育纳入国际中文教育人才培养过程中有利于锻炼专业人才的实践能力,提升专业人才的职业素养,有利于满足国际教育专业人才向好发展的需求。

劳动教育作为高校人才培养的重要组成部分,对于国际中文教育专业的学生有着独特的意义。从现实意义来看,实践是创新的源泉,劳动是实践的途径,处于国际化视野下的国际中文教育人才应不断以劳动创新与国际社会接轨,成为符合新时代要求的与时俱进的人才;从现实情况出发,动手能力、实践能力、应用能力是国际中文教育人才必备的技能,可借助劳动教育提高国际中文教育专业学生的实践应用能力,提高其综合素养。因此,将劳动教育融入国际中文教育专业人才的培养有其必要性、必然性和现实紧迫性。

三、在国际中文教育人才培养过程中融入劳动教育的问题

培养国际中文教育人才固然需要实施劳动教育,但还需考察各院校在实施过程中的现状。为此,我们设计了两套调查问卷,分别发放给21所院校国际中文教育专业的学生和授课教师,学生版问卷的内容主要包括对劳动教育的认识和态度、院校开展劳动教育的情况及对其满意度、对劳动教育课程的期待与建议,教师版问卷的内容主要包括专业课程和劳动教育的结合情况、对本专业学生参加劳动教育的满意度、对本专业劳动教育课程建设的建议。共回收学生版有效问卷 225 份,教

师版有效问卷68份,下面将结合前人的研究和问卷反馈的情况,探讨劳动教育融入国际中文教育人才培养过程的几大问题。

(一)劳动教育课程设置有名无实

学生版问卷结果显示,关于国际中文教育专业学生对所在院校劳动教育的满意度,仅有9.33%的学生表示非常满意,27.11%的学生表示比较满意,一般满意的学生占比为34.67%,而18.67%的学生表示比较不满意,10.22%的学生表示非常不满意。总体来说,国际中文教育专业学生对于院校开展劳动教育的满意度处于偏消极的状态。另外,有75.11%的学生反映学校并未设置专门的劳动教育课程,说明国际中文教育专业劳动教育课程设置有名无实。

汉语国际教育课程设置已初步形成体系,但多年来在实践中各高校仍存在课程名不符实、课程结构不合理、课程不能反映当前第二语言教学的新教育理念或适应当前汉语国际教育新形势新需求、理论与实践脱节等诸多问题[5]。在国际中文教育课程体系中,多数课程的设置目的在于提高学生的语言及教学理论知识,而旨在提高实践能力的课程却不常见,劳动教育更是未落实到具体课程,存在有名无实、流于形式的现象。在出国志愿者的岗前培训中,或有涉及中国传统手工艺或关于赴任国衣食住行、生存技能等方面的内容,着力培养志愿者在海外生活和见习的必要能力。这些培训课程与劳动教育联系紧密,但遗憾的是,这类课程多数仅存在于培训中,未普及至专业课程,多存在于该专业的学生活动中,且呈现出零散式、碎片化的特点,多流于形式,未能落实到位。国际中文教育人才的培养离不开实践课程的设置,劳动教育在专业课程中的重要性也不言而喻。当下,劳动教育要落实到细处,亟待完备的课程规划和安排。

(二)劳动教育未能与国际中文教育专业特色有机结合

在回收的教师版问卷中,78.12%的教师反映未能有效将劳动教育与自己的课程有机结合。而在学生版问卷中,18.67%的学生表现出对劳动教育与专业相结合的期待,学生具体想要开展的与专业相关的劳动教育活动包括包饺子(155人)、插花(139人)、包粽子(125人)、剪纸(112人)、打中国结(83人)、刺绣(55人)、篆刻(47人)、拓印(21人)。这说明,劳动教育未能有效融入学生生活中,一大原因就是未能与专业特色相结合。汉语国际教育本科生所存在的问题,主要是缺乏理想的培养平台和培养时间不足造成的[6]。其他原因,有学生的人生阅历不足,比如对中华文化的认知不够成熟;有学校认识不足或培养不够专业,比如一些学校的汉语国际教育专业课程设置与汉语言文字学专业课程设置区别不是很明显,未能突出汉语国际教育专业的特色。根据教育部《普通高等学校本科专业目录》,汉语国际教育专业的培养目标是培养具有较扎实的汉语和英语基础,对中国文学、中国文化及中外文化有全面的了解,有进一步培养潜能的高层次汉语国际教育专门人才。可见,国际中文教育专业人才除了需要教授语言,还有传播文化这一重要职责,因此在培养过程中,离不开中华优秀传统文化的熏陶,只有人才充分地内化吸收中华优秀传统文化,才能更好地对外传播推广。但目前的劳动教育课程,多流于形式、故步自封,大多局限于体力劳动,不能体现手脑并用,更未与中华优秀传统文化紧密结合。与专业任务相结合,联系中华优秀传统文化,这是目前劳动教育融入国际中文教育的一个突破口。

(三)学生自身劳动意识不强与教师引导不足

学生版问卷结果也普遍反映出学生对劳动教育出现认知偏差,认为劳动教育意义不大的现象。同时,教师版问卷显示,国际中文教育专业教师对于本专业学生参加劳动教育的满意度总体偏低。

由此可见,劳动教育融入国际中文教育人才培养过程中出现的困难,也与学生本身劳动意识不强有较大的关系。学生出现认知偏差,实践随之出现滞后现象。在教师版问卷收到的反馈中,部分学生在进行劳动实践时表现出不理解、不情愿的态度,出现拖延怠慢的情绪,执行意愿不强,劳动意识有待提高。劳动意识的匮乏折射出的是学生主观能动性的缺失,劳动意识不强和劳动教育实行不力之间形成了恶性循环,要打破这种恶性循环,需要学生从主观上接受劳动教育并愿意实践,同时需要教师充分引导。

四、国际中文教育人才培养目标下劳动教育的路径探索

要解决劳动教育融入国际中文教育人才培养过程中出现的诸多问题,需要院校、教师、学生等多方机动改变。本文尝试从劳动教育的课程设置、开展方式、具体实施三个方面提出以下建议。

(一)优化课程设置,使劳动教育课程体系化

劳动教育要融入国际中文教育人才培养过程中去,首先就要做好顶层设计,将其纳入人才培养方案和课程体系,搭建完备的课程结构体系。可按年级、分层次地设置劳动理论课、专业技能课、实验实践课和创新创业教育课等,从认知、情感和技能三方面全方位教授学生劳动知识,从政策、制度、师资、物质保障各个层面为劳动教育课程提供支持。其次,要设置具体的课程和教学活动,也可以将劳动教育的相关元素融入其他课程或教学活动中,细化和量化学生的劳动活动。最后,劳动教育应该融入国际中文教育专业学生的课程思政,主观上强化学生的劳动意识,涵养学生的劳动情怀。劳动教育不仅仅意味着简单的动手或体力工作,还意味着手脑并用、活学活用,因此绝大多数课程都应承担起劳动教育的责任,协力打造一以贯之的课程体系。

(二)与专业特色相结合,增加劳动教育课程多元性

国际中文教育人才培养的一大特殊性在于,该专业的人才直接服务于弘扬和传播中华优秀传统文化,因此该专业与中华优秀传统文化

的联系极为紧密,在劳动教育服务于该专业人才培养的过程中,应发挥中华优秀传统文化"脚手架"的作用,通过中国传统手工艺、非物质文化遗产与劳动教育相结合的方式,深化学生对中华优秀传统文化的理解,也为之后走上工作岗位打下基础。教育部中外语言交流合作中心研制的《国际中文教育用中国文化和国情教学参考框架》对中国文化和当代国情的教学内容和目标进行了梳理和描述,在文化课程设置、课堂教学、教材编写、学习者文化能力测评等方面提供了参考和依据,各高校国际中文教育专业可以该框架为指导,开展以文化为主导,以劳动教育为依托的教学方式和课堂活动。随着时代的发展和技术的进步,专业特色与劳动的结合不再局限于动手这一种形式,从体力劳动到脑力体力相结合的劳动,从机器劳动到数据劳动、科技劳动及智能劳动,都可作为国际中文教育劳动实践的内容范畴,有些院校创新开展了一系列中华才艺课程,结合剪纸、书法、拓印、篆刻、包饺子、包粽子、绣香囊等活动,并以智能教学设备为工具,不断推动劳动教育进行创新型发展、趣味性发展、多元化发展,实现劳动教育与学科特色的有机结合。

(三)"请进来"与"走出去",校园内外实践相结合

当下,校园内外的联动在不断加强,学生的校外实践和校内实践双向并行。在这样的背景下,一方面,国际中文教育专业人才培养应不断加强外来资源的引入,充分利用社会资源,吸纳专业人才,聘请校外专业人员进入校园传授劳动技能,做到"请进来"。在此基础上,还要结合具体落实过程中可能存在的问题,给予制度保障和物质支持,实现劳动教育在校园内的良性循环。此外,劳动教育的开展不必局限于面对面一种方式,可以通过视频连线等方式,打破空间制约,依托多元形式,挖掘劳动教育在校园中的诸多可能性。另一方面,学生也可以"走出去",体验各地的文化特色,亲自动手实践。各院校可牵线搭桥,坚持本土文化自信,通过挖掘地方特色文化为培养人才赋能,通过劳动教育实现国际中文教育人才培养的创新性发展。

五、结语

新时代国际中文教育人才的培养离不开劳动教育的实践。要让劳动教育真正服务于国际中文教育人才培养,离不开顶层设计的系统规划与高校的机制保障,也离不开专业资源的保障和学生的主动接纳,更离不开专业特色和劳动实践的融合,及传统手工艺文化、地方特色文化的创造性转化、创新性发展。

参考文献

[1]中共中央 国务院关于全面加强新时代大中小学劳动教育的意见[EB/OL].(2020-03-20)[2023-01-12].https://www.gov.cn/gongbao/content/2020/content_5501022.htm.

[2]习近平:高举中国特色社会主义伟大旗帜 为全面建设社会主义现代化国家而团结奋斗——在中国共产党第二十次全国代表大会上的报告[EB/OL].(2022-10-25)[2023-03-01].http://www.news.cn/politics/2022－10/25/c_1129079429.htm.

[3]吴应辉.专业学位水平评估对汉语国际教育硕士人才培养带来的影响及反思[J].天津师范大学学报(社会科学版),2021(2):10—18.

[4]吴勇毅.汉语国际教育本科专业建设刍议[J].国际汉语教育(中英文),2020,5(3):5—11.

[5]施家炜.汉语国际教育专业人才培养的现状、问题和发展方向[J].国际汉语教育(中英文),2016,1(01):13—17.

[6]吴春相.汉语国际教育人才培养中的转型和存在问题思考[J].枣庄学院学报,2019,36(1):1—7.

中医孔子学院建设：现状、挑战与优化路径

闫晓松①

摘　要：中医孔子学院是中医药国际推广和传播的重要平台，也是孔子学院特色化发展的有益探索。中医孔子学院以汉语为载体，普及中医药知识，弘扬和传播中医药文化，推动中医药国际化，开创了中医药海外传播的新模式。本文从分析中医孔子学院建设价值入手，探讨中医孔子学院的建设现状及发展特色。目前中医孔子学院面临中医办学层次受限、中医文化传播范围较窄、国际性中医人才师资匮乏、中医药教材译介不足、中医药文化内涵挖掘不够等挑战。基于此，本文提出深入推进本土化发展、完善中医课程体系、加强教学资源建设、强化中医师资力量培养、积极开拓线上教学资源、优化中医文化传播机制、切实发挥联盟枢纽功能等举措，以期为中医孔子学院的可持续发展提供新思路。

关键词：中医孔子学院　现状　挑战　路径

---

① 作者单位：闫晓松，大连医科大学国际教育学院。

1.引言

习近平总书记指出,中医药学是中国古代科学的瑰宝,也是打开中华文明宝库的钥匙[1]。繁荣发展中医药文化,加强中医药对外交流合作是《中医药发展战略规划纲要(2016—2030年)》中的重点任务之一[2]。2022年3月,国务院办公厅印发《"十四五"中医药发展规划》提出"在夯实传播应用基础上,推进中医药高质量融入'一带一路'建设","鼓励支持有关中医药机构和团体以多种形式开展产学研用国际交流与合作。促进中医药文化海外传播与技术国际推广相结合"[3]。在中医药走向世界的过程中,中医孔子学院作为教育对外开放和中外文化交流的前沿机构,充分发挥自身平台优势,不断推动中医药文化在当地的普及和推广,提升了中医药文化的国际影响力。截至2019年,全球13个国家(地区)成立了15所中医孔子学院(课堂),这些孔子学院(课堂)分布于欧洲、亚洲、大洋洲、美洲、非洲。经过多年的建设与发展,全球中医孔子学院已各具规模和特色,深受当地民众欢迎和认可。

中医孔子学院开辟了中医药文化海外传播的新途径,是中医药海外传播的重要平台。张洪雷等认为,中医孔子学院是传播中医药文化的平台,也是加强中医药文化软实力建设的重要载体[4]。施燕吉等认为,基于孔子学院平台实施中医药文化的国际传播,对中医药的传承发展和提升中国文化软实力具有重要意义[5]。中医孔子学院作为特色孔子学院开创了孔子学院办学的新模式。为进一步发挥中医孔子学院在中医药文化传播的平台作用,学界对中医孔子学院的建设发展进行了探讨。邹爽等认为,要推动中医孔子学院的本土化发展,促进与海外高校合作办学,努力提高办学质量,才能实现中医孔子学院的可持续发展[6]。潘淼介绍了国内中医药大学在创建海外中医孔子学院上采取的相关举措[7]。周延松从中医孔子学院的功能定位、传播模式探讨中医孔子学院如何可持续发展[8]。可见,围绕中医药打造特色的中医孔学院正逐步形成自身独特的办学模式。但与孔子学院整体发展相比，中医孔子学院的建设还处在实践探索阶段。

面对中医药文化传播发展的新形势及孔子学院特色化的发展需要，进一步明确中医孔子学院的办学价值，探寻未来可持续发展的方略，具有重要意义。基于此，本文拟通过分析中医孔子学院建设价值入手，探讨全球中医孔子学院的发展现状、特色及面临的挑战，探析新时代中医孔子学院转型发展的优化路径，使其能更好地服务所在国对汉语及中医药文化的多元需求，提升中医药国际传播能力，推动中医药教育实现本土化高质量发展。

2. 中医孔子学院的建设价值

中医孔子学院在立足汉语教学的同时，以中医药文化传播和交流项目为特色，开展多角度、多层面的汉语教学和中医药文化普及、推广、宣传活动，能够促进中国与世界各国在教育、医疗和文化领域的合作，进一步提升中医药文化的国际影响力。

2.1 促进中医药海外传播

中医孔子学院是重要的中医药海外传播平台。在中医学教育领域，中医孔子学院一方面开设中医非学历课程，比如中医养生、针灸、推拿、太极拳等，这些课程实践互动性强，有利于扩大中医药文化的影响。另一方面，中医孔子学院和国外中医各类学历教育对接，协助当地合作院校开设中医专业相关课程，为所在国培养多学科、多学历层次的中医药高层次人才。在健康文化推广领域，中医孔子学院以讲座、沙龙等多种形式，积极为当地民众传授中医药相关健康知识，培育了很多中医药海外"粉丝群"，不仅为中医药市场在海外立足积累了人脉资源，很大程度上也在为海外中医药市场引流方面起到了一定的作用[9]。在科学研究领域，中医孔子学院注重与合作院校的医学学术交流与科研合作，提升了中医药在学术科研领域的参与度与话语权。

2.2 促进中国文化和中医药文化"走出去"

中国文化历史悠久、博大精深、自成体系,中医药学是中国文化的重要组成部分。世界各国、各民族的文化存在差异,只有让世界了解中华文化对医学的贡献,才能在国际上正确、广泛、强力推广中医和中药,使之造福世界人民。因此,中医孔子学院在开展汉语教学的同时,还应以中医药为核心抓手讲好"中国文化故事",向世界人民普及中医养生、中医健康理念等知识。这不仅能让国外民众获得知识,而且能促进中华文化在当地的传播。现在,越来越多的外国人对中国以人为本、道法自然的价值观,顺应自然节奏的养生观,大医精诚、医乃仁术的职业道德观,以及天人合一、人我合一和形神合一的健康观等表示理解和认同[10]。

2.3 促进外国民众对中医药的了解

随着国际交往的不断深入,国外民众对中医药的治疗效果产生了一定的认知与信心,但由于文化、语言等交流障碍,中医药学的传播媒介和传播渠道过窄,大多国外民众了解中医药只能通过一些中医诊疗所,但他们对中医药文化知识的了解和学习需求越来越迫切。中医孔子学院作为中医药海外传播的重要平台,一方面通过举办中医讲座、高层次中医交流论坛和社会性展览,为国外民众认识和了解中医打开新的窗口;另一方面,通过组织参与性、互动性强的中医文化体验活动,让海外民众真切地感受到中医药的疗效,体会到中医药的独特魅力,进而提升中医药文化的大众认同感。

2.4 促进国际理解和国际合作

当下,医学的侧重点正逐渐从疾病医学向健康医学发展,从生物医学模式逐渐向"生物—心理—社会"模式转变,"大健康"越来越成为全球最流行的健康共识,中医作为医学来讲是一个综合门类,融合了自然、社会等各方面的因素,从宏观方面把握和探索生命的规律。中医孔子学院充分发挥主观能动性,积极与当地政府、中医协会、企业和民间社团加强交流合作,通过举办高层次中医国际学术交流活动,整合当地医学人才资源,搭建中外中医药合作与交流的平台。以中医药文化传播、诊疗服务为特色的中医孔子学院充分发挥中医药优势,在线上、线下开设健康知识普及课程,为世界人民的健康事业做出了贡献。

3.中医孔子学院发展现状分析

中医孔子学院是在孔子学院发展到成熟阶段,并寻求多元化创新与突破的过程中应运而生的。随着经济全球化、文化多样性的深入发展,中外医疗、商务、艺术、教育等领域的交往与合作随之激增,这对孔子学院特色化发展提出了时代要求。

3.1 中医孔子学院建设的基本情况

2008年,世界首家中医孔子学院在英国正式启动运营。2010年,国家中医药管理局组织召开了对外汉语教学与中医学科结合模式座谈会,在会上专门就海外中医孔子学院如何建立、如何定位、如何运行等基本问题开展研究。截至2019年,全球共成立15所中医孔子学院(课堂)。2019年12月,为了推动全球中医特色孔子学院健康可持续发展,促进中医药文化更好更快地走向世界,"中医特色孔子学院中方合作院校工作联盟"在湖南长沙成立。2020年9月,全球中医孔子学院联盟成立,旨在加强中医孔子学院之间的交流与合作,促进各方共同发展。全球中医孔子学院以"汉语＋中医药"为切入点,一步步在探索中积累经验,助力世界民众认识、了解中医并学习、运用中医,以中医药文化为桥梁,全面助推国际人文交流蓬勃发展。下面将15所中医孔子学院(课堂)的基本信息以表格的形式整理如下。(见表1)

表 1　全球 17 所孔子学院(课堂)基本信息

序号	所属国家	孔子学院(课堂)名称	成立年份	中方合作单位	外方合作单位
1	英国	伦敦中医孔子学院	2008	黑龙江中医药大学 哈尔滨师范大学	伦敦南岸大学
2	日本	神户东洋医疗学院孔子课堂	2008	天津中医药大学	神户东洋医疗学院
3	泰国	东方大学孔子学院	2009	温州医科大学 温州大学	东方大学
4	澳大利亚	皇家墨尔本理工大学中医孔子学院	2010	南京中医药大学	皇家墨尔本理工大学
5	匈牙利	佩奇大学中医孔子学院	2014	华北理工大学	佩奇大学
6	韩国	圆光大学孔子学院	2014	湖南中医药大学 湖南师范大学	圆光大学
7	圣马力诺	圣马力诺大学孔子学院	2015	北京城市学院 同仁堂	圣马力诺大学
8	韩国	世明大学孔子学院	2015	江西中医药大学	世明大学
9	葡萄牙	科英布拉大学孔子学院	2016	浙江中医药大学 北京第二外国语学院	科英布拉大学
10	泰国	华侨崇圣大学中医孔子学院	2016	天津中医药大学	华侨崇圣大学
11	斯洛伐克	斯洛伐克医科大学中医孔子课堂	2016	辽宁中医药大学	斯洛伐克医科大学
12	德国	施特拉尔松德孔子学院	2016	合肥学院	施特拉尔松德应用科技大学

续表

序号	所属国家	孔子学院(课堂)名称	成立年份	中方合作单位	外方合作单位
13	南非	西开普大学中医孔子学院	2019	浙江师范大学 浙江中医药大学	西开普大学
14	巴西	戈亚斯联邦大学中医孔子学院	2019	河北中医学院 天津外国语大学	戈亚斯联邦大学
15	爱尔兰	高威大学中医与再生医学孔子学院	2019	南京中医药大学	爱尔兰国立高威大学

3.1.1 政策支持

我国高度重视中医药的海外发展,为此出台一系列政策予以支持。2016年,国务院发布《中医药发展战略规划纲要(2016—2030年)》。同年,《中医药"一带一路"发展规划(2016—2020年)》[11]发布,提出要在条件成熟的共建国家开设更多的中医孔子学院。2016年当年就成立了3所中医孔子学院和1所中医孔子课堂。截至2019年,中国已完成了中医孔子学院的全球化布局(见图1)。国家层面的政策支持为中医孔子学院的全球化布局奠定了坚实的基础。

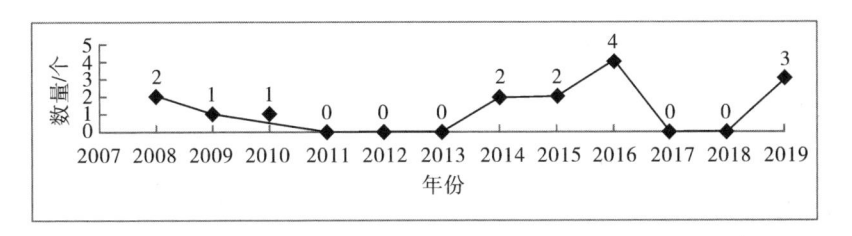

图1 2017—2019年中医孔子学院(课堂)发展情况

3.1.2 地缘分布

15所中医孔子学院(课堂)分布在全球五大洲,欧洲7所(含1个孔子课堂),亚洲4所(含1个孔子课堂),美洲2所,非洲1所,大洋洲1所。从分布国家和地区的情况来看,中医孔子学院(课堂)主要集中在亚洲和欧洲。在亚洲和欧洲的很多国家,中医药有着悠久的传播历史和良好的群众基础。日本、韩国是中国的近邻,与我国具有相似的文化背景,中医药对两国影响深远。泰国从国家层面通过立法给予中医认可。2000年,泰国成为除中国外宣布中医全面合法化的国家。2003年,葡萄牙成为欧洲首个通过针灸立法的国家。英国对中医药在欧洲的传播与发展起到了重要作用。2011年,英国成为欧洲首个提出对中医药立法的国家。匈牙利也是欧洲较早立法支持中医药行业的国家。美洲、大洋洲、非洲由于和中国的地缘关系较远,与中国的国家间交往历史较短,所以中医药对其影响较低,但这些国家和地区的中医药发展潜力巨大。可见,中医孔子学院(课堂)的分布区域和中医药国际化传播的程度密切相关。

3.1.3 组织管理

中医孔子学院是由中外方合作院校共同承办的。在中方合作院校中,参与中医孔子学院建设的国内中医药大学有8所,中医学院1所(见表1)。这些中医药高等院校在国内中医药教学、科研和临床治疗方面实力领先、成果丰厚,与世界各地医科类大学有广泛合作。外方合作院校包括国际知名医科类大学、设有医学院或健康学院的综合类大学等。部分外方合作院校还设有中医系,比如皇家墨尔本理工大学中医系拥有中医专业本科、硕士、博士学位授予权。这为中医孔子学院的合作办学奠定了良好的建院基础。按照《孔子学院办学章程》,中医孔子学院设有理事会,实行理事会领导下的院长负责制。理事会是中医孔子学院的决策机构,院长向理事会负责,执行理事会的决定,负责中医孔子学院的日常运行。中医孔子学院的资金主要来源于孔子学院总部的启动经费和项目经费,外方主要负责场地、设施和行政管理。

3.1.4 师资建设

在中医孔子学院建设初期,由于中医药类高校的对外汉语和对外中医药教学的经验不足,所以常由中医药类院校和师范或语言类院校共同作为中方院校承办单位(见表1)。在师资分配上,由中医药大学派遣具有较高外语水平的中医药专业教师教授中医药知识,师范或语言类院校则承担对外汉语教学任务,派出汉语教师和汉语志愿者。这种强强联合、专业互补的师资结构满足了海外中医教学的师资要求。另外,中方院长、中方教师及志愿者在赴任前要通过派出学校和孔子学院总部的层层选拔和系统化培训,以便能尽快开展教学管理工作。中医孔子学院也会为赴任教师举办入职培训,帮助他们了解孔子学院的教学工作和文化活动。随着海外中医教育的进一步推广和发展,中医孔子学院也在积极开展本土化师资培训,以扩充人才储备。

3.2 中医孔子学院的发展特色

中医孔子学院肩负着中医药文化海外传播的使命,一方面要开设常规汉语和中医临床汉语课程,另一方面又需要将中医文化内涵、中医药知识融入教学和文化活动中,同时立足国外大学的教学环境和国情,开设中医专业课程,开展中医药文化活动、科研及临床实践等。表2是全球中医孔子学院项目开展的情况。

表2 全球中医孔子学院项目开展情况

序号	孔子学院/课堂名称	汉语及中国文化教学	中医药文化培训	开设中医药学分课程	开设学位课程	出版双语教材、书籍	开设执业培训	开设中医临床教学	学术交流	科研实验室	中医临床教学诊所	中医药展示馆
1	伦敦中医孔子学院	+	+	+	+	+	+	+	+	−	+	−
2	神户东洋医疗学院孔子课堂	+	+	−	−	+	+	+	+	−	−	−
3	东方大学孔子学院	+	+	−	−	+	−	+	+	−	−	−
4	皇家墨尔本理工大学中医孔子学院	+	+	+	−	+	−	+	+	−	+	−
5	佩奇大学中医孔子学院	+	+	+	−	+	−	+	+	−	−	−
6	圆光大学孔子学院	+	+	−	−	+	−	−	+	−	−	+
7	圣马力诺大学孔子学院	+	+	−	−	−	−	−	+	−	−	−

续表

序号	孔子学院/课堂名称	汉语及中国文化教学	中医药文化培训	开设中医药学分课程	开设学位课程	出版双语教材、书籍	开设执业培训	开设中医临床教学	学术交流	科研实验室	中医临床教学诊所	中医药展示馆
8	世明大学孔子学院	+	+	—	+	—	—	—	+	—	—	—
9	科英布拉大学孔子学院	+	+	—	+	—	—	—	—	—	—	—
10	华侨崇圣大学中医孔子学院	+	+	—	—	—	—	—	—	—	—	—
11	斯洛伐克医科大学中医孔子课堂	+	+	—	—	—	—	—	—	—	—	—
12	施特拉尔松德孔子学院	+	+	—	—	—	—	—	—	—	—	—
13	西开普大学中医孔子学院	+	+	—	—	—	—	—	—	—	—	—
14	戈亚斯联邦大学中医孔子学院	+	+	—	—	—	—	—	+	—	—	—
15	高威大学中医与再生医学孔子学院	+	+	—	—	—	—	—	+	+	—	—

每所中医孔子学院根据自身发展的特点,以其独具一格的办学力量、管理模式、教学体系、文化推广等手段,在汉语教学、中医药知识普及和文化教育、中医药基础知识和技能教育、中医药高等教育和临床专业教育、中外科学研究等各个层次上肩负着中医药海外传播的使命。在考量中医孔子学院总体情况后,本文选取其中4所特色突出的学院进行简要介绍并归纳其特点。

3.2.1 开设中医学位课程,注重专业人才培养

伦敦中医孔子学院由黑龙江中医药大学、哈尔滨师范大学与伦敦南岸大学于2008年合作建立,通过学历教育培养拥有执业资格的专业中医人才,努力推动中医药课程进入高等教育体系。

作为全球首家中医孔子学院,学院十分重视中医专业人才的培养。2008年,学院开设中医针灸本科学位课程。2011年,学院招收首届针灸专业硕士研究生。现设有中医针灸本硕连读(学制4年)、中医研究硕士专业(学制3年)、工商管理硕士专业(学制1.5年)等3个学历教育专业[12]。学院采用中英文双语教学,向学生教授汉语和中医知识,同时开设针灸、按摩、美容、养生等中医保健科目。针灸专业学生硕士毕业后即可成为英国针灸协会会员,获得开业接诊的资格。学院内设诊所,在为当地居民提供中医诊疗的同时,也为该校中医专业学生提供了实习的机会与场所。这种汉语学习、专业学习、实习、职业接轨的模式对其他孔子学院起到了一定的示范作用。

3.2.2 创新中医教育模式,融入高校教育体系

佩奇大学中医孔子学院由华北理工大学与佩奇大学于2014年合作建立。多年来,佩奇大学孔子学院致力于汉语教学和中医文化推广,积极探索中医教育模式改革,已有所建树。

佩奇大学中医孔子学院在中医教学目标、培养对象、授课方式和课程设置方面创新思路,建立了分层次、多元化的中医教育培养模式:一是面向佩奇大学所有专业学生开放中医学分课,课程包括用英语和匈牙利语授课的中医理论、中医养生和中医健身等领域的大学学分课。二是针对西医医生开展中医针灸资格培训教育。三是开设佩奇大学健康学院博士生针灸选修课程[13]。佩奇大学孔子学院设在佩奇大学健康学院,这种设置契合中医学科发展,走出了中医教育的独特模式。佩奇大学孔子学院在开展汉语教学、中医文化活动、社区中医咨询和医疗服务的基础上,坚持共建、共享、共有的原则,通过和政府、大学以及当地社团机构等各方面的合作,扩大了中医药在匈牙利乃至整个中东欧地区的影响力。

3.2.3 注重中医文化传播,搭建校企合作平台

施特拉尔松德孔子学院是德国第一所中医孔子学院。施特拉尔松德孔子学院以传统中国医学的传播和培训为主要特色,并致力于将其打造为德国东北部的中国语言和文化交流中心。

施特拉尔松德孔子学院为对中国文化和语言感兴趣的当地居民提供了多种课程和文化活动,开设了多期中医药培训班、太极班、中医讲堂等。在施特拉尔松德孔子学院的大力支持下,中国安徽济人药业有限公司与德国施特拉尔松德市拉茨药房的合作得以落实,德国第一家销售高质量中药配方颗粒的药店正式成立,这也是高校、产业界以及文化机构富有成效的合作范例。另外,促进当地经济发展及中德经济交流,搭建中小企业交流平台是施特拉尔松德孔子学院的另一个特色。2018年,施特拉尔松德孔子学院与当地工商机构组织了中德中小企业对接交流活动,吸引了德国当地的中小企业、工商会、中小企业协会以及中国相关中小企业,推进了中德两国中小企业的交往与合作。

3.2.4 展示中医医疗实效,培育中医文化土壤

东方大学孔子学院是泰国第一所中医药特色的孔子学院。学院扎根泰国中医土壤,在中医人才的培养和针对民众、学生的中医文化推广方面做了很多尝试。

在专业人才培养方面,东方大学孔子学院与泰国中医师总会共同设立了"泰国卓越中医师培训基地",对泰国职业中医师开展培训;在民众中医文化普及、体验方面,东方大学孔子学院推出了"中医养生保健泰国行"活动,在中医师总会的支持下,每年前往1—2府(省)开展义诊和中医知识宣讲;在促进学生了解中医文化方面,东方大学孔子学院推出了"中医文化进课堂"活动,将中医文化纳入学院"文化营""文化展",带入当地的中小学课堂中。另外,东方大学孔子学院还通过举办"中医养生赴华团""中医文化讲座""中医走进社区"等项目让更多的泰国民众接触、了解、体验中医。东方大学孔子学院通过中医活动将乐施善助的中国形象展现给泰国民众,以中医药的医疗实效赢得了泰国普通民众信任,增强了泰国人民对中医药及中国文化的好感。

4.中医孔子学院建设发展中面临的挑战

中医孔子学院作为中医药文化全球推广和传播的重要形式和平台,在规模上,数量不多,仅占孔子学院总数的2%;在发展上,虽然经过十余年的发展壮大,但在办学层次、文化传播、师资队伍和教材及课程体系等方面仍有亟待提升的空间。

4.1 中医办学层次水平受限

由于受到所在国医疗体系、法律法规、教育政策的影响,同时也受到合作方高校发展追求的限制,孔子学院中医教育在融入当地大学教育体系的道路上面临着困难。首先,在高等教育阶段开设中医药学分课程比例较低。目前,仅有8所中医孔子学院开设中医药学分课程。只有1所中医孔子学院正式融入当地高等教育体系,设立了学位课程。其次,在高等教育阶段开设的中医药类课程大部分以选修课为主。由于地缘差异和各国对中医药的政策不同,部分中医孔子学院的发展尚处于起步阶段,中医药课程纳入本土高等教育体系十分缓慢,开设必修课存在一定的困难。最后,中医孔子学院在取得教育学分和相关资格证书的授权方面还十分困难。在中医师和针灸师职业培训方面,仅有5所中医孔子学院具备相关培训资格,可以颁发职业资格证书。大多数中医孔子学院要取得所在国教育和医疗领域的专业培训认证还任重道远。

4.2 中医文化传播范围较窄

中医孔子学院在传播中医药的范围和应用中医药的深度、广度方面明显存在不足。第一,由于文化背景不同,中医药理论体系与现代医学理论体系存在差异,中医药面临政策和技术等方面的壁垒。大部分国家只是将中医作为医疗补充的手段,使得孔子学院开展中医药文化传播的范围限于养生保健层次,专业化的中医教育、中医研讨、中医专业培训等方面的活动开展较少。第二,中医孔子学院在中医文化推广上对传播方式的创新不够。虽然近些年中医孔子学院通过举办文化体验活动进行文化传播,取得了一定的成效,但这类活动仍属于传统的传播方式,在传播广度上有局限性,在传播方式上缺乏创新。第三,中医孔子学院在科学研究领域尚未形成具备国际竞争力的优势力量和外向型合作制度,中医文化的传播与自身能力的建设存在一定差距。

4.3 国际性中医人才师资匮乏

随着全世界"中医热"的兴起,各国人民对中医药知识和文化的渴望越来越强烈。中医孔子学院作为中外文化交流的桥梁作用日益凸显,但具备国际化高素质的中医人才师资略显匮乏。第一,中医孔子学院对于师资的培养尚没有统一标准和制度。中方教师队伍的构建仅以遴选和培训现有临床教师和外派志愿者为主要模式,缺乏系统性规划。第二,中医孔子学院教师队伍流动性大,专职性弱。教师的海外任期多数是1—2年,教师在初步适应教学任务后,便离任回国。第三,中医药教师本土化培养工作进展缓慢,培养力度不够。中医孔子学院在本土化师资培养方面还处在起步阶段,同时也受到所在国的中医地位、教育体系的影响和制约。目前,中医孔子学院中医药文化传播主要依托我国国内选派的师资力量。

4.4 中医药教材译介不足

目前,中医文化在海外推广应用缓慢,很大原因在于中医药教材和经典书籍的译介不足。虽然中医孔子学院采用国内中医院校的中医药教材,也开发了一些本土化教材和中医文化读物,但无论从数量上还是质量上都难以满足多样化教学和文化传播的需求。首先,中医药文化有其特定的话语体系,翻译成目的语存在一定的困难性和复杂性。这是传播中医药文化的难点,也是关键点。其次,专门的中医翻译人才稀缺。中医翻译人员不仅要有扎实的中医药专业知识、高超的外文翻译能力,还必须了解中外文化差异。中医翻译人员要用合适的话语和方式阐述中医药文化、解释中医理论,使中医药文化通俗易懂,又不失严谨性和系统性。最后,多语种中医药经典教材及书籍的开发尚在起步阶段。中医孔子学院一方面要不断推动多语种中医药经典教材及书籍的译介工作;另一方面,要联合中外教师共同编写多语种教材,提升中医药教材的国际化水平。

4.5 中医药文化内涵挖掘不够

在传播中医药文化的过程中,中医孔子学院在传播中医药文化的核心价值方面还有待提高。一方面,在课程设置上,中医药经典理论课程比重小,存在"重实用、轻理论"的教学倾向性问题。"课程结构基本上是实用性的,学生想学的是可以立竿见影、用之即效的应用性技术,不关心理论渊源。"[14]另一方面,教师对中医药文化内涵挖掘不够,没有充分调动学生自身的学习积极性。教师要将中医理念贯彻到知识教学中,让学生不仅进行中医实践,更要了解中医理论及文化内涵。让学生了解中医药文化的三个层面,即精神层面、行为层面、物质层面。精神层面指的是中医药核心价值和原创思维,行为层面指的是中国人衣食住行的生活方式,物质层面主要指的是中华民族发明创造的物质产品。要让学生认识到,中医药文化的内涵不仅体现在应用层次上的实际效果,更蕴含了中华传统文化中优秀的文化要素与文化基因。

5.中医孔子学院建设的优化路径

当下,孔子学院已由高速增长阶段转向高质量发展阶段,正处在转变发展方式、优化教学结构、转换增长动力的关键期[15]。总结中医孔子学院的发展现状和特色可以发现,"高质量""本土化"将是未来中医孔子学院建设的关键词。中医孔子学院须秉持改革创新的精神,开启以质量为中心、以内涵为导向的发展道路。为推动中医孔子学院的转型发展,打造高质量服务平台,中医孔子学院应做到以下六个方面。

5.1 因地制宜规划布局,深入推进本土化发展

中医孔子学院要围绕所在国家和地区的文化、教育、医疗、法律等要求,瞄准受众需求,科学系统分析,实施精准化市场开发,树立文化教育品牌特色,赢得海外民众的支持和信赖,全力以赴融入所在地。第一,要围绕所在地的文化、风俗和医疗制度,创新办学方式、课程安排和教学手段,与所在地的文化相适应。第二,广泛依托所在地的传媒,加强中医药的宣传,促进双向交流的发展,赢得当地民众的认同。第三,在所在国法律和政策范围内,积极融入当地的学校教学体系,特别是加强与本土高等院校的交流合作,拓宽中医药课程在高校学分体系中的覆盖面,提升中医孔子学院的教育知名度、影响力及本土化程度。第四,要注重推进中医药教材编写和师资队伍本土化进程。第五,要落实教学理念与教学模式的本土化构建。

5.2 完善中医药课程体系,加强教学资源建设

首先,针对不同国家的国情和不同层次学生的需求,构建学历教育、职业教育、短期培训、临床实训、学术讲座等不同类型和程度的教育体系,实施多元化、多层次的教育理念和教学模式,有针对性地开展课程规划和教学设计。其次,进一步完善课程及资源建设。一是在课程设置上,增加中医药经典理论学习课程的比重,开设中医药文化课、中医药哲学课、中医古籍阅读课等;二是在教学内容上以中医药典故和名家轶事为载体,充分展现中医药独有的文化底蕴和特色,加强中医文化知识的普及;三是在教材开发上,组织专家开发满足不同层次学习者需要的成体系的中医药教材;四是在文化建设上,布置中医药健康文化知识角或中医药文化体验区,最大限度营造浓厚的中医药文化氛围。

5.3 强化中医师资力量培养,扩充人才资源储备

高水平的师资队伍是提升教育教学质量的关键。首先,中医孔子

学院应注重培养高层次国际中医药复合型人才,通过建立中医孔子学院师资库,积极培训既掌握中医药专业知识,又有临床实践技能,还能熟练运用中外双语的师资队伍。其次,要构建完善的专业培训体系,从岗前、岗中、岗后分阶段对教师进行系统培训。其一,组织岗前专题学习,让赴任教师尽快熟悉当地的政治、经济、文化、风俗习惯和医疗保障制度等,以帮助其尽快开展教学工作;其二,提供定期岗中培训,邀请国内中医专家交流相关临床和科研经验,帮助教师解决教学和临床中出现的具体问题;其三,及时进行岗后总结,鼓励教师撰写教学心得体会,反思和总结在教学中遇到的具体困难和应对策略。最后,要扩充人才储备,吸引并培养优质本土师资。一方面,从海外本土中医师和针灸师中遴选杰出人才加以培训,使其达到中医药教育师资的要求;另一方面,加大对在中国进修中医、取得中医学位的本地人士的培养力度,依托他们精通当地政策、法律、文化和风俗的优势,更好地解决中医药文化传播中遇到的问题。

5.4 增加线上教育资源供给,创新多渠道教学服务

当下,"互联网+"背景下的智慧教育技术已成为全球教育领域关注的热点[16]。一方面,中医孔子学院可以将精品中医课程放到孔子学院网络平台上,给学生提供多元化中医课程及中医文化的体验服务。学习者可以不限时间和地点随时进行课程学习,通过授课回访和"一对一"教学反馈,夯实中医药知识的学习成果;另一方面,依托网络云平台的线上研讨和共享机制,充分调动教学资源,拓展教学空间,打通中医孔子学院教学点和教师间的沟通渠道,破解教师队伍结构力量不均、教材内容陈旧滞后和教学方法死板固化等现实问题。

5.5 优化中医文化传播机制,促进文明交流互鉴

中医孔子学院在举办文化活动推广的过程中,要根据所在地民众的实际需求,注重与本土文化相结合,优化传播模式以达到宣传目的。

第一,携手文化团体,提高传播力度。将中医文化传播与当地的大型活动或者中国文化大型活动相结合,进而提高活动宣传的力度和水平。第二,深入社区活动,扩大传播范围。中医孔子学院可以深入当地社区举办中医脉诊、健身操练习、中草药香包制作、自我穴位按摩与保健等活动,将汉语学习和中医知识普及融入与社区居民的日常交流中,充分调动居民学习汉语和中医的热情。第三,跟踪媒体报道,扩大宣传效果。一方面,要把握中医文化活动关键节点的跟踪报道,做到活动前期及时预告、中期翔实推送、后期积极宣传,并对参与者的意见和建议进行收集和做出反馈。另一方面,要加强与所在国家和地区媒体的交流协作,充分利用当地报纸、杂志等各类纸质媒体以及新兴网络社交媒体,多途径宣传中医文化活动。

5.6 切实发挥联盟枢纽功能,打造特色孔子学院

中医孔子学院中方合作院校工作联盟要凝聚高校优势资源、交流办学经验,共享办学资源,增强办学支撑,通过增强校际协作、经验交流,实现资源共享、优势互补,推动全球中医孔子学院健康可持续发展。一方面,要加强顶层设计,整合优势力量。统筹协调构建中医药文化海外传播体系,依据中医药教育在全世界发展现状和发展趋势,稳步推进中医孔子学院的办学标准、管理机制、师资认证和质量评估体系建设。另一方面,全球中医孔子学院联盟要加强合作,制定科学的长远规划。基于世界各国和地区关于中医教育的发展愿景和实际需求,通过定期开展专题研讨会,共享经验成果,科学制定短期、中期和长期发展目标,合理布局中医孔子学院的整体发展战略,在不同文化的碰撞和融合中定位中医孔子学院的使命,兼顾中医孔子学院办学共性与个性[17],精耕细作,打造中医孔子学院特色品牌的核心竞争力。

6.结语

综上所述,中医孔子学院历经十余年的发展,已成为汉语国际推

广、中医药文化海外传播和促进中外文化交流的重要平台。未来中医孔子学院仍要以特色化建设为驱动力,充分发挥合作院校的学科、人才和资源优势,总结国别化教学和传播经验,为当地培养和储备符合社会和市场需要的"中文＋中医"复合型人才,实现本土化、融合型发展。为进一步拓展孔子学院的发展空间,可以积极探索在中医健康产业、中医教育、中医健康旅游、健康城市建设等方面发挥孔子学院的平台作用,服务当地建设,促进中外医学合作,推动中医走向世界,构建中医孔子学院可持续发展新模式。

参考文献

[1]习近平致中国中医科学院成立60周年贺信[EB/OL].(2015-12-22)[2022-06-20].http://www.jhsjk.people.cn/article/27962859.

[2]国务院关于印发中医药发展战略规划纲要(2016—2030年)的通知[EB/OL].(2016-02-26)[2022-06-21].http://www.gov.cn/zhengce/content/2016-02/26/content_5046678.htm.

[3]国务院办公厅关于印发"十四五"中医药发展规划的通知.(2022-03-03)[2022-06-22].http://www.gov.cn/gongbao/content/2022/content_5686029.htm.

[4]张洪雷,张艳萍.中医孔子学院与中医药文化软实力建设研究[J].中医学报,2011,26(11):1310—1312.

[5]施燕吉,徐爱军,张洪雷.中医孔子学院与中国文化软实力建设[J].辽宁中医药大学学报,2012,14(4),45—47.

[6]邹爽,林飞,杨迪.中医孔子学院可持续发展的对策[J].中医药管理杂志,2014,22(12):1975—1977.

[7]潘淼.中医药大学创建海外中医孔子学院的实践探索与研究[J]天津中医药大学学报,2017(8):303—307.

[8]周延松.中医孔子学院的语言文化传播及其模式构建[J].世界中西医结合

杂志,2014,9(11):1241—1242+1260.

[9]张天骄."汉语+中医药"的汉语国际传播模式研究[J].语言产业研究,2021,3(7):186—197.

[10]张洪雷,张宗明.中医孔子学院视角下的中医药文化传播研究[J].南京中医药大学学报(社会科学版),2011,12(3):178—180.

[11]国家中医药管理局.中医药"一带一路"发展规划(2016—2020年)[EB/OL].https://www.yidaiyilu.gov.cn/wcm/files/upload/CMSydylgw/201703/201703200329031.pdf.

[12]吴晓颖.全球首家中医孔子学院明年将招针灸硕士[N].中国中医药报,2010-11-29(1).

[13]毛红,王蕾.中医孔子学院可持续发展模式探索——以匈牙利佩奇大学中医孔子学院为例[J].中医药文化,2020,15(2):68—74.

[14]马伯英.海外(英)中医教学的特点和瓶颈浅析[J].天津中医药,2012,29(3):295—298.

[15]李宝贵.新时代孔子学院转型发展路径探析[J].云南师范大学学报(哲学社会科学版),2018,50(5):27—35.

[16]李宝贵,刘家宁.新时代国际中文教育的转型向度、现实挑战及因应对策[J].世界汉语教学,2021,35(1):3—13.

[17]陆颖,赵丹,李小青,等.海外中医孔子学院的发展现状初探[J].中医药文化,2016,11(3):18—23.

历史、现实和未来：百年未有之大变局下国际中文教育发展的多维审视

周亘[①]

摘　要：现今，世界正经历百年未有之大变局，我国所面临的国内外发展环境发生深刻动荡。在此背景下，国际中文教育正历经着经济生态、政治立场、社会文化以及技术手段等多维度的生态变革，来到了历史、现实和未来交汇的关键节点。回顾历史，立足现实，放眼未来，从"汉语国际教育"的昨天到"国际中文教育"的今天，学科名称的革新俨然为国际中文教育的未来发展指明了方向：新时代国际中文教育已日趋由规模式发展转向内涵式发展，加速进入更加多元、动态、开放、创新的可持续发展转型阶段。对此，新时期国际中文教育事业理应在运用多维视角探析历史演进逻辑和现实困境挑战的基础上创新思维，于时代变局中寻找新支点：一是提升国际中文教育体系规划的科学性，强调新文科建设和跨学科发展的可行性；二是扩大国际中文教育不同主体的参与性，在立足自身基准要求的同时充分尊重外方的主观能动性；三是推进教师、教材及教法更新赋能的进步性，探索其内涵和形式的创新表达；四是保

[①] 作者单位：周亘，北京师范大学国际中文教育学院。

障线上中文教学资源的优质性,利用新兴网络技术助力传统汉语文化课堂优化升级;五是拓展国际中文教育职业导向的可行性,重视以职业中文、专门用途汉语教学等为代表的"中文＋X＋Y"教学模式。

关键词:国际中文教育　历史大变局　发展方略　学科建设

一、引言

当今,世界正处于百年未有之大变局,我国亦迎来了难得的历史战略机遇发展期,二者同步交织、相互激荡。在此时代背景下,国际中文教育同样面临着新形势、新变化和新挑战。一方面,随着综合国力的增强,中国的国际影响力和感召力日益提升,全球范围内的"中文热"和"中国文化热"不断升温,对中文教育的需求与日俱增。截至2021年年底,据不完全统计,目前海外正在学习中文的人数超过2500万,累计学习使用中文人数接近2亿,中国已通过中外合作方式在159个国家设立了1500多所孔子学院和课堂,累计培养各类学员1300多万人,在180多个国家开展了中文教育项目;76个国家通过颁布法令政令等方式将中文列入国民教育体系,4000多所大学设立了中文院系、专业、课程,7.5万多所主流中小学校、华文学校、培训机构开设了中文课程[1]。然而,除了要看到中文在国际文化交流中日益凸显的价值,也要意识到国际中文教育发展面临诸多挑战。近几年来,国际中文教育事业被置于历史变局的风险之下,进入了一个生态环境大变革的阶段。加之发展历程不算太长、标准体系尚待进步、本土化发展程度不够、师资力量略显单薄、教学内容较为单一等不足以及国际环境相对恶化的挑战,百年未有之大变局下国际中文教育的发展绝非易事,需要从更加多元的维度展开思考和审视,对其历史发展、现实土壤及未来趋势进行准确把握和判断。

二、百年未有之大变局的历史背景

2018年6月,中央外事工作会议指出:"当前,我国处于近代以来最好的发展时期,世界处于百年未有之大变局,两者同步交织、相互激荡。"[2]可以说,我国所面临的国内外发展环境发生着深刻动荡,进一步推动国际中文教育从经济生态、政治立场、社会文化以及技术手段等多方维度生发教育生态变革。

(一)经济生态

在全球化热潮中,各个国家和地区在贸易投资方面实现了交流与融合。2008年金融危机爆发以来,二战后形成的世界政治经济秩序加速崩塌,近年来,新一轮贸易保护主义迅速抬头,"逆全球化"思潮席卷而来,全球贸易、投资明显下滑,保护主义兴起,自由贸易受阻,全球经济出现困境[3]。在全球经济不安变动的局势中,各行各业的发展都出现了不小的震荡。尽管中国的经济发展趋势仍处于稳中向好的总态势,但国际中文教育的发展难免受限于被破坏的多边贸易体制和全球治理体系,其资金来源渠道亟待拓展。

(二)政治立场

随着部分发展中国家的群体性崛起和西方发达国家的相对性衰落,"东升西降"的国际格局更趋明朗,全球治理依托的权力结构发生变化,全球治理体系出现松动、瓦解的风险[4]。在这样的大环境下,各个主权国家之间关系的复杂性和不确定性渐趋增强,彼此的竞争和对抗同步加剧。与此同时,逆全球化势力挤压着全球治理体系依托的国家权力,全球治理体系亟待做出改变。此外,全球公共卫生问题拥有了重塑世界秩序的权力——国际社会在应对一些全球性公共卫生问题时出现了"泛政治化"的倾向,即各国各自为政,导致全球治理格局愈发紧张。此后的国际中文教育资源的协作机制在混乱的政局冲突中出现缺口,其发展生态也因此不容乐观。

(三)社会文化

本尼迪克特·安德森(Benedict Anderson)将民族国家界定为"想象的政治共同体"[5]——人们通过想象构建国家的同一性,从而在宏大的民族国家文化和人民日常生活方式中建立连接,文化在人民反复的日常生活实践中得以凝聚并清晰呈现。加之多样的社会存在与社会意识相互影响,不同的行为规约就此产生,进而创造出多民族文化。每个人都是被其民族文化建构出的主体,在以不同文化规范的行为准则中从事生产生活。而地缘政治则把地理因素视为影响甚至决定国家政治行为的基本因素之一,根据地理要素和政治要素的地域形式,分析和预测世界或地区范围的战略形势和相关国家政治行为,即国家之间的政治政策与地缘关系紧密相连。在以地缘关系为中心的政治共同体中,"想象"为其提供了更加紧密的联系平台。

以欧盟和美国为例,二者都是通过规约语言、宗教及生活方式等想象的"同一性",将在相邻疆域的各个国家或州联合成一个共同体,再将其"想象"的规约以社会惯习或成文法的形式体现在人民日常生活实践中,在生活中不断构架并建构出其文化。为区分各共同体,共同体之间往往划定了十分清晰的群体边界,除所需要遵守的社会规范与法律外,许多共同体都会构建一个共同的敌人以此来确定边界。如在国际中文教育的海外传播中,一些西方国家相继停办孔子学院,把中国文化视作洪水猛兽,以此对华构筑起社会文化的屏障壁垒。可以说,社会文化意识形态的鸿沟阻碍了中国与国际社会之间的文化交流,进一步阻碍了国际中文教育事业的发展。

(四)技术手段

当今人类已出现了这样一个历史上从未有过的方向:科技结构已精进到如此程度,以至于它有可能选择那些能和它相适应的社会结构。今后的人类命运,不仅为社会结构自身演化所限定,而且要深深受到科技结构和社会结构的交互作用的影响[6]。科学技术手段已经越来越成为赋能时代发展的重要因素。在此背景下,新时期的线上语言文化教育工作更需要应时而进。以国际中文教育为例,基于5G网络、人工智能、大数据、云计算和区块链等新技术的线上中文教学在变局中不断创新模式、优化业态,寻找新的发展支点。

综上,面对经济、政治、文化和科技等多维度的障碍或机遇,国际中文教育事业所处的纷繁历史背景已经尽数展现。

三、国际中文教育的历史成就

回首中国国家形象构建和国际传播事业发展之路,国际中文教育作为中国供给世界重要语言文化公共产品的重要方式,在历经几十年的革新与发展后成就斐然。

(一)学科体系建设日臻完善

自新中国成立以来,国际中文教育事业经历了从"对外汉语教学"到"汉语国际教育"再到"国际中文教育"的发展与演变,总体来说可以划分为三个阶段:一是蓄势待发的高校积累期(1949—1986),这一时期的国际中文教育尚处于起步阶段,尽管已拥有一定数量的来华留学生和国家公派教师,但在留学生学习和教师外派教学方面仍受到当时国际环境和自身实力的制约;二是国家助力的系统规划期(1987—2019),这一时期的国际中文教育已经逐步在学科建设和体系统筹等方面发展出一套较为成熟的系统规划模式,其中主要以国家牵头筹办对外汉语教学领导小组和孔子学院的海外推广布局为代表性事件,此外还有一些相关机构、企业和社会组织也在此过程中做出了突出贡献;三是在线实践期(2020年至今),这一时期的国际中文教育虽然处于百年未有之大变局与全球公共卫生事件的双重背景下,但也推动了一个真实、立体、全面的中国更好地展现在世界人民面前。与此同时,教育部中外语言交流合作中心的创新性成立标志着一个更加开放、更加包容、更加规范的现代国际中文教育体系加速构建。

(二)讲好中国故事成效显著

一直以来,国际中文教育事业都为中国参与全球治理体系、构建人类命运共同体贡献了重要力量。2020年6月,《教育部等八部门关于加快和扩大新时代教育对外开放的意见》印发,该意见特别关注到了国际中文教育的发展,其中"建立中国特色国际课程开发推广体系,优化汉语国际传播,支持更多国家开展汉语教学"[7]的要求彰显了国际中文教育讲好中国故事的教学和传播效果。作为讲好中国故事的行为主体,国际中文教育专业人才往往经历过严格的专业学习和培训,具备良好的语言知识技能和丰富的中国文化知识,从而能够充分助力中华优秀传统文化传播与中国国家形象塑造,在国家治理体系和治理能力现代化的过程中发挥着有效作用。不难想象,在中国故事的讲述过程中,国际中文教育专业人才不仅在国内高校教育领域深深扎根,而且奔赴在世界各地中国文化和中文推广的一线,传播着中国辉煌灿烂的盛世过往、高速发展的当下与大同世界的未来构想,架起了一座座连通中国与世界各国的文化桥梁。因此可以说,国际中文教育事业为弘扬中华民族绵延五千年的文明历史,为光大中华民族伟大复兴之路上的成就,为凸显中国为全人类的未来福祉而积极构建人类命运共同体的持续努力,皆奠定了坚实有力的基础。

四、国际中文教育的现实困境

在面临百年未有之大变局的当下,在关注国际中文教育可持续性发展火热一面的同时,也要注意它面临着许多悬未决的问题和前所未有的挑战。

(一)复杂多变的客观环境

如前文所言,国际中文教育当下及未来一段时间的环境整体上讲是困难重重的。无论是经济层面各国之间的竞争和对抗,还是政治视角下国际社会权力结构的失衡和博弈,抑或社会心态中异质文化交流不畅的态势,甚至日新月异的科学技术手段,都对国际中文教育构成了影响和挑战。

(二)国际国内的主观阻碍

除了客观上的不利环境,主观层面上国际和国内的不佳态度亦给当前的国际中文教育事业带来了双重挑战。从国际上的不佳态度来看,一批欧美国家孔子学院的陆续关停为国际中文教育的海外推广敲响了警钟。而国内现有的国际中文教育在发展过程中也出现了一些消极信号,如语言教学和文化传播的重要性论争、人民群众对国际中文事业和国际汉语教师职业的未知全貌以及学科体系规划的略显僵化等。

(三)理论基础缺乏创新

尽管国际中文教育经过几十年的发展,取得了非凡的研究成果,但由于诸多因素,其理论基础的创新仍显匮乏。比如国际中文教育的学科归属问题曾经一直得不到有效的解决,在专业名称概念的界定上走了一段"弯路",直至今日才终于有了"国际中文教育"的称谓革新。正是长期以来国际中文教育事业、学科、专业等发展指标权重分布不均衡不充分,使得事业(行业)发展的繁荣景象掩盖了学科意识薄弱、学科属性模糊、学科建设缺位等问题,以至于影响到人才培养的需求和预期,影响到事业发展的基础与需要[8]。此外,国内学界对于国际中文教育的标准化和系统性战略研究进展缓慢,仍是过多聚焦于"三教"和语言要素及其教学的问题。总体而言,当下的国际中文教育理论创新仍有着长足的进步空间。

(四)配套资源的相对薄弱

配套的资源保障是我国当前国际中文教育中的薄弱环节。以国际汉语教材和中国文化等相关教材为例,当今国际中文教育所需教材虽

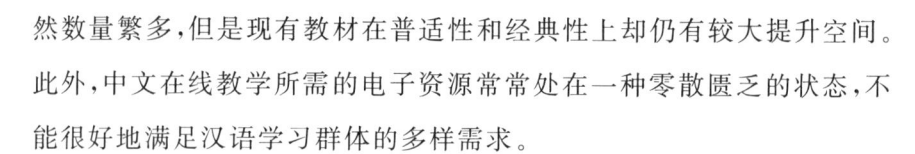

然数量繁多，但是现有教材在普适性和经典性上却仍有较大提升空间。此外，中文在线教学所需的电子资源常常处在一种零散匮乏的状态，不能很好地满足汉语学习群体的多样需求。

（五）技术变量的冲击

面对全球公共卫生事件，传统的国际中文教育模式受到冲击，无论是教师还是学生都需要适应线上教学。面对这种时空限制的教学障碍，线下实体互动教学的参与性和深入感总是难以在线上教学中实现。以大数据为代表的新技术变量俨然已经给全球汉语学习者在数目增量、方式技巧和态度动机等方面带来潜在冲击，同时也给国际中文教育的供给和传播增添了更多未知数。如何让中国故事用温度打破冰冷屏幕的阻隔，联结起海内外汉语学习者，激发其了解中国语言和文化的热情，成为国际中文教育事业发展的关键议题。

五、国际中文教育的未来展望

回顾历史，立足现实，放眼未来，通过探析时代变局下国际中文教育的历史演进逻辑和现实困境，我们透过现象看本质，从更高站位的视角来审视，便不难窥见其可持续性发展的路径。

（一）提升国际中文教育体系规划的科学性

当下，面对来华留学生、海外华人华侨、海外本土教育系统中的学生以及孔子学院等相关中文机构的学员等不同教育对象，需要充分挖掘和优化不同类型的国际中文教育实施潜力。从宏观角度而言，国家应当进一步健全国际中文教育体系，全力做好顶层组织设计和总揽全局的长远战略规划；从微观视角来看，国家需要加强国际中文教育的学科建设规划、教育对象规划、智库联合规划、具体教研规划和国际声望规划等。

（二）扩大国际中文教育不同主体的参与性

需要明白的是，国际中文教育的发展绝非单个机体的彼此独立，而是一个彼此联结的完整链条,需要全世界、全社会广泛参与和相互作用——官方政府的主导决策、高校学术的教学研究、企业机构的市场运营以及民间力量的协调配合……凡此种种的相互协力,皆推动着中文和中国文化在全球范围内的进一步传播,让一个真实、立体和全面的中国形象展示在世界面前。此外,要想更好更快地发展国际中文教育,必须加强与外方的协调沟通,完善双边交流合作机制,在立足自身基准要求的同时充分尊重外方的主观能动性。展望未来,国际中文教育中外合作的一大趋势,理应是以中方主导为前提,适度强化外方导向。

(三)推进教师、教材及教法更新赋能的进步性

"三教"是对教师、教材及教法的统称。在国际中文教育的新生态建构中,"三教"是提质培优的关键所在。教师方面,无论是远走他乡奔赴全球各地教学的国际汉语教师志愿者,还是有志于中华文化推广的海外本土汉语教师,其自身就是中国故事的真实缩影和实体镜鉴,是国外民众了解中国的重要窗口,他们的一言一行都润物细无声地影响着国际社会对中国的看法和印象。因此,国家应当着力提升国际汉语教师对中文和中国文化的认知与教学水平,加大专业教师教学信息化素养与能力的培养力度,使其在日新月异的科技发展大潮中不会被人工智能等新科技替代。至于教材和教法方面,也宜探索其内涵和形式的创新表达。可以明确的是,在立足现有汉语本体知识教学的同时注重补充中国历史、文化和国情的相关内容,势必是国际中文教育发展历程中需要坚持的"两手抓"基本策略。

(四)保障线上中文教学资源供给的优质性

不同于传统的面对黑板和学生的线下教学,线上教学是面对屏幕和摄像头,其前期准备、实施过程及教学反馈都亟待革新。因此未来一段时间内,国际中文教育宜整合应用新技术,在互联网的支持下加快线上中文教学的数字化建设。其中,通过整合学校、企业、平台等各方平台之间的专业教学资源来实现优势共享共建是关键举措。只有联手打破时空阻隔,方能避免优质中文教学资源的低效运转与重复性建设。目前已开发的"中文联盟"平台、"全球中文学习"平台等分层分类在线教学及资源平台正是在此方面的有益尝试。

(五)拓展国际中文教育职业导向的可行性

"一带一路"建设的如火如荼激发了共建国家和地区对职业汉语人才的庞大需求,新时期国际中文教育所内蕴的"中文＋职业"模式已逐渐涉及商贸、旅游、交通、法律等多元化专门用途领域,凸显了中文从"教育目标"向"教育手段"拓展的新趋势,需要采取相应对策以助力实现全球汉语学习者的职业化新导向。由此,国际中文教育应当在语言和文化教学的基础上融入职业技能教学,从而挖掘其产学研一体化格局中的语言文化内涵与经济社会动能,加快构建"中文＋职业"的国际中文教育新范式。

六、结语

从最初的"对外汉语教学",到"国际汉语教学""汉语国际教育",再到当下百年未有之大变局下的"国际中文教育",学科名称的几番更迭里蕴藏着国际中文教育事业的历史、现实和未来。不难看出,作为新时代教育图景中一项螺旋式上升的事业,国际中文教育具有无可比拟的优势和潜力。但由于种种主客观因素的影响,国际中文教育事业的理想蓝图和现实境况差距较大,在其转型升级和创新发展阶段面临着一些亟待攻克的难题。其未来究竟导向何处,我们无从知晓。只知当此之际,尚需总结经验,优化布局,创新思维,讲求策略,从而全力推动国际中文教育在更高层次上向世界发出求索之声。

参考文献

[1] 柴如瑾,郭晓蕾.中文走向世界,共筑美好未来[N].光明日报,2022-4-20(7).

[2] 服务民族复兴、促进人类进步——习近平总书记在中央外事工作会议上的重要讲话引起热烈反响[EB/OL].(2018-06-24)[2022-07-07].https://www.gov.cn/xinwen/2018-06/24/content_5300831.htm.

[3] 蔡拓.理性与非理性的博弈——全球大变局的症结与应对[J].探索与争鸣,2019(1):5—9.

[4] 任琳."百年未有之大变局"下的全球治理体系改革[J].当代世界,2020(3):60—65.

[5] [美]本尼迪克特·安德森.想象的共同体:民族主义的起源与散布[M].吴叡人,译.增订本.上海:上海人民出版社,2016.

[6] 金观涛,刘青峰.兴盛与危机:论中国社会超稳定结构[M].北京:法律出版社,2010.

[7] 教育部等八部门全面部署加快和扩大新时代教育对外开放[EB/OL].(2020-06-18)[2024-07-07].https://www.gov.cn/xinwen/2020-06/18/content_5520156.htm.

[8] 宁继鸣.汉语国际教育:"事业"与"学科"双重属性的反思[J].语言战略研究,2018,3(6):6—16.

国际中文教师身份建构研究
——基于扎根理论和互动叙事的多案例探索

汤坤　马洪海　吴亚男[①]

摘　要：国际中文教师是推动国际中文教育高质量发展的第一资源。本文以我国外派国际中文教师为研究对象,通过深度互动访谈收集资料,运用扎根理论进行编码分析,构建国际中文教师身份建构过程模型。研究表明,国际中文教师身份建构历经"预构—同构—重构"这一循环过程,且该过程并非简单机械循环,而是螺旋式的上升过程;国际中文教师身份建构过程则呈现出能动性、阶段性、动态性和差异性等特征。在国际中文教师身份建构的过程中,影响其建构的因素主要包括个人因素、社会因素、学校因素和家庭因素四大类。据此,本文提出几点建议,以促进国际中文教师在跨文化教学语境中的专业能力提升和职业发展。

关键词：国际中文教师　身份建构　扎根理论　互动叙事

---

① 作者单位:汤坤,浙江师范大学国际文化与教育学院;马洪海,浙江师范大学国际文化与教育学院;吴亚男,江南大学人文学院。

一、引言

国际中文教师既是促进国际中文教育高质量可持续发展的必要保证,也是制约当前国际中文教育发展的重要因素。学界对教师在国际中文教育中的重要性已有充分论述。崔希亮认为,教师问题是"三教"问题的核心,决策者和教师自身都应该关心教师的专业发展问题[1]。王添森指出,建设一支高水平的师资队伍是推动国际中文教育长期稳定发展的必要条件[2]。近年来,一些学者对国际中文教师进行了大量研究,研究涉及国际中文教师能力、素质、培养、意识以及身份认同等多个方面。

教师身份研究一直都是教师教育领域的重要研究分支,教师身份认同和建构是影响教师专业发展的重要因素之一。国际中文教师身份概念抽象且复杂,学界对其内涵暂无统一界定。目前学界对国际中文教师身份的研究日益增多,研究也渐趋广泛。国内研究主要集中在以下两个方面:(1)针对中文教师身份认同的研究,如狄慧瑶从叙事的角度探讨国际中文教师的身份认同[3];吴亚平和李月琳分别从职业或文化身份认同的角度探讨国际中文教师身份问题,指出国际中文教师存在身份认同焦虑和危机[4,5];冯凌宇等通过问卷调查法和访谈法调查英国外派国际中文教师职业身份认同状况,指出英国的外派国际中文教师职业身份认同感不够高,且受职业行为倾向、组织支持感和本地文化等因素影响,并从外部环境和内部环境两个角度提出增强职业身份认同策略[6]。(2)通过构建中文教师身份模型研究国际中文教师身份建构类型,如郑聪聪和暴健达分别从课堂语料和会话语料的角度分析职前和在职国际中文教师身份建构的类型,并给出建议,以促进教师身份建构[7,8]。戴楚洁通过刺激性回忆访谈等方法对远程一对一教学环境下的中文教师进行身份建构研究,指出教师主要通过言语策略建构身份,并提出可供进一步研究的方向[9];叶明慧等通过构建国际中文教师身份建构模型,指出每个阶段的影响因素,并从主管院校、教师个人等方面论述提高教师专业身份建构的策略[10]。国外学者多是通过深度访谈或调查,收集数据,进而探究中文教师在不同国家地区语境中的身份建构[11,12]。

总体而言,已有的研究在研究方法上,多局限于叙事内容,缺乏互动对话的宏观叙事分析;在研究内容上,多数研究聚焦国际中文教师身份认同,缺乏对教师身份建构的动态变化过程分析。基于此,本文以扎根理论和互动叙事为基础,通过互动叙事收集数据,运用扎根理论对访谈资料进行编码分析,构建国际中文教师身份建构过程模型,并根据模型对国际中文教师身份建构相关问题进行分析。本研究主要探究以下问题:(1)国际中文教师在跨文化语境中的身份是如何建构的?其形成过程如何?(2)影响国际中文教师身份建构的因素有哪些?(3)国际中文教师应如何促进其在跨文化语境中的身份建构?

二、概念厘定

(一)国际中文教师

国际中文教师是全球范围内从事中文作为第二语言教学的专业人员[13]。根据这一概念,国际中文教师既包括中国国内的中文教师及我国外派国际中文教师志愿者、公派教师与孔子学院管理者,也包括海外各国本土中文教师。

(二)身份相关概念

对于"身份"一词,哲学、社会学、心理学、教育学等领域学者存在不同的看法,同时,研究者容易把"身份认同"和"身份建构"混为一谈。若不对身份及相关概念进行进一步界定,本文便是无根之论。因此,首先要基于文章的研究对象和内容对这些概念进行厘定,使其清晰明了,以避免概念上的误解。

1.身份

身份(identity)是社会学、心理学、文化学等学科的重要概念之一。基于不同的认识论,学者对身份概念的认识表现出一定的差异性,例如亨利·塔金等首次提出了社会身份理论,认为身份是个体对某一社会群体的一种认同倾向[14];博尼·诺顿在论及语言与身份时指出,身份是指人们对自我与外界关系的理解,该关系在时间和空间变化中被建构起来,自我能够认识其未来的可能性[15];温格从实践角度对身份进行描述,他认为身份是共同体的成员通过经验协商在学习的过程中逐渐形成的,是多个共同体成员定义同一性的方式,是全局定义却局部经历的归属感[16]。概而言之,身份是个体在职业和其他社会角色上的社会地位类别标识,主要指向"我是谁""我如何看待我自己""他人或组织如何看待我"等问题。

2.身份认同与身份建构

身份认同和身份建构的区别在于"认同"和"建构",认同的意思是认为其他人跟自己有共同之处而感到亲切;建构的意思是建立、构建。前者是一种归属感,后者是一个过程。身份认同是身份给社会个体的一种归属感,能够给个体以稳固的核心特征[17];身份建构则是指对自我不断定义、建构且不断修正的过程[18],这个过程是在初步自我建构的基础上,依据变化的社会环境对身份不断修正。

在教师身份构建研究方面,学者们描述"建构"的词语也不尽相同,如身份的发展(development of identity)[19]、形塑(shaping)[20]、形成(formation)[21]、建立(making, building)[22]、建构(construction)[23]等。其中,"形塑""建立""形成""发展"大多是描述教师如何获得群体归属感,或是讨论新手教师如何通过学习成为一名专业教学人员;"建构"一词则是从历时角度说明教师在教学过程中,依据外界的要求,在认识自己是怎样的人、自己应该是怎样的教师、自己作为教师是怎样的这三个问题的基础上,协商并构建出一个对自己全面的看法。

综上所述,本文认为,国际中文教师身份建构是指在从事中文作为第二语言教学的过程中,国际中文教师从自己是怎样的人、自己应该是怎样的教师、自己作为教师是怎样的这三个方面构建出一个对自己的整体看法。需要特别说明的是,本文是以我国外派国际中文教师志愿者和公派教师所代表的国际中文教师为研究对象,探究其在跨文化语境中身份建构的动态变化。

三、研究方法与资料收集

(一)研究方法

扎根理论是美国两位学者格拉斯(Barney Glaser)和施特劳斯(Anselm Strauss)提出的一种研究方法,是针对某一现象系统地收集经验资料,并从对经验资料的分析中发现、发展和检验理论的质性研究方法[24]。换言之,基于扎根理论的质性研究,是先在一个待研究的领域提出研究问题,然后通过经验资料收集、整理和分析,进而发现并验证生成的理论,而不是先有理论,再去验证它。因此,基于扎根理论的质性研究能够有效探索国际中文教师在跨文化教学语境中的身份建构过程及身份建构过程的特征与影响因素,并能为这些影响因素的作用因子和路径提供较为全面的解释。

叙事在身份建构研究中具有重要作用。叙事与自我紧密相连,原因在于叙事来源于经历,且在叙述过程中经历可以得到重塑。叙事者在叙述过程中建构自我和外在世界,并对其作出评估和评价。社会语言学视域下的叙事研究最早由拉波夫等人于1967年发起,他们认为叙事是个人的心理表征,并提出叙述语篇的结构图式,认为叙事应该包括点题(abstract)、指向(orientation)、进展(complicating action)、评议(evaluation)、结果或结局(resolution)、回应(coda)六个部分[25]。20世纪80年代以来,学者开始关注叙事中"人"的主观性和能动性,推动叙事从文本类型分析本身向社会实践分析方向转变,该转变强调叙事者在互动对话中能动地定位自我身份,同时也被情景化的社会文化实践形塑[26],即强调互动叙事是特定语境中的社会文化实践。与传统性叙事不同的是,互动叙事能准确描述叙述发生的背景,还强调叙事的对话性[27]。它既把叙事看作叙述者和听众共建的序列性活动,也强调人们在叙事中了解自我,并强调自我的主观性、体验性和情感性[28]。兰良平从实践角度提出社会实践转向叙事研究有如下基本步骤:(1)对收集到的叙事进行文字转写;(2)对转写的内容进行主题分析并归类;(3)对故事的互动层面进行分析;(4)分析故事如何建构身份;(5)结合所处文化语境,分析故事的深层次意义[29]。严格遵循该步骤,有助于保证研究结论的深度和可靠性。

将扎根理论和互动叙事相结合能够很好弥补双方的缺陷,提升研究的科学性和严谨性。本研究同时采用扎根理论和互动叙事对12名国际中文教师进行深度互动访谈,对获得的一手数据资料展开分析,建立理论和阐释理论,捕捉国际中文教师叙事背后的自我身份认知和建构。

(二)资料收集

本文以12名具有一定教龄的我国外派国际中文教师为研究对象。我国外派国际中文教师从国内语境中的职前国际中文教师到跨文化语境中的在职国际中文教师,再到国内语境中的中文教师,其身份动态变化具有可代表性。因此,选择他们作为互动叙事研究对象,可以更好更有效地探究国际中文教师身份建构动态变化过程中的相关问题。

在选择我国外派国际中文教师时,笔者结合性别、所学专业、教龄、当前就业(学)状况等因素选定受访者后,对他们进行了深入互动访谈。受访者基本信息如下(见表1)。

表 1 访谈对象基本信息

受访者	性别	所学专业	教龄	当前就业(学)状况
T1	M	汉语言文学;汉语国际教育	5	海外赴任中文教师
T2	F	英语;语言学与应用语言学	4	海外赴任中文教师
T3	M	商务英语;汉语国际教育	3	博士生
T4	M	对外汉语;中国古典文献学	5	博士生
T5	F	日语语言文学;汉语国际教育	4	高校国际中文教师
T6	F	汉语言文学;对外汉语教学	9	高校国际中文教师
T7	M	汉语国际教育;汉语国际教育	5	海外赴任中文教师
T8	M	汉语言文学;汉语国际教育	3	海外赴任中文教师
T9	F	英语;英语语言文学	6	博士生
T10	M	俄语;汉语国际教育	4	博士生
T11	F	俄语;汉语国际教育	5	海外赴任中文教师
T12	F	汉语国际教育;汉语国际教育	3	海外赴任中文教师

注:(1)受访者代码即 Teacher 首字母和受访顺序编码组合;(2)M 代表男性,F 代表女性;(3)所学专业分别指本科和硕士专业;(4)教龄以国家外派中文教师(一个任期一般为一个学年或十个月)任期为单位,教龄 1 即指一个教学任期。

  为了使访谈问题更聚焦、更有针对性,访谈前,在参考已有研究的基础上,针对研究目的,笔者拟定了访谈提纲,主要包括"你为何选择本硕阶段所读专业?专业学习阶段状态如何""介绍你的求学经历中对你影响较大的老师""你所任教的国家中文教育政策如何?所任教学校的管理、教学、学校文化如何?对教师有何要求""从学生到中文教师的转变过程中,哪些因素影响你对教师身份的看法""你如何看待你当前的职(学)业状态"等。同时,采用半结构式访谈,将访谈视为同被访谈者在协商中的一次互动对话。在征得被访谈者同意之后,对访谈进行录音,访谈时间控制在 60 分钟左右。

  在访谈录音材料处理上,采用质性研究数据分析软件 NVivo12.0 进行转写,该软件可以快速、高效处理诸如文字、录音、录像等质性数据,帮助研究者整理、分析语料。首先,将录音转录为12份访谈文本,结合录音对文本内容进行整理,最终形成63112字的访谈资料。其次,除访谈资料外,收集孔子学院院刊、公众号中赴外任教中文教师反思日志278篇,系统梳理,提取相关信息作为补充,供访谈文本编码分析时参考。最后,借助NVivo12.0软件,依据扎根理论系统化的操作步骤,对访谈内容进行开放性、主轴性及选择性三级编码,完成数据的概念化、范畴化及主范畴提炼与分析。同时,对预留的两份访谈资料进行编码分析,检验理论饱和度。

四、扎根分析与模型构建

(一)扎根分析

1.开放性编码

开放性编码是对获得的一手经验资料进行现象定义和贴标签,再进行标签资料概念化和范畴化[30]332-333。首先,经过反复比较、整合与归纳,将原始语句进行定义并贴标签,形成174条标签化语句;其次,对标签化语句资料进行分类整合、概念化处理,提炼出39个初始概念;最后,对概念化的内容再次进行比较分析,从中提炼出11个初始范畴。开放式编码结果见表2。

表2 开放式编码结果

原始语句举例	贴标签举例	概念化	范畴化
"在××师范大学上学时,我就积累了经验、知识,为出国教汉语做准备。"(T8) "我们应该既是教汉语的教师,也是中国文化传播者。"(T4)	a1 为自己作为中文教师做充分准备; a2 既是中文教师,也是中国文化传播者。	aa1 积极备教; aa2 主观意象; aa3 整体认识。	A1 身份预构

续表

原始语句举例	贴标签举例	概念化	范畴化
"直到开始教他们汉语,我才发现自己知识和经验是多么缺乏。"(T12) "在教学过程中,我才发现原来汉语很多知识点是需要认真研究的,只有这样才能更好地向学生讲授、解释。"(T5)	a3 认识到教学理论与实践的差距; a4 教学中进行自我认知与反思; a5 认识到教与学的相互促进作用。	aa4 教学困境; aa5 自我反思; aa6 教学相长。	A2 身份同构
"我应该算一名经验丰富的中文教师,已经教了9年了,我会坚持我的国际中文教学事业。"(T6) "读博一年来,我收获颇多,对汉语教师应有的专业素质和职业信念及未来专业发展,有了更清晰的认识。"(T10)	a6 肯定自身作为中文教师的成就与成长; a7 认识到自身作为中文教师的价值; a8 展望未来的职业发展与规划。	aa7 专业成长; aa8 职业认同; aa9 职业发展。	A3 身份重构
"我经常看专业课视频,增加汉语知识储备。当然,我也会经常到其他班级去听课,向其他老师'取经'。"(T3)	a9 在教学中不断提升知识与能力。	aa10 职业追求; aa11 内省外求。	A4 能动性
"第一节课上完,我觉得这个教学跟我想象的不太一样,我有点措手不及。"(T11) "我在××教了五年汉语,想着明年回国,争取考上博士,继续走汉语教学这一条路。"(T1)	a10 教学想象与现实的冲突; a11 对自我能力再认知; a12 未来打算继续深耕汉语教学这一领域。	aa12 初步体验; aa13 现实震荡; aa14 角色再定位; aa15 承诺未来。	A5 阶段性

续表

原始语句举例	贴标签举例	概念化	范畴化
"我向他们(学生)介绍中国历史文化景点,他们也很热情地向我推介他们的国家,这是个互相学习的过程。"(T3) "在课堂上,我是教汉语的老师;在课堂外,我又是他们的'干饭'好友。"(T12)	a13 教师与学生互相了解对方国家的历史文化知识; a14 与学生既是师生,又是朋友。	aa16 教育者; aa17 学习者; aa18 交流者。	A6 动态性
"我原来是教英语的,但是语言教学应该都差不多,我就这样教下来了。"(T9) "做国际中文教育需要有丰富的理论知识,同时还要有一定的教学经验。"(T7)	a15 用以往教学经验指导中文教学; a16 理论知识和教学经验是国际中文教育的基础。	aa19 教学经验; aa20 理论与实践经验; aa21 教师意象。	A7 差异性
"刚开始还行,后来学生提的问题越来越多,很多我都不知道怎么解释,下课后还得查资料,深入了解。这个时候真心觉得需要学习的还很多。"(T9) "教师就是在反思中实践,实践中反思。"(T10)	a17 教师理论知识无法满足教学实际需求; a18 教师是实践反思者。	aa22 过去经验; aa23 教师知识; aa24 教育观念; aa25 反思能力; aa26 教师态度; aa27 教师情绪。	A8 个人因素
"有几名学生从很远的地方坐公交车来孔子学院上课,有的还没有手机,联系不方便,但他们没落下过任何一节课。"(T8) "学生真的太'难搞'了,我有时候处于崩溃边缘,那个时候再也不想继续教了。"(T4)	a19 学生热爱学习中文,教师深受鼓舞; a20 教师教学热情受到情绪的影响。		

续表

原始语句举例	贴标签举例	概念化	范畴化
"本科专业老师和硕士导师对我的整体影响还是很大的。"(T6、T7) "不像在有些国家,汉语是必修科目,在我们这,汉语就是兴趣课,学生上课很随意。"(T1) "学生们每天要做好几次礼拜,对教学是有一定影响的,但是没有办法,这是人家的信仰。"(T7) "最近很多孔子学院被迫停止运营,这对我们的教学,甚至职业发展影响很大。"(T2)	a21 选择成为中文教师,深受学习生活中他人的影响; a22 中文课程性质影响其教学效果; a23 他国民族文化影响中文教学的实施; a24 国外环境影响中文国际传播。	aa28 重要他人; aa29 关键事件; aa30 国家文化; aa31 语言教育政策; aa32 职业认可; aa33 国际环境。	A9 社会因素
"这里的教学设施还算比较完善,有个中文系,老师也比较多。"(T6) "我一共带五个班,每周都有很多课,回到家连话都不想多说,就想睡觉。"(T3)	a25 学校办学软硬件设施较好; a26 教学任务轻重影响教学积极性和情绪。	aa34 办学条件; aa35 教学任务; aa36 学生状况; aa37 同事交往。	A10 学校因素
"这里的学生普遍比较懒散,只有极个别学生学习比较认真。"(T9)	a27 学生的学习态度影响教师教学。		
"家人都觉得出国教汉语挺好的,正好出去长长见识。"(T8)	a28 家庭的支持是出国教学的动力之一。	aa38 家庭支持; aa39 家庭背景。	A11 家庭因素

注:为保护受访者隐私,上表所列原始语句中隐去了具体国家(地区)、学校等名称。

2.主轴性编码

主轴性编码是对开放性编码所提炼的初始概念和初始范畴进行再次分析和聚类,即在开放性编码的基础上,推进各个范畴之间内在关系的演进,进而形成主范畴和初始范畴之间内在关系[31]。本文的研究是围绕国际中文教师身份建构展开的,通过分析国际中文教师身份建构的心路历程,对11个初始范畴进行分析和归纳,得到3个主范畴。主轴性编码结果见表3。

表3 主轴性编码结果

主范畴	初始范畴	范畴内涵描述
建构阶段	A1 身份预构	教师于任教前主动自我建构身份
	A2 身份同构	教师在教学过程中,在现实与期许中协商建构身份
	A3 身份重构	教师在经历现实震荡和自我反思后,重新建构身份
突出特征	A4 能动性	教师发挥主观能动性,主动进行身份建构
	A5 阶段性	教师建构身份的过程有不同阶段
	A6 动态性	教师建构的身份是动态变化的
	A7 差异性	教师基于不同的专业发展取向建构身份
影响因素	A8 个人因素	教师主体对学生、职业、教学等的投入、主观努力和信念
	A9 社会因素	重要人物、语言政策、教育环境等带来的影响
	A10 学校因素	学校内部诸要素的综合影响和作用
	A11 家庭因素	家庭内部诸要素的综合影响和作用

3.选择性编码

选择性编码是在主轴性编码的基础上,对获得的概念范畴进一步系统分析,形成一个具有统领性的核心范畴[30]334。通过对11个初始范畴和3个主范畴之间逻辑关系的持续分析,并结合访谈提纲与原始文本及278份教师反思日志进行反复考察,发现所有主范畴和初始范畴都指向国际中文教师身份建构过程这一核心问题,故将核心范畴确定为"国际中文教师身份建构过程"。然后为进一步分析国际中文教师建

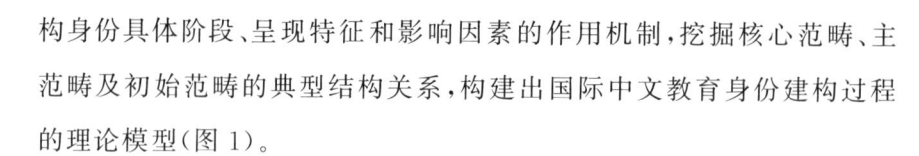

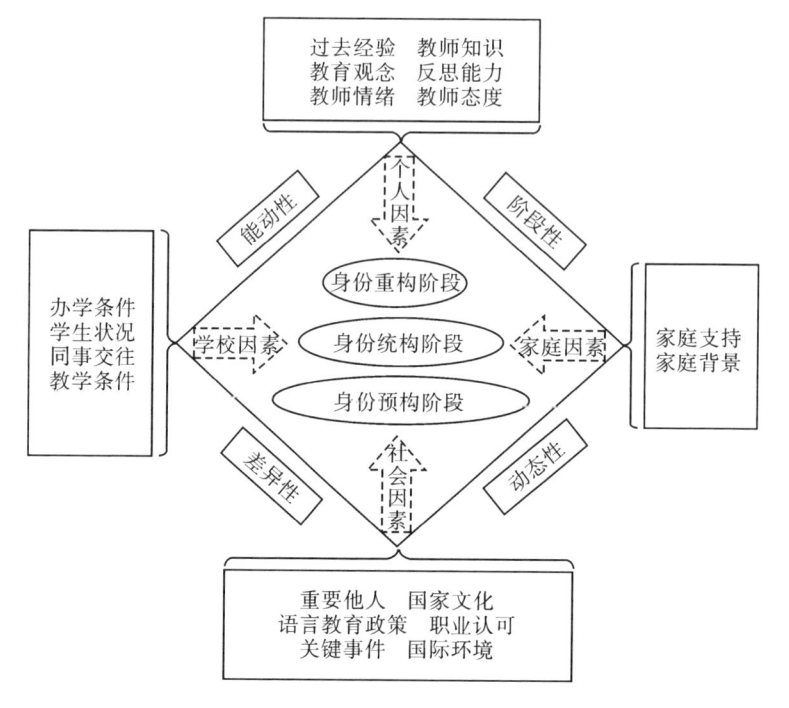

构身份具体阶段、呈现特征和影响因素的作用机制,挖掘核心范畴、主范畴及初始范畴的典型结构关系,构建出国际中文教育身份建构过程的理论模型(图1)。

图 1　国际中文教育身份建构过程模型

(二)理论饱和度检验

理论饱和度检验是指检验额外的数据资料能否形成一些新的范畴[32]。本研究共深度互动访谈了12名国际中文教师,对前十位访谈资料进行第一轮编码分析,之后继续对事先预留的两份访谈资料进行"开放性—主轴性—选择性"第二轮编码处理,发现已不再形成新的初始概念、初始范畴和主范畴。验证表明,第一轮三级编码所获得的3个主范畴、11个初始范畴和39条初始概念已具有较好的理论饱和度。至此,可以认为,本研究所构建的国际中文教师身份建构过程模型是比较客观、合理且科学的。

五、模型阐释与研究讨论

(一)模型阐释

本研究分析编码所形成的初始概念、初始范畴和主范畴之间逻辑关系后发现:国际中文教师身份建构是一个在多种因素影响下从预构身份向专业身份重构转变的动态变化过程,且身份建构特征突出(见图1)。具体而言,国际中文教师身份建构经历身份预构、身份同构和身份重构三个阶段;在身份建构的过程中,教师受到个人因素、社会因素、学校因素和家庭因素的影响;同时,教师身份建构具有能动性、阶段性、动态性和差异性。

(二)国际中文教师身份建构过程

1. 身份建构过程:持续的动态演化

根据前文构建的国际中文教师身份建构理论模型可以发现,国际中文教师身份建构是从身份预构到身份同构,再向身份重构转变的动态变化过程。换言之,基于对教师形象的自我设计和教学观念的自我认识,国际中文教师于任教前先进行身份预构,进而在教学反思实践中进行身份同构,最后进行专业身份重构。

身份预构阶段,即任教前身份建构阶段。确切地说,是教师于任教前在个人和情景互动中对国际中文教师自我建构的主观意象和整体认识。除了教师T9外,其余11名教师的本科或硕士专业都是国际中文教学相关方向。从访谈内容可以看出,12名教师都在任教前对国际中文教师须具备的知识、能力、信念和素养等有了一定的理解和认识,并在教师教育和实践培训阶段有着较为相似的身份预构过程。身份预构阶段是国际中文教师专业身份建构的起点,在一定程度上决定了个人未来作为国际中文教师的态度。

身份同构阶段,即基于跨文化语境教学反思实践的身份建构阶段。根据前文建构的理论模型,结合访谈原始数据,可以看出12名教师在

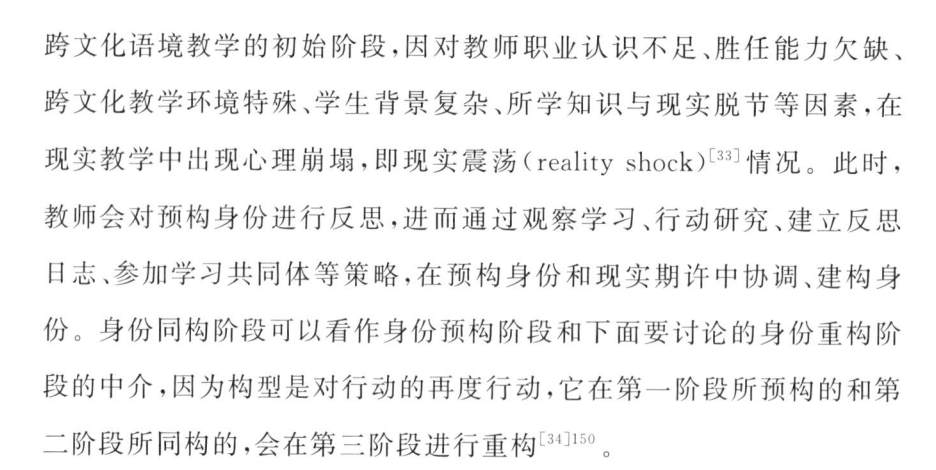

跨文化语境教学的初始阶段,因对教师职业认识不足、胜任能力欠缺、跨文化教学环境特殊、学生背景复杂、所学知识与现实脱节等因素,在现实教学中出现心理崩塌,即现实震荡(reality shock)[33]情况。此时,教师会对预构身份进行反思,进而通过观察学习、行动研究、建立反思日志、参加学习共同体等策略,在预构身份和现实期许中协调、建构身份。身份同构阶段可以看作身份预构阶段和下面要讨论的身份重构阶段的中介,因为构型是对行动的再度行动,它在第一阶段所预构的和第二阶段所同构的,会在第三阶段进行重构[34]150。

身份重构阶段,即在身份预构和身份同构的基础上,对专业发展的未来承诺。该阶段是对第一阶段和第二阶段的重新构型。在本研究中,12名教师经历了现实震荡,并在反思实践后,对自我作为国际中文教师的身份进行了重新建构。换言之,重构就是国际中文教师在结束任教后(或在一定任教阶段后),反思并重新建构自我对国际中文教师的整体看法以及对国际中文教师工作的未来承诺。12名教师在情景化互动访谈中,回顾以往经验,从而对这些经验有了新的认识和理解,进而改变了他们对专业发展的未来看法和行动策略。结合前文构建的国际中文教师身份建构理论模型和访谈原始资料可以看出,在任教期满(或在一定任教阶段)后,12名教师对国际中文教师这一职业有了更为深刻、全面的认识。他们站在新的认识起点和高度上,在反思实践中进一步深化了对国际中文教师这一职业的认识和理解。

保罗·利科提出了叙事的"三重构型",即"预构—同构—重构"。他认为,构型是一个独特且持续的过程,该过程是以同构为中介,由预构到同构再到重构[34]151-153。国际中文教师的身份建构过程恰恰印证了这一点,且这一过程并不是简单的机械循环,而是螺旋上升的。

2.身份建构过程:能动性与差异性、阶段性与动态性相统一

从12名教师的具体叙述内容中可以发现,国际中文教师的身份建

构是动态变化的,是历经"预构—同构—重构"的主体建构过程,是能动性和差异性相结合、阶段性和动态性相统一的过程。

能动性原指人的主观意识和活动对客观世界的反作用,也就是人对外界刺激做出的积极的反应。具体到国际中文教师身份建构,能动性是指国际中文教师积极主动、有目的地进行身份塑造。研究表明,教师能动性常与教师职业身份建构有着密切的联系。教师如果能够发挥其能动性,他们对教学作为一种职业的认识就会更深刻,从而促进其职业身份建构和专业发展[35]。本研究的受访者最初建构的是新手教师、学习者等教师意象,但经历跨文化语境教学的现实震荡后,在自我能动性驱动下,国际中文教师坚持在教学实践中反思,在反思中教学实践,在与他人、社会、环境的互动中,不断建构和重构其作为国际中文教师的身份。

尽管12名教师的身份建构都历经了"预构—同构—重构"这一过程,在身份建构的过程中都涉及职前教师身份、现实震荡、反思实践、自我认知和未来承诺等共同主题,但是12名教师身份建构的过程仍具有一定的差异性。这种差异性主要体现在他们建构国际中文教师身份基于不同的专业发展取向上。有些教师主要是在个人学生经验上建构国际中文教师身份,如教师T2、T4;教师T5、T10及T11主要是基于理论和见习经验这种教师意象建构起国际中文教师身份的;与其他教师不同,教师T1、T3、T6、T7、T8、T9及T12主要是基于教学经验、理论和实践建构身份,并依据教学经验,不断反思理论和实践。

国际中文教师身份建构历经"预构—同构—重构"这一主体建构过程,即从开始的"我是怎样的人""自己是怎样的国际中文教师"到"我实际是怎样的国际中文教师"再到最后"我要做怎样的国际中文教师",对每个阶段自我身份建构的整体认识不同。因此,国际中文教师身份建构过程呈现出一定的阶段性,先后大体经历了模糊阶段、现实震荡阶段、反思阶段、同构阶段和承诺未来阶段。同样,国际中文教师的身份建构并非稳定不变的过程,是教师在自我身份建构的过程中,与他人、社会等内外因素互动,进而整合形成的。正如一些学者指出的,教师的职业身份建构是一个持续不断的过程。在这个过程中,教师既要对先前的经验进行解释,并重新诠释,也要投入专业知识和对职业的热情,不断反思实践,并采取行动,以完成职业身份建构[36]。

3.身份建构过程:多维因素交织叠加影响

米勒在谈及教师身份时指出,教师的知识、态度、个人经历、互动技能和社会资本等都会影响其身份建构[37]。国际中文教师既有一般教师的共性,也有其特殊性,主要体现在其教学语境的跨文化性上。因此,国际中文教师的身份建构,往往也会受到诸多因素的影响。综合互动访谈呈现的各种因素,可以划分为以下四类。

(1)个人因素。就内外因视角而言,个人因素是教师进行身份建构的内部因素,在国际中文教师身份建构中起到决定性作用,影响国际中文教师的专业发展行为。个人影响因素包括过去经验、教师知识、教育观念、反思能力及教师态度与情绪等。

过去经验既包括教师自己作为学生的经验,也包括自己在教学实践中的经验,如见习、家教等实践经验。这些经验,尤其是作为学生的经验,会被带到国际中文教师自我身份建构之中,对教师身份建构起到导引的作用。教师知识是教师专业素质的组成要素之一。从某种意义上来说,教师在教学实践过程中不断获得的知识对教师职业身份建构和专业发展具有很好的促进作用,在获得更多知识的过程中,教师的身份会逐渐被重构。12名教师在访谈中对此都有所提及,具体如下:

在教学过程中,我发现自己的汉语基础知识、教育教学方法等非常欠缺,所以,经常会进入一些网站去"充电",如中国大学

MOOC、超星视频等平台。(T3)

我之所以选择继续"高龄"读博,就是想多学东西。我教了这么多年汉语,还是觉得很多知识点讲不透彻啊。(T10)

教师的教育观念和学科知识,及其情绪态度等都会影响教师的课堂教学,这是毋庸置疑的。从12名教师的叙述中,可以发现他们初步建立了以人为本、全面发展、素质教育等教育观念,这些教育观念在其教学中影响着师生关系、教学态度和课堂教学实践等,从而影响其身份建构。反思是对过去的事情进行深入的再思考,总结经验教训。在互动访谈中,有教师对问题"你在任教中有哪些困难和障碍?你是怎么克服的"回答如下:

我的学生比较活泼,所以,上课回答问题很积极,当然,提问也很积极。我的学生经常会问我一些在我看来比较"理所当然"的问题,我多数时候会说:"中国人都这么说。"课后回头一想,这是我自己知识不扎实的表现。后来我就经常上网观摩其他老师上课,慢慢补齐"短板"。我觉得汉语教师就应该经常思考一些汉语中习以为常的事情,应对课堂中随时出现的问题。(T9)

国际中文教师的反思能力就是教师总结自己教学的经验教训,并从中学习的能力。教师通过反思获得教学经验和感悟,形成职业信念,因此,教学反思能够促使教师发挥其能动性,影响其身份建构。

(2)社会因素。就内外因视角而言,社会因素及学校因素与家庭因素皆属外部因素,外部因素与内部因素共同影响国际中文教师的身份建构。社会因素主要包括重要他人、关键事件、国家文化、国家语言教育政策、职业认可、国际环境等。

重要他人是指对个体的社会化过程具有重要影响的具体人物,可能是家长、教师和同辈伙伴等[38]。分析访谈数据发现,国际中文教师的家庭成员、导师、学校领导,甚至学生都对其身份建构产生影响。例如,教师就学期间的授课教师,其教学态度、观念和专业素质等会影响和改变国际中文教师已建构的教师意象,进而潜移默化地影响其身份建构。学生是国际中文教师在教学中接触最多的人,学生对教师的教学反馈、师生关系的维持对教师身份建构也起到一定作用。

语言教育领域中的关键事件是指那些在教学中别人看来可能微不足道,却能引发教师思考或触动其心灵,可能促使教师在认知和行为上发生改变的事件[39]。跨文化语境中的中文教学的各种小"事件",往往会给国际中文教师带来心灵上的极大震撼,甚至改变教师的职业信念和专业发展轨迹。如教师T8说道:"有几名学生从很远的地方坐公交车来孔子学院上课,有的还没有手机,联系不方便,但他们没落下过任何一节课。"教师T12说道:"我离开××回国的时候,我的学生送给我很多小礼物,他们跟我约定在中国见,我顿时觉得教汉语很有价值,很有意义。"

一般而言,国际中文教学是在跨文化语境中进行的。国际中文教师所在国家的文化习俗及语言教育政策等自然会对其身份建构产生影响。在教师T1所在的国家,中文未进入其国民教育体系,学生多把中文作为兴趣来学,教师上课的时间、方式、频率等都比较灵活,教师的身份建构能动性也就比较弱。正如T1在访谈中所说:

第一次给我的学生上课,上课时间到了,我的学生却都没有到。我等了估计有二十分钟,他们才陆续进教室,那个时候我确实有点失望。这个情况在一开始对我影响很大,后来我也就慢慢适应了,毕竟人家只是来"随便"学学。

此外,社会对中文教师的职业认可度和中文教学的大环境,也会对教师身份建构产生一定的影响。正如教师 T2 在回答"你如何看待你当前的职业状态"时表示:"最近很多孔子学院被迫停止运营,这对我们的教学,甚至职业发展影响很大。"教师 T10 对该问题的回答是:"按理说,作为国际中文教育方向的博士生,我们应该很清楚自己将来的职业方向,但是现在一些国家大肆关停孔子学院,我很担心我带的本科生将来的出路,对我的路又该怎么走也很迷茫。"

(3)学校因素。学校因素是影响国际中文教师进行身份建构的重要因素之一。学校因素主要包括办学条件、教学任务、学生状况及同事交往等。

办学条件对教师身份建构的影响不容忽视。办学条件对教师情绪、态度及教学热情等都会产生影响。部分受访教师在回答"所任教学校的管理、教学、学校文化如何"时说道:"我当时在××大学孔子学院教汉语,孔子学院有图书阅览室、多媒体教室,还有个文化茶吧,条件很好。"(T5)"当地的汉语学习氛围很好,很多社会人士都来我们孔子学院学汉语。"(T11)可见,学校良好的教学设施、学习氛围无疑会强化国际中文教师的教学信念,促使其专业发展主体性得以释放。

新手国际中文教师初入海外教学场域,在经历现实震荡后,往往会对中文教师身份进行重构。以教学任务和同事交往为例,如果此时学校安排过多的教学任务,教师可能会面临巨大的压力,导致他们认为自身存在较大不足,从而自责,失去教学的信心,产生负面情绪,必然会影响其身份建构。教师 T4 在访谈中说道:"我在××时,学校要求教师采用沉浸式教学法教授中文,这对我们来说确实是个挑战。我要转变以往的教学方法。我当时带好几个班,学生水平差距较大,每周课时量超过 50 个小时,每天上完课都很不愉快,觉得很累。"教师 T6 表示,"学校有中文系,老师也比较多。我能感觉到他们每个人对中文教学都很有热情,这一点让我颇为感动。"

(4)家庭因素。家庭因素主要是指家庭支持与家庭背景等内容。家庭因素对国际中文教师身份建构也产生着一定的间接作用。家人的支持是国际中文教师赴海外进行中文教学的动力之一。三名受访者明确表示,自己能够成为国际中文教师,远赴海外任教,是离不开家人的支持、鼓励和理解的。如教师T6说道:"试想,你需要去国外教汉语,但是父母若担心你在外面吃不好、睡不好,担心你安全,阻拦你,不让你去,你怎么会在海外教得长久呢。"教师T7则说道:"我爸是高中语文教师,他觉得出国教汉语绝对是一种不一样的体验。回国后,他还经常问我国外学生好不好教,他们汉语学得如何。"足见,家庭这一外部因素可以影响教师个人,从而影响国际中文教师的职业发展和生涯规划。

六、结语

教师是推动国际中文教育高质量发展的第一资源。目前,由于海外本土中文教师数量缺口巨大,我国外派中文教师在海外中文教育中发挥着重要的作用。一方面,我国外派国际中文教师基本承担了海外孔子学院及诸多合作院校的中文教学工作,世界范围内中文教师短缺状况得到了改善;另一方面,我国外派国际中文教师直接推动了国际中文教育发展,提高了全球中文学习者的学习质量。

我国外派国际中文教师因教学语境的跨文化属性,其身份建构往往受到包括内部和外部的各种因素影响,身份建构处于持续的动态变化之中,且呈现出一定的阶段特征。整体而言,我国外派国际中文教师建构的身份凸显了其海外教学语境中的"局外人"属性。因此,在不同的发展阶段,国际中文教师应充分利用有利因素,转化不利因素,积极建构其海外教学语境中的"局内人"身份,以促进其专业成长和职业发展。具体而言,第一,国际中文教师需要提升自我反思和自我互动的能力,如通过教学日志、教学观摩、教学研讨等形式进行教学反思和自我互动,在实践中反思,在反思与互动中成长;第二,要有积极主动的学习态度,深化职业意识,建立职业身份认同,如积极地同重要他者交流,提升专业自我意识,提高职业身份认同感;第三,全方位、多角度感受并领会海外教学情景,发挥其主观能动性,如通过区域国别化知识文化学习,激发身份建构的多种动力;第四,积极建构海外教学语境中的"局内人"身份,实现育人、育己目的,更好服务国际中文教育高质量发展。但面对海外中文教育区域化、国别化及分众化需求,国际中文教师身份建构将受更为复杂多变的因素影响。未来,期望有更多研究者从区域化、国别化等角度进一步详细探讨如何促进国际中文教师在跨文化教学语境中进行身份建构。

参考文献

[1] 崔希亮.汉语国际教育"三教"问题的核心与基础[J].世界汉语教学,2010, 24(1):73—81.

[2] 王添淼.国际中文师资培训模式的构建——基于美国 TESOL 项目的启示[J].河北师范大学学报(教育科学版),2021,23(2):98—104.

[3] 狄慧瑶.国际汉语教师身份认同叙事研究——以 M 大学两位毕业生为例[D].北京:中央民族大学,2021.

[4] 吴亚平.从文化身份认同视角透视中泰汉语教师教学差异[D].武汉:湖北工业大学,2020.

[5] 李月琳.国际中文教师志愿者的身份认同研究——以汉语国际教育硕士为例[D].北京:北京外国语大学,2021.

[6] 冯凌宇,王萍丽,胡梦怡.新时代外派国际中文教师身份认同状况调查——以英国外派国际中文教师为例[J].民族教育研究,2022,33(3):169—176.

[7]郑聪聪.职前汉语教师与在职汉语教师语用身份建构的对比研究[D].沈阳：辽宁大学，2021.

[8]暴健达.会话分析视角下职前国际汉语教师身份建构研究[D].济南：山东大学，2020.

[9]戴楚洁.远程一对一汉语教学中教师身份建构的个案研究[J].国际中文教育（中英文），2021,6(1)：52—63.

[10]叶明慧，张茜雯.对外汉语教师专业身份建构的探索性研究[J].云南师范大学学报(对外汉语教学与研究版)，2022,20(2)：75—82.

[11]GAO F.Teacher identity，teaching vision，and Chinese language education for South Asian students in Hong Kong[J].*Teachers and Teaching*，2012，18(1):89—99.

[12]YE，W. *Taking Chinese to the world：Language，Culture and Identity in Confucius Institute Teachers*[M]. Multilingual Matters，2017.

[13]世界汉语教学学会.国际中文教师专业能力标准：T/ISCLT 001-2022[S].北京：世界汉语教学学会，2022：Ⅱ.

[14]TAJFEL H. The Social Identity Theory of Inter-group Behavior[J]. *Psychology of Intergroup Relations*，1986，13(3)：7—24.

[15]NORTON B. Language，Identity，and the Ownership of English[J]. *TESOL Quarterly*，1997：409—429.

[16] WENGER E. *Communities of Practice：Learning，Meaning，and Identity*[M].Cambridge University Press.1999：149—163.

[17] RUTHERFORD J. *Identity：Community，Culture，Difference*[M]. Lawrence & Wishart，1999：88.

[18] MARCHAND M，PARPART J. *Feminism，Postmodernism，Development：International Studies of Women and Place*[M].London and New York：Routledge，2003：81.

[19]LUEHMANN A L. Identity Development as a Lens to Science Teacher Preparation[J].*Science Education*，2010，91(5)：822—839.

[20]CONNELLY F M,CLANDININI D J. Stories of Experience and Narrative Inquiry[J]. *Educational Researcher*,1990,19(5):2—14.

[21]RODGERS C R,SCOTT K H.The Development of the Personal Self and Professional Identity in Learning to Teach[M]//*Handbook of Research on Teacher Education*. London and New York:Routledge,2008:732—755.

[22]SFARD, PRUSAK.Telling Identities:In Search of an Analytic Tool for Investigating Learning as a Culturally Shaped Activity[J]. *Educational Researcher*,2005,34(4):14—22.

[23]COLDRON J,SMITH R.Active Location in Teachers' Construction of Their Professional Identities[J]. *Journal of Curriculum Studies*,1999,31(6):711—726.

[24]陈向明.扎根理论在中国教育研究中的运用探索[J].北京大学教育评论,2015,13(1):2—15+188.

[25]W LABOV, J WALETZKY.Narrative Analysis:Oral Versions of Personal Experience[J].*Journal of Narrative and Life History*,1997(7):1—4.

[26]兰良平,郭梦婵.社会语言学视角下叙事研究的新趋势[J].现代外语,2022,45(6):844—854.

[27]GEORGAKOPOULOU A.The Other Side of the Story:Towards a Narrative Analysis of Narratives-in-interaction[J].*Discourse Studies*,2006,8(2):235—257.

[28]ALEXANDRA G.Small Stories Research:Methods—Analysis—Outreach[M]//*The Handbook of Narrative Analysis*. Malden:John Wiley&SonsWiley-Blackwell,2015:257.

[29]兰良平.叙事身份研究的社会实践转向[J].话语研究论丛,2016(1):22—34.

[30]陈向明.质的研究方法与社会科学研究[M].北京:教育科学出版社,2000.

[31]钱小龙,黄蓓蓓,等.在线教育平台商业模式的扎根研究[M].南京:南京大学出版社,2020:91—92.

[32]何声升,迟景明,张旭雯.产学研创新主体适应性行为演进路径研究——基于扎根理论的案例研究[J].中国科技论坛,2023(9):38—47+101.

[33]VEENMAN S. Perceived Problems of Beginning Teachers[J].*Review of Educational Research*,1984,54(2):143—178.

[34]RICOEUR P. *A Ricoeur Reader:Reflection and Imagination*[M]. Toronto:University of Toronto Press,1991.

[35]HUANG J P,BENSON P. Autonomy,Agency and Identity in Foreign and Second Language Education[J]. *Chinese Journal of Applied Linguistics*, 2013,36(1):7—28.

[36]BEIJAARD D,VERLOOP N,VERMUNT J D.Teachers' Perceptions of Professional Identity:An Exploratory Study From a Personal Knowledge Perspective[J].*Teaching and Teacher Education*,2000,16(7):749—764.

[37]MILLER J. Teacher identity[M]//*The Cambridge Guide to Second Language Teacher Education*. Cambridge:Cambridge University Press, 2009:172—181.

[38]吴康宁.教育社会学[M].北京:人民教育出版社,2019:279.

[39]颜奕,罗少茜.高校外语教师反思性语言教学研究——一项关键事件问卷调查[J].中国外语,2014,11(2):4—9+38.

国际学生艺术类课程远程线上教学的困境与对策

孙雨彤　周陈霞　薛媛元[2]

摘　要：近年来,国际中文教育线上教学需求日渐增长,为此,艺术类课程也有必要进行教学调整。本文以中国工艺美术课程为例展开分析,认为线上艺术类课程可使用"雨课堂"等智慧平台和"唐风汉语"等录播平台进行视频授课,同时调动全社会资源,最大限度复原现场授课的展示环节和体验环节,如充分利用博物馆VR参观技术设计具有互动性的课堂活动,借助文化纪录片推广中国非物质文化遗产,鼓励学生借助手边既有材料进行操作实践等,以保证艺术类国际学生课程在数字化时代收到最好的教学效果。

关键词：国际中文教育　线上教学　艺术类课程

---

① 项目基金:大连外国语大学学生创新创业训练。计划项目:国际学生《中国工艺美术》课程的预习、复习内容编定(202010172081)。
② 作者单位:孙雨彤,华东师范大学国际汉语文化学院;周陈霞,北京语言大学国际中文学院;薛媛元,大连外国语大学汉学院。

随着国际中文教育的发展,汉语教育本土化已成大势所趋。但受海外师资匮乏、教学资源短缺等客观条件的限制,国际中文教育本土文化教学的开展存在一定的困难,很多课程都无法正常开设。且受各种复杂因素的影响,当前全球化趋势有所收缩,导致国际中文教育的供给端无法像以往那样顺畅供给,但海外汉语学习者的数量并未因此而减少,对线上文化课程的需求由此产生并与日俱增。与此同时,近年来,科学技术不断进步与发展,人工智能、实景直播等新技术被大量运用于国际中文教育之中,但这类技术大部分均与语言类课程和通识类文化课有关,将其运用到实操性较强的艺术类课程中则遇到了一定困难。因此,本文以大连外国语大学的中国工艺美术课程为例,尝试对艺术类课程的线上教育转型方式作一探索,以助力海外孔子学院的文化课程建设,为中国文化国际传播做出贡献。

一、中国工艺美术课程的线上线下混合式课程设计

(一)课程简介

中国工艺美术是大连外国语大学汉学院的国际学生特色文化课程之一。它打通了通识课与技能课的界限,通过对多种具有中国特色的工艺美术历史与现实、工艺流程和实物产品的展示和梳理,配合少量简单工艺美术制作流程的演示和体验,培养学生对中国工艺美术尤其是非物质文化遗产的兴趣和欣赏能力,提高学生的工艺美术审美和鉴赏能力,进而提高学生的艺术修养。在汉语国际教育专业本科国际学生的人才培养过程中,此门课程是汉语学习课程中难度较高的文化课程,对高级水平的汉语学习者的综合文化素质培养起着较为重要的作用。

本课程面向汉语国际教育本科三年级以上或HSK5级以上水平的进修生开放选修,以讲授、观影、讨论、体验等方式组织教学,通过知识介绍,达到使学生初步了解陶瓷艺术、织绣艺术、雕刻艺术等中国工艺

美术基本知识和发展简史的认知目标;通过作品欣赏、实操体验,达到增强学生的工艺美术审美鉴赏能力、提高学生艺术修养的技能目标;通过课上互动交流、课后拓展学习,使学生对中国工艺美术以及中国艺术产生兴趣,达到让学生主动走进中国知名工艺美术博物馆、欣赏中国非物质文化遗产的情感目标。

(二)主要教学形式

在本课程设立之初,教师就对教学形式进行了创新,将"雨课堂"与面授课相结合,在知识传递、吸收内化、评价扩展等多个阶段开展了翻转课堂式教学。

翻转课堂这一理念最早在19世纪的美国出现。之后,乔纳森·伯尔曼和亚伦·萨姆斯创造了翻转课堂的成功案例,让翻转课堂被人们熟知。大部分学者认为,翻转课堂是有异于传统课堂的新型教学模式,学生平时在课堂上学习的内容可以提前在课外进行(主要通过观看教学视频进行课外学习),课堂变成了帮助学生解决问题的"主场",从而让学生进一步巩固已学知识。翻转课堂是对传统学习模式和新型学习模式的重组[1]。

本次翻转课堂教学设计运用"雨课堂"平台,能够使教学效率进一步提高,激发国际学生学习的积极主动性,增加国际学生主动学习的时间,提升国际学生在课堂中的参与度[2],让学生在多样的课堂氛围中提高学习兴趣,拓宽知识面。

1.课前预习环节

在课前,利用"雨课堂"向学生发送与该节课程有关的预习材料,一般包括与本节课相关的一段主题视频和一道思考题。如给出视频《走进陶瓷世界(二)传统陶器的发展》,请学生观看视频并思考陶器的发展经历了哪几个阶段。允许学生采用语音形式回答思考题。

2.课上展示环节

在课上的讲解部分,采用教师讲解与实物展示相结合的方式,让学生在学习理论的同时形成直观印象。即使对于高级水平的留学生来说,工艺流程介绍中过于专业的科学语体和专有名词都是较为抽象、难于理解的,课上展示教学能够将其具体化、形象化,从而从认知上帮助学生学习知识,用鲜明实际的形象强化学生的感知,让学生在观察、品鉴工艺品的过程中加深对于工艺特点的理解。这不仅能有效激发学生的学习热情,还能使学生加深对知识的理解,进而在很大程度上帮助学生提高学习效率[3]。

3.实际操作环节

本课程的课堂活动除了课上讨论、课前发言等传统互动环节之外,特别融入了体验环节——工艺美术作品制作环节。这种体验式教学把以教师、教材、课堂为中心的传统教学模式转变为以学生、学习、知识为中心的现代教学理念,秉承理论与实践相结合的原则,以建构主义为基础,强调以学习者为中心,通过学习者已具备的较强的认知能力,实现其对第二语言的认知[4]。在相对容易操作的课节,安排了陶瓷珠饰品制作、绒花制作、纸扇绘画、刺绣体验等项目,让学生亲自上手体验,感受陶与瓷的区别、绒花攒花过程、扇面绘画、绣绷刺绣等,让学生在制作过程中灵活运用所学知识,感受中华文化的博大精深。

4.课下复习环节

课后,依托"雨课堂"平台,向学生发送与课堂学习内容密切相关的复习题目和拓展学习视频,帮助学生加深印象。

二、数字化时代的线上课程设计

前几年,一些外国留学生因不同原因无法来到教室上课,加之近年来科学技术逐步发展,因此教学形式发生了改变,教学地点由各班教室转至线上。中国工艺美术课程的流程和内容也因此进行了部分调整，最主要的差异在于教学环节改成了录播形式，体验环节变成了远程指导。

线上教学有直播与录播等多种形式。由于本课面向对象为留学生，有些学生留在自己的国家未能及时赶回，与课堂正常教学时间存在时差，加之直播过程可能存在延迟、杂音等问题并受网络状况的影响，因此教师选择用录播形式进行教学。

改成录播之后，课前预习与课后复习环节变化不大，只是从"雨课堂"平台移至"唐风汉语"平台；而主要的差异体现在展示、互动和体验环节。展示环节，由在课堂上现场向学生近距离地展示工艺美术成品，允许学生去摸、去碰、去感受的充满互动性的环节变成了冷冰冰的视频展示；课上与学生的直接互动，由于录播课教学的非同步性，无法实现面对面的对话，只能以辅助的微信、QQ等即时交流工具为中介；而最具特色的体验环节，则多用视频代替，给学生播放某一行业著名的工艺美术大师制作该类手工艺品的详细视频，并远程建议学生购买材料包自己进行体验。

三、线上转型过程中遇到的困难

由于中国工艺美术课是实操环节较多的半技能类课程，线上教学势必会使一些有特色的环节变得泯然众矣，也会遇到一些无法预知的问题。

(一)选修课选课人数减少，导致开课困难

中国工艺美术课程属于选修课，而线上学习优先保证的是语言类主课的教学，选修课程推送宣传度不及在校期间。

首先，由于课程的相关信息缺乏足够的宣传，学生对于课程的了解仅限于文字介绍，选课时会优先选择自己一望而知具体学习内容的课程。其次，工艺美术课程在国际学生的汉语学习课程中属于难度较高的文化课程，不仅要求学生的汉语水平能够达到流利交际的程度，还需要学生具备一定的审美情趣和艺术鉴赏能力，大多数学生鉴于自身的能力会倾向于回避此课程，转而选择更适合自身能力和需求的选修课。此外，随着国际环境不稳定因素的增加，学生的心理状态也易受到影响，容易导致学生对课程的兴趣以及课程的参与度下降。最后，线上教学阻碍了中外文化交流，舆论压力、文化冲突也使得文化类课程的开课具有一定困难。

（二）艺术类课程进行线上教学具有一定的局限性，导致学生的兴趣大打折扣

本课程的教学特色就在于展示和实操环节，使国际学生更加直观地感受中国工艺美术的制作过程。体验式教学模式的提出者美国心理学家大卫·库伯认为，最有效的学习应从体验开始，进而发表看法，然后进行反思，再总结形成理论，最后将理论运用于实践当中。苏元彬也曾指出，体验式教学主要应用于中国文化技能课和文化实践教学，中国文化课具有可操作性和实践性的特点，教师可采用体验式教学模式，开展大量的文化实践活动，让留学生亲自动手参与，在体验和实践过程中切实感受中国文化的魅力，学习中国文化[5]。

"体验"是本课程必不可少的环节，它使学生在学习中的主动性和积极性都有所提高。但也正因如此，线上授课无法实现其预期的效果，教师无法亲自带领学生进行陶艺制作、画纸扇等实操环节，学生不在目的语环境中学习，也无法亲临博物馆、中国工艺美术馆等地进行实地考察，课程大部分内容都是由教师进行文化知识的讲解，学生负责接收并理解。学生只能机械化地学习和理解，师生互动环节减少，这样的教学方式容易导致学生对本课程的学习兴趣大打折扣，不利于课程目标的实现。

(三)时差和网络原因导致采用直播方式授课比较困难,录播学习效果打折扣

由于本课程的授课对象来自不同的国家,属于不同的时区,因此基本采用录播形式进行线上授课。但录播学习往往会造成学生的学习效果不佳。

录播课程若要实现与学生的互动,需要在教学平台之外,辅以两个不同的即时交流平台作为提问和发言的场所。但平台间的来回切换会影响学生的注意力集中程度,因此他们经常选择不切换,只关注教学视频观看而忽略交流。一旦师生无法进行实时互动,学生学习过程中遇到的问题和困难教师就无法实时跟踪并进行解答。

此外,教师全靠观看后台数据来跟踪录播课的学习情况,据此提醒学生并调整其学习状态。而后台数据存在延后性,发现问题可能存在滞后性,教师无法及时得知学生是否真实有效地完成了课程,而学生也可能遇到网络出现问题无法正常播放视频的情况。同时,线上提醒学生也存在效果不佳的问题。录播课平台一般无法实现通过视频监控学生状态的功能,无法确认屏幕另一端的学生是否在听课。除此以外,教师对于网络平台的使用以及线上授课的流程都还需要继续探索。

四、问题解决尝试

(一)增加任务设计的互动性和趣味性

鉴于本课程属于高难度的汉语文化类课程,趣味性是教学过程中必不可少的因素,有助于吸引学习者,使学习者产生学习兴趣和动力。同时,由于教学转为线上教学,师生间的直接互动削弱。此时可以发挥任务型教学法的长项,利用任务设计,增强互动效果。

线上教学的一项优势是可以利用多种资源。目前,各大博物馆的VR线上参观体验功能纷纷开始建设,这为我们的课堂教学提供了便利。比如，我们在课程中可以为学生安排游戏互动式的任务。例如，在第一周的陶艺课中，在课件中引用南京六朝博物馆的陶马图片，并请学生打开南京六朝博物馆的 VR 小程序，找到"陶马"这一作品，并将展品介绍截图上传到"雨课堂"中。这一环节既可以让学生借助 VR 从更多的角度欣赏展品，也可在寻找特定展品的过程中顺带浏览其他的同类文物，开阔眼界，加深对课堂知识的理解，更可以让他们领略中国博物馆的风采，培养他们对博物馆的兴趣，以便有机会时自觉走进博物馆，感受中华文化的无穷魅力。

但目前博物馆 VR 小程序还属于初步发展阶段，整体设计有待完善，在配合教学使用时存在一定的技术问题，如部分博物馆内部照片清晰度不高、展示窗里的文字介绍无法放大等，缺少了线下观看的临场感。

（二）尽量丰富视频教学资源，充实课堂内容

在缺乏体验环节的情况下，展示某类工艺产品、工艺流程、介绍非遗传承大师等内容的视频教学资源可以在一定程度上弥补缺憾。影视法在文化课教学中的重要性不言而喻，因此，本课程的教学设计应综合多方面考虑，将不同类型的视频应用到教学的各个环节，以充实课堂内容。预习视频需控制在 10 分钟以内，且是浅显的、普及的、综述性的并具有一定的趣味性，让学生对所学内容有初步的认识。在正式课堂中则根据具体的工艺美术类别选取视频，在完整展示的基础上保证视频尽量短小精悍，以加深学生对内容的理解。在最后的复习环节可以提供更多的视频作为拓展，让学生自由选择观看。

总之，选取教学视频时需要结合教学对象的水平、视频内容与课程的相关度等多方面进行考虑，且要将教学视频实际运用到教学流程设计中，做到合理、有序、有逻辑。但需要注意的是，网上的视频资源有限，符合以上考虑因素的选项更少，一些视频资源的语言难度过高，不适合提供给教学对象使用。因此,这一环节设计也存在一定局限性,需要教师在备课时综合考虑、选择。

(三)组织学生进行简单的实际操作活动,拍摄并分享

在教学过程中选取易操作的实际操作活动,让学生在家中利用身边的工具、素材进行创作,并拍摄相应的操作过程,将视频上传,以便于教师进行指导。若条件允许,可以举办线上的创意制作比赛,让学生利用课堂所学结合自己的理解进行创作,调动学生的积极性,提高其课程参与的兴趣。

除了上述课堂活动设计的应对对策以外,数字化时代的线上教学对教师也提出了更高的要求。首先,人本主义心理学要求教师在教学中以学生为中心,重视教学中的情感因素和人际关系[6],教师在教学过程中应密切关注情况特殊的国际学生,及时进行心理上的疏导。其次,由于线上教学模式的互动性不如线下教学,因此诊断性评估和基于评估结果的线上指导变得尤为重要。因此,本课程的课后复习环节也需要教师了解学生知识掌握的情况,师生应加强线上沟通,学生提出问题,教师在平台上做出全面、详细的解答。最后,为避免文化冲突,教师需要不断加强自身的跨文化交际能力,在文化艺术类课程的讲授中注意避免文化分歧带来的矛盾。

五、结语

对外汉语教学中的艺术类课程教学同语言知识教学有着很大的差异,因此从线下教学转型为远程线上教学时遇到的阻碍也会更大。从教学设计和实践来看,线上艺术教学单靠学校的力量远远不够,需要整个社会的配合,如博物馆、手工艺活态馆的参与。只有协同全社会的力量,对艺术类课程进行有针对性的支持和建设,才能让国际学生的线上艺术课程更具有实用价值。如果数字时代线上教学成为一种普遍现

象,那我们需要持续付出努力以跟上时代前进的步伐。

参考文献

[1] 刘茗瑞.基于微信公众平台的对外汉语文化课翻转课堂教学模式探究[D].大连:大连外国语大学,2018.

[2] 苏元彬."分阶段、情景化、体验式"教学模式在对外汉语教学中的应用分析[J].国际公关,2020(11):45—46.

[3] 同[2].

[4] 贾改琴."体验式"教学模式在对外汉语教学中的实践[J].高教论坛,2015(1):49—52.

[5] 同[2].

[6] 同[2].

任务型项目式教学在汉语言基础课教学上的应用
——以汉语言专业汉语听说课为例

李怡宁[①]

摘　要：汉语听说课是汉语言专业二年级本科生的必修课。作为一门专项语言技能课，汉语听说课的任务是培养学生听说并举，使用汉语进行交际的实践能力。然而，一线的汉语教师往往会有这样的体会：听说课看似容易，实则并不容易上好。作为教学法应用与教学实践研究，本文旨在介绍在以听说课为代表课程之一的汉语言基础课中引入一种新的教学模式——任务型项目式教学的尝试，以汉语听说课的一课为例，具体介绍课时安排、任务设计、跨文化目标关键点、任务扩展及教学评估与评价等环节和内容，探讨如何在教学实践中解决上述问题。

关键词：汉语言专业　任务型项目式教学　汉语听说课

---

① 作者单位：李怡宁，大连理工大学国际教育学院。

汉语作为第二语言的教学课程,按照课程内容的性质和课程功能,可分为语言课、语言知识课、翻译课、文学课、相关文化知识课等几大类型。几大类型的课程通常又可以细化出一些分支作为在教学中实施的具体形式。吕必松将属于一门课程分支的具体课程形式称为"课型"[1]。以语言课为例,以培养学生汉语能力和汉语交际能力为教学目的和课程功能的语言课,在教学中往往要通过不同的课型来进行,包括:综合课这一综合能力课,口语课、听力课、听说课、阅读课、写作课等专项技能课,以及新闻听力课、报刊阅读课、应用文写作课等专项目标课。从汉语作为第二语言的教学课程设置和课程体系看,语言课是基本课程和基础课程。这又具体体现在:综合课一般作为基础课或主干课,专项技能课作为重点课或核心主干课,专项目标课作为重要补充课[2]。

从专业教育的课程设置和课程体系来看汉语作为第二语言的教学,与其教学内容范畴重叠最大、学科关系最近的专业当属汉语言专业。《高等学校外国留学生汉语言专业教学大纲》对汉语言专业教学的培养目标做了比较详尽的描述,即培养适应现代国际社会需要、具备良好综合素质的、全面发展的汉语专门人才,它首先要求学生应当具备良好的汉语言语能力与交际能力。因此,在汉语言专业教育的专业基础教学阶段,上述汉语作为第二语言教学课程中的语言课是绝对的基础课或主干课。从大连理工大学汉语言专业(四年制本科)的课程设置看,情况亦是如此。

大连理工大学招收外国留学生的其他本科专业,要求留学生必修汉语言公共课。从课程类型看,汉语言公共课属汉语作为第二语言教学课程中的语言课,课型是综合课。

本文将汉语言专业开设的语言课程和其他专业的汉语公共课统一称作"汉语言基础课",一来是为了方便研究上的称说,二来是为了从提法上体现这类汉语作为第二语言课程在专业课程设置和课程体系中的基础性地位,以及在专业教育中对培养留学生的重大意义。

一、汉语言基础课的课堂教学反馈——以汉语言专业口语课为例

大连理工大学汉语言专业的口语课包括一年级必修的汉语口语基础和二年级必修的汉语听说。口语课是一门专项语言技能课,任务是培养学生使用汉语进行口头交际的能力[3]1。在汉语作为第二语言的教学与习得研究领域,上述对口语课教学目标和课程功能的说明是研究者和教师的共识。口语课的教师也经常会提醒自己在课堂上多与学生进行交际性互动,多为学生创造真实的交际语境。进一步说,所有二语课堂教学的终极目标都是发展学习者的中介语隐性知识,实现语言习得,而非仅仅教授词汇、语法等显性知识,完成应试学习。然而,如何完成这一终极目标,不同二语习得研究学派却存在分歧,教学模式、教学法等也各不相同。

一线的口语课教师往往会有这样的体会:口语课看似容易,实则并不容易上好,这体现在口语课的教材不容易处理,课堂的交际氛围不容易营造,课堂活动不容易设计,学生参与课堂活动的积极性不容易调动,学生对朗读、模仿、替换、表演、成段表达等传统的机械、半机械的训练不感兴趣等方面。有些教师甚至把口语课上成了"生词讲练课"或者"读课文课",以致课堂气氛沉闷,教学效果不佳。

通过初步的讨论研究,我们发现这些问题很大程度上源于目前口语课广泛采用的传统教学模式。传统口语课教学模式的教学环节和步骤可以归纳总结为"讲解—练习—活动"三个阶段,即 Presentation-Practice-Performance(PPP)教学模式。这种模式注重语言结构的学习,采用的是语言技能由单项到综合的训练方式。传统教学模式的口

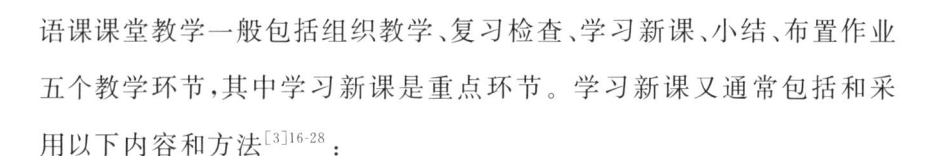

语课课堂教学一般包括组织教学、复习检查、学习新课、小结、布置作业五个教学环节,其中学习新课是重点环节。学习新课又通常包括和采用以下内容和方法[3]16-28:

（1）学习生词:展示、领读、朗读、扩展。

（2）学习语言点:展示、例示、练习(扩展、替换、改说、完成句子、问答)。

（3）学习课文:听录音、领读、朗读、领说、背说、问答、分组练习、表演、情景会话、成段表达。

（4）综合练习:逐一处理教材每课后面的练习题(语音语调练习、词与句子的功能项目练习、复述、讨论等)。

传统口语课教学模式的教学环节和教学方法注重对语言结构由易到难、循序渐进地学习,提倡先训练学生正确使用语言结构,再过渡到语言的流利表达。但应该指出的是,这种教学模式看起来中规中矩、可信易行,实则并没有很好地把语言还原为一种交际工具,使其作为一个具有完整意义和功能的整体存在,未能与口语课最终的教学目标契合。

由此可见,传统的 PPP 口语课教学模式在课程目标与具体的教学实施方法上出现了矛盾,致使学习者和教师均感到课堂教学不够实用高效、生动有趣。

二、在汉语言基础课中引入任务型项目式教学的提出

任务型语言教学(Task-based Language Instruction)是国际第二语言习得领域最热点的研究分支之一。20 世纪 80 年代,从事二语习得研究和教学的工作者,在社会语言学和系统功能语言学相关理论学说的推动和影响下,对语言的本质属性进行了重新认识,认为语言是表示意义的系统,语法和词汇只是表示意义的手段,语言的意义在于运用,语言的作用和运用是语言本质性的属性[4]。二语研究和教学工作者把这

一理论运用到教学实践中,形成了交际语言教学(Communicative Language Teaching)。"课堂任务"这一概念正是在这个时期出现,并作为交际法教学的中心,一直为研究界所关注。

任务教学法的基本教学理念是"用中学",即在实施课堂教学中,教师根据具体的教学目标设计能将词汇、语法和功能有机结合起来的交际活动,让学生在完成任务的过程中感受、理解和运用语言。任务型教学的突出特点就是让学生在做事情的过程中学习语言和使用语言。学生在活动中为了完成任务而使用语言与人交流,这时学生关注的是意义,而不是语言的结构形式,语言只是一种工具。在任务型教学模式中,学生是教学活动的主体,多数时间里学生以结对或小组形式完成任务。

随着任务教学法自身的完善和发展,近年来由拜拉姆等研究者倡导的以项目学习为纲的任务型项目式教学使任务型课堂教学更具可操作性。任务型项目式教学不仅仅在引入和操作上更为便利,其体现的深层的教学理念,也反映了近年来二语教学界对二语教学目标这一根本问题的再次思考和确认。具体来说,从学习者的角度看,第二语言学习需要获得的是语言能力、交际能力还是跨文化交际能力?从教学内容和功能看,第二语言教学是在进行知识传授、能力培养还是人文教育?围绕以上问题,拜拉姆曾针对母语者(native speaker)提出跨文化说话者(intercultural speaker)的概念,提出应该把跨文化交际能力当作二语教学的主要目标[5]。拜拉姆进一步明确,语言教育是人文教育的一部分,其本身既具有工具性,也具有人文性;语言教学的工具性目的体现在语言是用于交流的,人文性目的则是通过语言教学,帮助语言学习者了解他人、了解自己[6]。

在汉语言专业口语课中引入任务型项目式教学,让学生通过完成项目学习的任务来习得语言,从而获得使用汉语进行口头交际的能力,

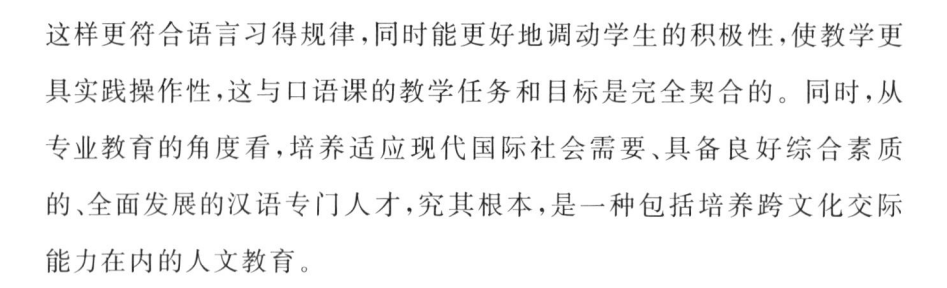

这样更符合语言习得规律，同时能更好地调动学生的积极性，使教学更具实践操作性，这与口语课的教学任务和目标是完全契合的。同时，从专业教育的角度看，培养适应现代国际社会需要、具备良好综合素质的、全面发展的汉语专门人才，究其根本，是一种包括培养跨文化交际能力在内的人文教育。

三、汉语听说课任务型项目式教学实践举隅

2018年春季学期开始，我们在大连理工大学汉语言本科专业课汉语听说中逐步采用了任务型项目式教学。在汉语听说中引入任务型项目式教学的实践中，首要的挑战是对教材的改造性利用、在课堂教学中引入任务型教学手段并不断提高其比重，以及基于教学材料的课堂任务设计。汉语听说课的教学实践是从部分采用任务型教学手段开始，逐步扩大任务型项目式教学的比重，但并不完全排斥其他教学方法和元素。下面以汉语听说第八课"电视再多，你也只有一双眼睛"部分教案为例，搭配注释，来具体说明引入任务型项目式教学的实践。

在汉语听说课的教学实践中，引入任务型项目式教学分为两个阶段。在课程开始之初，或者当学生尚处于从传统的PPP教学模式向任务型教学模式过渡之时，任务以教学辅助的形式被引入教学实践之中，课时任务教学基本处在教学的最后一个环节，比重有限，即在完成语言知识学习之后，教师和学生之间有一个互动交流，在这个步骤，学生能运用所学知识进行辩论、角色扮演等。随着学生逐渐熟悉任务教学，且对任务表现出更高的兴趣时，则逐渐丰富任务的内容，扩大任务教学的比重，即逐渐向任务型语言教学转换。此时任务不再只是一个手段和环节，而是贯穿课堂教学始终的组织原则。上课时，教师不只是想今天要教什么语言点，而是更多考虑针对教学内容、学习者水平设计合适的项目学习任务。

关于对任务的评估,教师经常思考的一个问题就是项目学习任务设计是不是有效,是不是达到了预期的目标。这一方面可以直接在课堂教学中从学生那里获得直观的反馈,学生是不是对任务有兴趣,是不是喜欢这个任务,反应是否积极,还是比较容易观察到的。另一方面,从教师的角度出发,教师可以评估任务对学生语言学习的帮助和学生的表现是否达到预期。对此,我们拟采用埃利斯提到的"微观评估法"(micro-evaluation of the task),即"基于学生的评估"、"基于反应的评估"和"基于学习效果的评估"[7]。基于学生的评估可以通过收集数据来调查,包括让学生做自我报告、发放问卷、进行访谈,甚至在任务结束时让学生们写下他们的评语。这一类评估是目前在汉语听说课的教学实践中所采用的。

近几年,我们在汉语听说课的期中、期末考试中,均加试了一道访谈题,就是让学生自由地谈对目前课程的意见和建议,因学生人数有限,并不具备真正的统计学意义,并没有进行录音转写及后续的数据统计,但在访谈中,绝大多数学生对课堂上实施的任务反馈积极,对考试中取消传统读词、读句子然后回答问题的测试方式,代之以话题表达、角色扮演、情景模拟等任务型题目表示欢迎。表1是汉语听说课任务型项目式教学(教案)概览,以资参考。

表1 汉语听说课任务型项目式教学(教案)概览

第八课 电视再多,你也只有一双眼睛
开课年级:汉语言专业二年级
教材:《中级汉语口语(第三版)》(刘德联、刘晓雨编著,北京大学出版社,2015年)
教学目标 ◆语言目标(语言点):"又来了""……可好""说了算" ◆交际目标(得体、礼貌运用):到中国家庭做客时可以寒暄、快速概括对方观点并寻求对方的确认

续表

◆跨文化目标(对比与解读):儿童电视节目现状("他们"vs"我们")

课本内容处理:由"文化"到"跨文化"

◆文化:由动画片《大闹天宫》到神话、名著、英雄("是什么的知识")

◆跨文化:与自己国家的神话或名著中的英雄角色进行比较,并分析总结异同("怎么做的知识")

课时安排

◆教材:"到中国家庭做客与主人全家一起看电视":语言/交际目标(2课时)

◆项目学习任务:"儿童电视节目:《大闹天宫》vs《星球大战》;'他们'vs'我们'":文化/跨文化目标(2课时)

◆项目学习小结:任务扩展、评估与总结,文化思辨意识点拨(2课时)

项目学习任务聚焦

◆任务前

《大闹天宫》和《星球大战》哪个更适合孩子观看,家人为何会对此产生争议?

两个作品各自有什么文化内涵?

你们国家有没有类似的争议?

◆任务中

学生汇报思考及讨论结果

◆任务后

评价(教师评价与学生互评)

跨文化目标聚焦

通过项目学习学生应该学会思考(文化思辨意识):

◆对于具有教育意义的儿童节目,是否存在传统受到传媒全球化冲击的现象?

◆应该抵制(孩子奶奶的态度)还是包容并接受其他文化中有益的价值(孩子爸爸的意见)?面对此类问题,自己国家的情况如何?是否也有老人与年轻人的意见分歧?

◆美国文化通过电影等媒介产生广泛影响。是否全球化就等于美国化?理由是什么?各自国家的情况如何?在全球化的当下,应该如何在文化兼收并蓄的同时,保持自己的文化传统?

四、结论

汉语言专业一直是小班授课模式,这促使我们在教学实践中思考如何增强师生、生生之间的互动以促进语言教学的问题。互动是语言教学最基本的事实,特别当学生人数较少时,课堂互动更成为任务型课堂教学的一个重要支撑。

课堂互动的一个重要形式就是"意义协商活动"。互动-认知学派认为,二语学习与人们在儿童期学习母语相似,是在不断地接受输入和与人进行意义沟通的互动中实现的。学习者在语言使用过程中,因为语言能力不足可能会出现沟通不畅的情况。为了达到意义交流的目的,沟通双方或多方必须进行意义协商(Negotiation for Meaning)。在协商过程中,学习者可能会意识到自己的语言错误并在之后的语言使用中加以改正,达到朗所说的语言形式"顺带学习"(incidental learning)[8]的目的。基于这一学派的观点,二语课堂应尽量地为学生营造自然学习的环境,课堂任务就是营造这样一个环境的工具。设计和采用何种类型的任务以触发和增加课堂意义协商互动,是我们今后在汉语言基础课任务型项目式教学实践研究中的重要课题。

参考文献

[1]吕必松.汉语和汉语作为第二语言教学[M].北京:北京大学出版社,2007:90.

[2]赵金铭.对外汉语教学概论[M].北京:商务印书馆,2004:58—59.

[3]蔡整莹.汉语口语课教学法[M].北京:北京语言大学出版社,2009.

[4]温晓虹.汉语作为第二语言的习得与教学[M].北京:北京大学出版社,2012:311.

[5]Byram M. *Teaching and Assessing Intercultural Communicative Competence*

[M]. Clevedon: Multilingual Matters,1997.

[6]Byram, M. *Intercultural Communicative Language Teaching and TCSOL* [M]. Beijing: Foreign Language Teaching and Research Press,2017.

[7]Ellis, R. *Language Teaching Research and Language Pedagogy* [M]. Malden, MA: Wiley Blackwell,2012:384-386.

[8]Long, M. The Role of Instruction in Second language Acquisition: Task-based language teaching [C]// K. Hyltenstam & M. Pienemann. *Modeling and Assessing Second Language Acquisition*. San Diego, CA: College-Hill Press,1985.

提升留学生跨文化交际能力的教学策略研究

刘禹冰　刘馨雨[①]

摘　要:随着国际中文教育的发展,其教学目标逐步从单纯的培养语言能力转向提升交际能力,并最终聚焦于培养跨文化交际能力。本文认为,跨文化交际能力的培养应得到国际中文教育学术界和教学界的高度重视,国际中文教师应从多重维度探索提升跨文化交际意识的有效方法。目前,国际中文教育课堂中存在教材与实际语境脱节、留学生文化意识提升不足、教师文化知识储备不足等问题。基于此,本文提出了具体建议,包括课前制定具有针对性的教学大纲,课中灵活调整教学模式,课后布置与课堂内容相关的任务,以全面提升留学生的跨文化交际能力。

关键词:国际中文教育　跨文化交际　教学策略

一、引言

语言是文化的载体,要想沉浸式地融入一个民族中,并顺利进行跨

[①] 作者单位:刘禹冰,深圳市罗湖外语初中学校;刘馨雨,四川传媒学院中华优秀传统文化传播学院。

文化交际，不仅需要全面掌握该民族用于交际的语言，还需深刻理解其长期形成的文化[1]。语言与文化相互依存，语言是文化的外在表现，而文化则是语言的内在支撑。因此，语言学习的过程也是文化理解和认知的过程。培养留学生的跨文化交际能力，对于掌握目的语的使用规范、语言表达习惯等二语习得相关内容具有重要的现实意义和促进作用。

二语习得效果与跨文化交际意识息息相关[2]。可以说，跨文化交际能力的培养不仅有助于提高留学生的语言运用和生成能力，还能增强他们对异文化的理解和适应能力，从而更好地实现跨文化交流的目标。

然而，目前的国际中文教育课堂在文化教学方面存在一些问题。首先，教材与实际语境脱节现象较为严重。教材中的文化内容往往过于抽象或单一，无法真实反映中国社会的多样性和复杂性，导致留学生在实际交际中难以灵活运用所学语言。其次，留学生的文化意识提升得还不够，很多学生在学习中文时，更多关注的是语言形式和语法规则，而忽视了语言背后的文化内涵。最后，教师的文化知识储备不足。许多国际中文教师自身的文化素养和跨文化交际能力有限，无法有效指导学生进行深层次的文化学习和理解。所以，我们对改善对外汉语课堂的教学理念及教学方法提出了有效策略，力求让学生在跨文化交际过程中游刃有余。

二、在国际中文教育课堂中培养跨文化交际能力的重要性

如果说良好的语言能力是成功交际的基础，那么跨文化交际能力则是成功交际的关键。只有当个体同时具备较高的语言能力和完备的跨文化交际知识，二者互相加强、共同作用，方能形成良好有效的跨文化交际。

交际能力如果没有语言能力作为基础,必将成为无本之木。要想拥有杰出的跨文化交际能力,学习者必须熟练掌握该文化所蕴含的目的语。所以,要想尽快实现跨文化交际能力的提升,首先要花大量时间提高语言能力。比如汉语中有较多的委婉语与谦辞,在交际的过程中也就导致了中国人的思维模式较为复杂、曲折,同时也造就了中国人含蓄、谦卑的民族性格。外国留学生如果没有夯实的语言基础,就不能了解中文中的隐含意思,最终导致只能从旁观者的角度探索中国文化,好似雾里看花,其了解到的中国文化也是主观的、片面的。

美国语言学家萨丕尔曾经指出,语言不能脱离文化而存在[3]。同样,想要进一步提升二语能力从而实现成功的交际,也要懂得并理解其中所蕴含的文化。所以,我们在国际中文教育中,不仅要对留学生进行语言能力的训练,而且要培养其文化意识与交际能力。总体来说,国际中文教育课堂不仅仅要关注留学生发音的准确性、措辞的恰当性以及语法的规范性等语言基础知识的掌握,更重要的是培养其合理运用书本知识,成功进行跨文化交际的能力。很多学生在汉语水平测试中取得了理想的分数,展示出了较高的水平,然而,仅仅掌握读、写的能力是远远不够的。语言是用来交际的,国际中文教师应时刻谨记语言的性质,并以此确定教学目标,只有这样才能让学生真正地走出校园,独立实现高水平的跨文化交际。

近年来,不少学者都认同应该将跨文化交际能力作为外国留学生的培养目标。同样,第二语言习得的培养目标也开始从语言能力向交际能力过渡,教学思路也开始从只关注句法结构逐步转向结构—功能—文化相结合。由此可见,在国际中文教育课堂上培养跨文化交际能力是大势所趋。随着汉语走向世界,单纯的语法点和书本知识已经满足不了当下汉语学习者的需求。国际中文教师要随时更新教学观念,尽可能培养出具备良好跨文化素养的二语人才。

三、当前国际中文教育课堂跨文化交际的教学现状

近年来,跨文化交际能力的培养在国际中文教育界和学术界取得了举足轻重的地位和毋庸置疑的重视,然而直到今天,国际中文教育课堂中对跨文化交际能力的训练仍然处于探索阶段。从国际中文教育的发展角度讲,我们对跨文化交际能力作为汉语二语教学目标的信念还需要进一步明确,如何有效培养跨文化交际能力的具体实施方案还需要进一步细化。

目前,国际中文教育课堂中跨文化交际的教学存在以下问题。

首先,教材与实际语境脱轨现象较为严重。目前,有些教材所使用的语料及例句年代较为久远,由于时代在不断发展进步,词语在使用中发展并更新,但很多教材中的词语和例句有些跟不上时代的步伐。书本中的例句大多是理想化、书面化的,而实际中留学生面临的交际场合是现实化、口语化的。例如,课堂中有"请"的教学,但在实际生活中我们很少用"请"这个字眼去请求别人。因为请在口语中往往带有命令、祈使语气。我们更多用"可以吗""能不能"类似带有商量的语气进行沟通与传达请求。

其次,留学生提升文化水平的意识不够强烈。国际中文教育课堂中普遍存在的现象是:留学生将大量时间用于记汉字、学语法以及背课文,以求通过 HSK 等级考试。通常情况下,在期末考试及水平测试中,留学生往往能展示出较高的语言能力并取得相对理想的成绩。但一旦涉及真实情境,如在市场买菜时,他们交际能力中的不足便会暴露无遗。语言能力和文化水平就像是一棵大树的树干和枝叶,一旦缺乏语言能力,文化水平就无所依托;如果缺少文化水平,语言能力也就显得平庸,达不到理想的交际效果。由此可见,在国际中文教育中,我们要更加重视跨文化交际能力的提升与训练,不仅让学生具备一定的语言知识与技能,更要训练其恰当处理多重文化背景下发生问题的能力。

再次,教师的文化知识储备不足。一些国际中文教师的跨文化交际意识薄弱,对自身文化了解不足,也就满足不了学生学习的有效需求。国际中文教师需要培养敏锐的跨文化意识,这样在教学过程中才不至于产生文化冲突。与此同时,教师需要加深对中华文化的认识和理解,只有这样,才不至于在为留学生介绍文化知识时凭感觉地、空泛地讲解。国际中文教师在课堂上介绍某个文化现象时,并不仅仅要把做什么、怎么做为学生讲解清楚,更要深入挖掘"为什么",将其背后隐藏的深层文化,如价值观等逐步渗透给学生。

四、国际中文教育课堂培养跨文化交际能力的策略

随着全球化的不断推进,国际中文教师亟须培养学生的跨文化交际能力。对此,既要围绕理论知识进行讲解,又不可抛弃实践内容。

(一)课前针对教学对象制定有效教学大纲

要想培养留学生的跨文化交际能力,国际中文教师要具备较高的跨文化交际意识,充分了解教学对象,制定有效的教学大纲。

1.充分了解教学对象

在备课阶段,要充分了解留学生的母语文化背景,包括习俗与禁忌,这样才能够有效应对课堂上的突发情况,减少课堂中出现的跨文化交际失误,并且有针对性地让留学生接受中国文化。这就要求教师有较强的教学目标。例如,教师在备课过程中,尽量寻找两国之间的共同点,在减少文化冲突的同时,尽量让课堂内容便于学生吸收、接受。教师应该允许留学生在课堂中与教师的观点存在差异,教师要尊重留学生的母语文化,而非机械地灌输中华文化。同时,教师要尽可能地规避政治敏感问题与社会冲突事件。目前信息技术较为发达,教师一方面可以通过网络课程提升自己,另一方面可将可信可靠的信息资源提炼出来分享给学生。需要注意的是,网络资源中的信息良莠不齐,这就需

要教师在筛选资源时既要保证资源的趣味性、实用性,同时也要保证其真实性、可靠性。此外,教师在课堂上应践行"以学生为主体、以教师为主导"的原则,鼓励学生自主学习、自己探究,发挥学生的主观能动性[4]。教师还要有未雨绸缪的能力,在备课阶段要做出预判,充分思考一些学生有可能提出的问题,以便在课堂上为其做出相应的解答。

2.有效制定教学大纲

国际中文教师要将学生需要掌握的跨文化交际能力与教师要传授的跨文化交际知识一一对应。只有做到有效制定教学大纲,才能将培养目标与课堂内容有效地结合起来。反之,如果教师在课前没有制定相对明确的教学大纲,课上所传授的知识很有可能不成体系、不符合逻辑,导致无法达成相应的教学效果。国际中文教师首先应该构建出一个相对完整的系统,这就需要教师在课前将相关知识加以梳理、归纳、总结,并且根据教学目标进行补充和整理,针对不明确的知识点进行调查、研究。

(二)课中结合学生情况改变传统教学模式

为了提高学生在课堂上的学习效率,教师应该运用教学手段和教学策略,将学生从听课人的身份逐渐转化为实践者的角色。

1.小组讨论,发挥学生主观能动性

在课堂上,国际中文教师应该以强化实践能力为原则,以教师为主导,以学生为主体,加强学生自主学习、主动运用的能力。帮助学生在互动的过程中,通过互相交流暴露出矛盾和差异,进而认识到不同文化的本质。在学生讨论过程中,教师应经常走动,以便为学生提供帮助和指导。学生在讨论中,也会寻求各文化之间的相通之处,以避免文化冲突。学生以参与者的身份加入跨文化交流中,可以有效构建跨文化沟通的平台,在正面交流与集体讨论中脱离课本学习氛围,走出老套的思维模式,有效提升学生的跨文化交际能力。

同时,还应该打破传统、单一的授课模式,采取综合、多维的教学理念。不仅让学生在课堂上"说",更要让学生"有话可说"。这就需要国际中文教师根据不同的文化内容采用相应的教学手段。例如,教师在授课时,可以通过采用教具、亲自表演等方式让学生对文化有更直接、清晰的认识。同时,为了调动学生的积极性,教师也可根据学生表现和具体情况采取奖励与惩罚机制,提高学生的积极性和参与度。可组织学生分组进行游戏,对此,要根据学生的实际水平来制定相应的教学目标。初级留学生可以以文化体验课的形式为主,教师可以通过剪纸、绘画等有趣的方式增加学生的学习兴趣。同时,可以结合当地民风民俗,有针对性地引入当地文化。东北地区的留学生可以通过接触手绢、扇子来了解东北秧歌文化。中、高级留学生可以组织美食体验小组活动,教师可据此在课堂中融入中国的饮食文化及与此相关的文化理念,例如中国人多吃熟食背后的养生观念与和谐观念。

2.开办讲座,提升学生学习体验感

针对在中国留学有一定时间、达到一定语言水平的外国留学生,可以通过举办专题性讲座以提高其跨文化交际能力。由于课堂授课时间较短、知识点零散,很多留学生不能更快、更好地吸收中国文化,也没有为跨文化交际打下良好的基础。教师可以通过举办讲座,将中国文化更加体系化地、模块化地传授给留学生。国际中文教师可以从横向上,将文化进行细分,同时在纵向上,将高位的教学目标细化为逐层的教学目标。例如,按历史沿袭分类,可以先将中国文化细化为传统古代文化、日常当代文化,再循序渐进地传授给学生。按地理位置分类,可以把民间风俗文化细分为汉民族文化、少数民族文化,在讲座中让学生有序体验。尽管是讲座体验的形式,国际中文教师也应该明确教学目标,并以此为依据,选取相应的文化点进行讲解。

除了举办讲座,教师还可以通过播放纪录片、电视剧、电影等形式,让学生沉浸在语言氛围中,并通过直观的听觉、视觉等切身体会奇妙而有趣的中国文化,加深对中国文化的理解。

(三)课后围绕课堂内容布置相应任务

1.建立有效的评估体系

要想全面提升留学生的跨文化交际水平,仅靠教师课前的充分准备和课中的积极调动是远远不够的,还需要建立一套有效的评估体系,以全面检测留学生的跨文化交际综合能力,并找出需要改进的部分,从而有针对性地进行强化。一个完善的监测评估系统可以帮助教师了解留学生的汉语掌握水平和跨文化交际能力,并据此确定下一步的教学目标。

教师可以通过多种形式的测验进行评估,例如客观题、主观题、选择题、填空题和案例分析等方法,检测学生对文化知识的掌握情况和随机应变的能力。同时,也可以采用观察法和交谈法,了解学生在学习过程中遇到的疑惑和障碍,对他们的学习成果进行有针对性的表扬和纠错。这样的评估体系不仅能客观反映学生的学习进度和效果,还能为教师调整教学策略提供重要依据。

2.布置合理的社会实践

除了布置传统的课本作业之外,国际中文教师还应充分利用学生的课余时间,将跨文化交际活动充分融入其社会实践中。在保证教学进度和教学质量的前提下,教师可以调动学生的探索兴趣,为他们创造更多的实践机会,使其通过实际交流来提高语言运用能力和跨文化交际能力。例如,教师可以建议留学生在节假日旅游,欣赏中国的美丽风光,并结交中国朋友,通过沟通和交流深入了解中国文化,进而提升自己的文化水平。这不仅有助于培养留学生的语言技能,也能促进中国文化在国际上的传播。通过这种方式,留学生在课堂上学到的知识在实际生活中得到了应用,从而提升了他们的跨文化交际能力。

五、结语

培养留学生的跨文化交际能力是国际中文教育的重要任务,需要教师从认知和行为两个层面入手,通过课前准备、课堂互动和课后实践等多途径、多层次的教学活动,全面提升学生的跨文化交际能力。这不仅有助于他们在中国的学习和生活,也为他们未来的跨文化交流和国际化发展奠定了坚实的基础。希望本文的研究和建议能为国际中文教学提供有价值的参考,推动国际中文教育事业的进一步发展。

参考文献

[1] 何道宽.文化在外语教学中的地位[J].外国语文,1986(1):96—116.

[2] 刘晓晨,钟玲.论述"文化适应理论"及其在外语学习中的应用——通过对十篇相关文献的综述[J].科教文汇(上旬刊),2015(22):158—159.

[3] 童山东.多层次多视角的掘进——评《修辞学论文集》第四集[J].汉语学习,1988(4):44—46.

[4] 李大鹏.地方高校国际语言服务人才培养路径创新研究[J].红河学院学报,2024,22(3):107—110+118.

母语负迁移视角下汉语教学难点及对策
——以阿拉伯语母语者为例

高艺珊　张俊秀[①]

提要：随着中国国际地位的不断提升以及"一带一路"倡议的推进，中国和阿拉伯国家之间在经济、文化等方面的交流日益加深。当下，阿拉伯国家兴起了"汉语热"，越来越多的阿拉伯留学生来到中国学习汉语。但是，汉语和阿拉伯语分属不同语系，差异较大，而母语对一个人学习第二语言的影响又是不可避免的，这使得母语为阿拉伯语的学生在学习汉语的时候面临很大的挑战，在学习过程中常常会出现母语负迁移的问题。本文将从语音、词汇、语法、文字和阅读顺序四个方面简要对比分析两种语言的差异，探讨母语负迁移现象，并提出一些可行的教学建议，以帮助国际中文教师更好地指导阿拉伯学生学习汉语。

关键词：二语习得　母语迁移　汉语教学　阿拉伯语

[①] 作者单位：高艺珊，渤海大学文学院；张俊秀，渤海大学国际教育学院。

迁移（transfer）是心理学的概念，指在学习过程中已获得的知识、技能和方法、态度等对学习新知识、新技能的影响。这种影响有的起积极、促进的作用，称作正迁移（positive transfer），有的起消极、阻碍的作用，称作负迁移（negative transfer）。对比分析的基本假设是语言迁移。拉多曾指出，学习者在第二语言习得过程中会把母语的语言形式、意义及其分布，连同与母语相联系的文化迁移到第二语言系统中去。当学习者的目的语与母语结构特征相似时，就会产生正迁移，学起来比较容易；当目的语与母语结构特征有差异时，就会产生负迁移，也就是母语干扰，学起来就比较困难。母语干扰是引起困难和偏误的主要原因甚至唯一原因，这就需要通过对比两种语言结构的异同来预测第二语言习得的难点和易产生的错误，以便在教学中采用有针对性的方法化解难点、突出重点，克服母语干扰并建立新的语言习惯。

阿拉伯语是阿拉伯民族使用的语言，属于闪含语系闪含语族，使用阿拉伯字母，从右至左书写，主要通行于西亚和北非地区，为联合国官方语言之一。

汉语是汉民族使用的语言，属于汉藏语系，使用汉字，从左至右书写。现代汉语有标准语和方言之分。普通话是现代汉语的标准语，以北京语音为标准音、以北方话为基础方言、以典范的现代白话文著作为语法规范。

一、学习者语音方面常见偏误分析

语音是人类说话的声音，是语义的表达形式，也是语言的物质外壳。按照汉语音韵学传统的字音分析方法，把一个字音分成声母和韵母两段，把贯通整个声韵结构的音高型式叫声调。

(一)声母教学中的母语负迁移现象及对策

1.送气音与不送气音

在汉语中,塞音、塞擦音有送气音和不送气音的分别。发送气音时,肺部呼出的气流比较强,有 p、t、k、q、ch、c 六个,发不送气音时,肺部呼出的气流比较弱,有 b、d、g、j、zh、z 六个。一般送气音的时间长度是相应不送气音的两倍以上。对于阿拉伯语母语者来说,送气音更难掌握,因为阿拉伯语中没有汉语中的送气音,卷舌方法也不完全相同;相比之下,由于阿拉伯语中存在和不送气音发音相似的字母,所以学习者学习不送气音更为容易。

为了帮助学习者更好、更准确地发出送气音,汉语教师应该在学习者学会不送气音的基础上,先借助学习者的母语(即阿拉伯语)或媒介语向学习者简要说明送气音与不送气音的区别,同时用发音动画来辅助教学,在发送气音时加上气流的动画,使学习者更好理解"送气",之后再示范发音。教师在示范发音的时候可以使用吹纸法,但要声音洪亮,把发音动作放慢,将送气的时间拖长一些,按此方法分别示范朗读六组送气音与不送气音,发送气音时要示意学习者注意看纸——由于气流较强,纸被吹动。教师在示范之后,应让学习者自己尝试一下吹纸法,体会送气和不送气的区别。在学习者掌握送气音的发音方法后,教师可以再加入听辨练习帮助学习者巩固掌握送气音与不送气音。

2.声母 r 的发音

阿拉伯语中存在的大舌音(即齿龈颤音)和汉语中的 r 差别比较大,很多学习者在发 r 音的时候会不自觉地发出颤音,但汉语中 r 的发音并不需要颤动舌头,这也是母语为阿拉伯语的学习者受到母语负迁移影响的一种表现,需要汉语教师及时帮助纠正,否则会成为偏误。

教师在教授声母 r 的时候可以使用过渡法,用声母 sh 带出 r。由于声母 sh 和 r 都是舌尖后音、擦音,发音部位和发音方法相同,只需要在发 sh 音时拖长,同时舌头不要动,使声带颤动,就可以发出 r 的音了。之后学习者模仿教师的发音口音,反复练说有声母 r 的字词,如"人""日""热""如果"等,巩固练习。

(二)声调教学中的母语负迁移现象及对策

声调是依附在音节上的超音段成分,主要由音高构成,是整个音节的音高格式,具有区别意义的作用。具有声调是现代汉语的特点之一,阿拉伯语中则不存在声调,它只有四个声音符号——静符、合口符、开口符和齐齿符。虽然后三个符号的发音和汉语中的合口呼、开口呼、齐齿呼基本一样,但阿拉伯语中的这几个声音符号在使用时是按词的词性来改变词的声音和意义的,即使同一个单词读出来不同的调值,也不会改变词意,这与汉语的声调不同。所以对于学习者来说,声调是学习汉语的一大难点。

母语为阿拉伯语的学习者在阳平和上声的发音上更容易发生偏误,在教学中,学习者可以在掌握若干单元音之后,借助已学得的单元音练习声调发音。教师在教授声调的时候要始终注意学习者的发音,多用手势法演示发音时的状态,尤其是上声,最好用夸张的手势表示出该声调的先降后升。此外,还可以借助多媒体手段,如课前制作一个小汽车在平地和山坡上行驶(上坡、下坡)的小视频,形象生动地展示四个声调的变化。

最后,教师对于学习者的问题要及时纠正,防止"化石化"现象的产生,还应该进行更有针对性的教学与操练,提高课堂教学效率。

二、学习者词汇方面常见偏误分析

词汇,又称语汇,是一种语言里所有的(或特定范围内的)词和固定短语的总和。词汇是语言的建筑材料。

汉语属于孤立语,阿拉伯语属于屈折语,而且汉语的词汇系统庞大而复杂，词类较多，阿拉伯语的词汇只有名词、动词和虚词三类。虚词在汉语中至关重要，但在阿拉伯语中，虚词的词汇意义已经弱化了很多，有一部分已经失去了词汇意义，只保留了语法含义，所以并不是很重要，这就需要学习者格外注意汉语的虚词。

另外，汉语所用的书写符号与阿拉伯语字母完全不同，所以对母语为阿拉伯语的学习者来说汉字十分陌生。此外，汉语还有书面语和口语之分，随着社会的发展，许多新兴网络用语不断涌现，往往让学习者非常困扰，这都需要汉语教师提高国别化意识和文化敏感度，选择正确且适合学习者的词汇教学方法。

汉语教师应当主动了解阿拉伯民族的相关文化，因为词汇教学离不开文化。汉语教师要先一步发现和认识到所教词汇中存在的文化因素和文化背景，在备课时应赋予文化元素与语言知识同等的重要性，揭示同一词汇在不同语言中承载的文化差异。比如，"骆驼"对于中国人来说没有什么特殊含义，但对于阿拉伯民族来说是非常重要的动物，因为他们是游牧民族，衣食、交通都离不开它们；与之相反，"牛"在汉语中是吃苦耐劳的象征，而在阿拉伯语中却是愚蠢、执拗的象征。再如，绿色在汉语中还有"绿帽子"这种负面含义，但在阿拉伯语中没有类似的含义，而且绿色还是阿拉伯民族最喜爱的颜色之一，是绿洲的象征。所以，涉及在不同文化中蕴含不同象征意义的词汇时，汉语教师在课堂上要注意教学用语，引导学习者了解与其母语文化有差别的词汇，可以在教学中培养学习者的跨文化交际能力和学习汉语及中华文化的兴趣，避免文化冲突，提高学习效率。

三、学习者语法方面常见偏误分析

语法是语言三要素之一，是语言的组合法则，专指组成词、短语、句子等有意义的语言单位的规则。汉语学习者在学习汉语语音和汉语词汇的同时，还需要将这些词汇按照语法规则组合成句，才能进行交际。汉语语法和阿拉伯语语法差别较大，前者相对来说是隐性的，而后者是显性的，这在形式上尤为明显，汉语表示语法意义的手段主要是语序和虚词而非形态变化，汉语中没有表示语法意义的词形变化，而阿拉伯语则有丰富的词形变化，比如名词的阴阳性、数、格、指，动词的变位、时态等，这些基本全靠形态变化和四种声音符号来区分。针对这些阿拉伯语中存在而汉语中不存在的语法现象，汉语教师可以直接用媒介语或阿拉伯语告诉初学汉语的学习者，使其在学习初期就尽量避免这方面的母语负迁移现象。

汉语教师需要着重教汉语中有而阿拉伯语中没有、阿拉伯学生又非常容易出错的语法现象，比如量词。汉语中有丰富的量词，但阿拉伯语中没有量词。量词表示计算单位，可分为名量词和动量词两大类，名量词表示人和事物的计算单位，动量词表示动作次数和发生的时间总量。汉语的量词多而复杂，什么量词搭配什么名词或动词对于学习者来说很难掌握，而且有些量词搭配是约定俗成的，无法总结出一套系统的规则，有的量词使用还与文化背景有关或带有褒贬色彩，所以学习者有时不知道该用哪个量词和不该用哪个量词，从而会产生量词误用的情况，使得听话者不能准确理解他们所表达的意思，导致交际失败。汉语教师在学习者刚接触名量词时，可以结合名词的学习帮助学习者逐渐掌握量词和名词的搭配，并带领学习者总结在课文和习题中遇到的量词搭配，用归纳法归纳出名量词的语法特征和格式（数字＋量词＋名词），随着学习者的词汇量慢慢增加以后，还应该加入名量词近义辨析的教学，引导学习者更准确地使用名量词。

对于动量词的学习，在学习者掌握了一般动量词的格式后，汉语教师还要格外注意学习者可能发生的偏误。比如"他们看了三次京剧"，这句话用阿拉伯语表达是 مرات ثلاث بكين أوبرا شاهدوا，按顺序直译是"他们看了京剧三次",所以当宾语是一般名词,由数词和动量词构成的数量短语充当动量补语时,学习者很有可能出现母语负迁移造成的语序不当问题,这里动量补语要放在宾语之前。汉语教师应该在准备本节课语法点教学的时候,查阅相关资料或请教经验丰富的老教师,预判学习者可能发生的偏误,在教新语法点的时候反复强调,以免以后学习者运用该语法点时出现僵化现象。

此外,汉语中的句型教学也要引起重视。教师在句型教学方面可以用最常见的归纳法和演绎法。不论是先给例句再归纳总结还是先归纳总结再给例句,汉语教师都要强调句型中语序的重要性。阿拉伯语中语序并不是很重要,但在汉语中,如果语序发生错误,该句表达的含义就会出现偏差,所以汉语教师要带领学习者反复操练和巩固,让学习者自己造句、举例子,帮助学习者学会独立运用该句型。

四、学习者文字和阅读顺序方面常见偏误分析

(一)文字教学中的母语负迁移现象及对策

文字是记录语言的书写符号系统,是最重要的辅助性交际工具。汉字是记录汉语的书写符号系统,属于表意体系的文字,并且是形体复杂的方块结构,分化同音词能力强,具有超时空性。对于习惯使用阿拉伯字母的学习者来说,首先面临的挑战就是汉字对他们的视觉冲击,在他们眼中,汉字是一种和母语完全不一样的符号系统,他们很难辨认汉字的结构并建立字音字形与字义的关系。此外,学习者在书写自己的母语时习惯连写,有的字母如"س""ش"可以简写成横线,所以他们很有可能在书写汉字的过程中把汉字的笔画连写。如果学习者没有掌握好汉字,会影响他们汉语的学习。

针对阿拉伯学习者这些学写汉字上的难点,汉语教师应该采取有针对性的教学手段。在学习者初学汉字的阶段,教师就应将汉字的书

写笔顺告诉学习者,并且利用多媒体教学,播放汉字书写的动画,展示清楚汉字的一笔一画,可以使用相关教具(如粉笔),带领学习者一起书写每一个汉字的笔画,并在课堂上关注学习者的书写情况,给予相应的指导,最后总结汉字的书写规律,这样可以给学习者打好书写汉字的基础,培养学习者良好的书写习惯。在学习者对汉字有了初步了解并掌握好八种基本笔形后,进行部首的教学,先将学过的有部首的汉字列出,带领学习者总结出部首的字形归类的作用,这样有助于学习者对汉字字形的把握,从而引入部首的含义,让学习者更好地将字形和字义结合起来,提高学习汉字的效率。

(二)阅读顺序中的母语负迁移现象及对策

用阿拉伯字母书写时都是从右向左书写,阿拉伯语母语者从小就习惯于从右向左阅读和写作,所以汉语从左到右的阅读和写作顺序对于他们来说很难适应,学习者会下意识地从右向左开始阅读,当发现不通顺的时候才会改变阅读方向或需要一点时间反应。

对于那些学过英语的汉语初学者来说,汉语的书写和阅读顺序比较容易接受,而对于没学过英语的汉语初学者来说,从左到右的阅读顺序比较难,也很容易忘记,所以汉语教师应该在学习者刚学习汉语的时候强调好这一不同点,培养并巩固学习者"汉语的顺序是从左到右的"的意识,在教授词汇的时候多带领学习者朗读,同时用手从左至右依次示意每个汉字,帮助学习者养成看到汉语就从左开始阅读的习惯。在学习者词汇量逐渐增加以后,鼓励他们尽可能多地阅读汉语学习材料,在他们积累了更多的汉语词汇并掌握了更多汉语语法规则时,这一方面的负迁移会得到改善和解决。

五、结语

在第二语言习得的过程中,母语负迁移的现象是十分常见的,母语负迁移不仅仅体现在前文所说的四个方面,还会涉及学习者在华的日常交际,如果汉语教师不及时纠正,很容易产生"化石化"现象。母语负迁移现象导致的汉语学习难点不仅仅体现在本文所阐述的几个例子中,更多的学习难点还需要更加细致地对比和研究汉语和阿拉伯语两种语言才能发现,由于两种语言还代表了两种文化,还需要结合中阿文化差异深入剖析。

另外,虽然阿拉伯地区掀起了"汉语热",但国际中文教育领域中对阿汉语教学事业建设并不完善,缺乏针对阿拉伯语母语者的汉语教材和专门研究阿拉伯学生学习汉语难点及偏误分析的掌握双语的学者。日后应当加大在阿拉伯地区的中文教育建设,加强本土教师的培养,这样不仅有助于发展对阿汉语教学事业,也有助于中阿之间各方面的深入合作交流,维护中阿友谊。

参考文献

[1]黄伯荣,廖序东.现代汉语[M].增订六版.北京:高等教育出版社,2017.

[2]刘珣.对外汉语教育学引论[M].北京:北京语言大学出版社,2000.

[3]孙德金.对外汉语语法及语法教学研究[M].北京:商务印书馆,2006.

[4]王建勤.第二语言习得研究[M].北京:商务印书馆,2009.

[5]杨玉玲.国际汉语教师语法教学手册[M].北京:高等教育出版社,2011.

[6]阿一曼.阿拉伯语为母语的苏丹学生学习汉语词汇的难点[D].武汉:华中师范大学,2012.

[7]曹惊殊.汉阿语音对比及阿拉伯人汉语发音偏误研究[D].上海:上海外国语大学,2006.

[8]穆罕默德.汉语与阿拉伯语语音对比[D].天津:天津师范大学,2009.

[9]木森(Mohamed Elmustafa Salih).母语为阿拉伯语的学生学习汉语的难点

[D].天津:天津师范大学,2010.

[10]胜利(Nasri Abukhader).阿拉伯语对汉语阅读方向的负迁移研究[D].杭州:浙江大学,2020.

[11]张薇.阿拉伯语汉语比喻辞格比较研究[D].北京:对外经济贸易大学,2007.

数字化视域下乌兹别克斯坦汉语教学调查及发展策略研究

杜芳　伊利亚斯·阿扎马特①

摘　要：2005年5月，在乌兹别克斯坦首都成立了中亚第一所孔子学院——塔什干孔子学院，十多年来，塔什干孔子学院培养了众多优秀本土教师和学生。本文深入研究塔什干孔子学院2020—2022年汉语线上与线下教学现状，介绍了研究的调查对象，进行了问卷设计、问卷实施、数据收集、对象访谈以及问题设置与实施，从学校、课程、教材、师资以及学习者多方面对调查结果进行分析，得出以下研究结论：塔什干孔子学院主要开设的是汉语综合课，必要的专项语言技能训练课学时不足；学院使用的教材版本较老；本土教师专业能力不足，中方教师数量不够；学习者汉语水平提高速度较缓慢；每个教室都有多媒体设备，配套设施齐全，如有特殊情况可以放弃线下，进行线上授课。根据以上内容对塔什干孔子学院未来发展提出以下建议：学院本土教师与中方教师需共同针对本土学生汉语学习状况和需求，建立相适应的汉语教学体

---

① 作者单位：杜芳，大连理工大学国际教育学院；伊利亚斯·阿扎马特，大连理工大学国际教育学院。

系,探索线上与线下混合式教学模式,设立专项语言技能训练课程;建立网上资源库,合作编写更现代的、适用于当地汉语学习者的纸质和电子教材;增加本土教师汉语基本知识的相关培训活动,不断提高本土教师的汉语水平;增加来乌兹别克斯坦的中方教师数量。

关键词:塔什干孔子学院　汉语教学　发展策略

一、学术界相关研究

目前有关乌兹别克斯坦汉语教学的文献较少,李雅梅《丝绸之路上的汉语驿站——乌兹别克斯坦共和国的汉语教学》一文就乌兹别克斯坦的汉语教学的发展历程和现状作了阐述,主要从教学规模、教学机构与师资、课程设置与教材选用三个方面进行了探讨[1]。伊力米热·伊力亚斯重点关注乌兹别克斯坦高等教育体系的内容、层次、组织、体制改革、教育质量、教师、国际合作以及汉语的运用等方面[2]。刘星星从课程设置出发对塔什干孔子学院进行调查,建议孔子学院在课程中融入更多的中华文化内容[3]。石庭瑞提出孔子学院需要通过组织各类活动来提高知名度,加强中方和本土教师的合作往来[4]。邓新、张全生认为中亚地区的孔子学院教师缺乏主导性,提出需要在教学模式、管理机制、合作方式上等做出调整[5]。

二、塔什干孔子学院汉语教学历史发展

2005年5月7日,塔什干孔子学院正式成立,成为中亚第一所孔子学院。

2005年至2015年,塔什干孔子学院累计招生5000多人,2016年至2019年招生3500多人,2020年塔什干孔子学院实行线上授课,2020年至2021年招生1800多人。

三、塔什干孔子学院汉语教学现状调查分析

(一)调查问卷实施

本文采用了孙雍(2020)的调查问卷以及访谈模板来展开本研究的线上调查。问卷的调查对象为塔什干孔子学院 2021 年至 2022 年的全体本土汉语教师和中方教师以及部分汉语学习者。截至 2022 年,塔什干孔子学院共有 19 名汉语教师,其中本土汉语教师 13 名,中方教师 6 名。调查问卷发放时间为 2022 年 1 月 24 日,以教师为对象共发出 19 份问卷并收回 19 份有效问卷,以学习者为对象共发出 100 份问卷并收回 89 份有效问卷。

1.调查对象

(1)本土汉语教师

本土汉语教师共 13 名,其中女性 10 名,男性 3 名。从年龄分布上看,25—30 岁有 9 名,31—35 岁有 3 名,41—45 岁有 1 名。学历背景方面,4 名教师是本科学历;9 名教师是研究生学历,其中 1 名教师是博士学位。塔什干孔子学院本土汉语教师学位专业信息如表 1 所示:

表 1 塔什干孔子学院本土汉语教师学位专业信息

	学士专业	硕士专业	博士专业
教师 1	汉语言	汉语言	—
教师 2	汉语言	汉语言	汉语国际教育
教师 3	汉语言	—	—
教师 4	汉语言	汉语语言学	—
教师 5	商务汉语	中国经济学	—
教师 6	汉语言	汉语言	—
教师 7	汉语言	汉语言	—
教师 8	汉语言	—	—
教师 9	汉语国际教育	汉语国际教育	—
教师 10	汉语言	—	—

续表

	学士专业	硕士专业	博士专业
教师11	汉语言	汉语言	—
教师12	汉语言	汉语言	—
教师13	汉语言	—	—

从表1可以看出塔什干孔子学院的本土教师汉语专业背景良好。

在HSK水平方面,5名教师汉语水平为HSK一至三级,3名教师汉语水平为HSK四级,3名教师汉语水平为HSK五级,2名教师汉语水平为HSK六级。

在教授汉语时间方面,3名教师为2年,5名教师为3年,3名教师为4年,1名教师为8年,1名教师为14年。

在教师工作类型方面,8名教师为兼职,5名教师为全职。

(2)中方汉语教师

中方教师共有6名,都是女教师。在年龄分布方面,25—30岁有2名,31—35岁有1名,45—50岁有2名,50岁以上有1名。在学历背景方面,1名教师是本科学历,5名教师是研究生学历,其中2名教师是博士学位。塔什干孔子学院中方汉语教师学位专业信息如表2所示:

表2 塔什干孔子学院中方汉语教师学位专业信息

	学士专业	硕士专业	博士专业
教师1	汉语国际教育	汉语国际教育	—
教师2	汉语国际教育	汉语国际教育	汉语国际教育
教师3	汉语国际教育	汉语国际教育	—
教师4	俄语	汉语言文学	哲学
教师5	英语	—	—
教师6	英语	英语语言文学	—

从表2可以看出塔什干孔子学院中方汉语教师专业背景良好。教授汉语时长方面,1名教师为3年,2名教师为5年,1名教师为13年,1

名教师为17年,1名教师为21年。

(3)学习者

2021年9月,塔什干孔子学院招收1000多名学生,其中男生占70%,女生占30%。

回收的面向学生的89份有效调查问卷中,有62名男性受访者,27名女性受访者。年龄分布方面,15—20岁有31名,21—25岁有38名,26—30岁有14名,30岁以上有6名。在职业分布方面,高中生和大学生57名,商人25名,家庭主妇5名,公务员2名。在"是否去过中国"这个问题上,有58名受访者表示去过中国,其中37名是去旅游,21名是在华经商,但没有一个人有在华留学经验。在汉语学习时长方面,32名学生学习汉语半年以上,42名学生学习汉语一年半左右,15名学生学习汉语两年以上。

2.调查问卷设计

(1)汉语教师调查问卷

针对塔什干孔子学院教师的问卷主要调查的内容包括教师背景,如性别、年龄、学历、教学时长、负责的课程和培训情况、教学方法、对学院和教材的满意度、教学过程中发现的学生学习汉语的难点等。

(2)学习者调查问卷

针对塔什干孔子学院学生的问卷主要调查的内容包括学生背景,如性别,年龄,职业,学习汉语的动机,学习难点,学习习惯,对学院、教师教学方法、教材的满意度等。

(二)访谈实施

1.访谈对象

此次访谈采用线上形式,访谈对象分为教师和学生,接受访谈的汉语教师共有4名,包括3名本土教师以及1名中方教师,学生共2名。

(1)汉语教师基本情况

接受线上访谈的第一名教师是有 2 年汉语教学经验的本土女教师,26 岁,本科学历,学习汉语 5 年,毕业于塔什干国立东方学院汉语系,汉语水平为 HSK 一至三级,并正在准备 HSK 五级考试。

第二名教师是有 3 年汉语教学经验的本土女教师,28 岁,研究生学历,毕业于江苏大学海外教育学院汉语言专业,汉语水平为 HSK 六级。

第三名教师是塔什干孔子学院乌方院长萨奥达特·阿不杜拉芙娜,从事汉语教学 14 年,博士研究生学历,少年时期曾在北京上学,汉语水平为 HSK 六级。

第四名教师是有 3 年汉语教学经验的中方女教师,31 岁,研究生学历,毕业于兰州大学汉语国际教育学专业,2018 年被兰州大学派到塔什干孔子学院任教。

(2)学习者

接受线上访谈的第一名学生是一名女学生,21 岁,毕业于塔什干国立东方学院附属中学,但在校期间学习的是日语。2012 年,她随父母来中国旅游,去了北京、西安和乌鲁木齐,2020 年来到塔什干孔子学院学习汉语,学习汉语时间为一年半,没有 HSK 证书。

第二名学生是一名 28 岁的男学生,专科学历。曾多次到中国游玩,近四年来一直从中国进布料到塔什干,其间他一直使用英语与中方客户进行交流。2021 年 9 月起,他在塔什干孔子学院学习汉语,没有 HSK 证书。

2.访谈实施

访谈者使用 Zoom 软件视频聊天模式,分别与受访的教师和学生进行了对话。

(三)问卷与访谈结果分析

1.学校方面

塔什干孔子学院教师和学生对学院环境的评分见表3：

表3　塔什干孔子学院教师和学生对学院环境的评分

单位：人

	1分	2分	3分	4分	5分
本土教师	—	—	—	—	13
中方教师	—	—	—	3	3
学生	—	—	—	21	68

如表3所示，塔什干孔子学院教师和学生对学院环境的评分较高。通过访谈得知，教师们认为目前学院的环境可以满足日常教学需求，几乎每个班里都有多媒体设备；学生表示，学院学习环境良好，有新的配套设施。

2.课程方面

综合课(2020—2022年，塔什干孔子学院只有综合课处于开课状态)根据难度不同细分为初、中、高级三个班级授课，各班安排每周两次授课；兴趣班只有会话课一门课程，每周安排一次课程。初级班以教师的语言背景不同又细分为几类，如乌兹别克语班、俄语班、英语班；中、高级班和兴趣班均由中方教师授课。塔什干孔子学院学生对现有课程的满意度见表4：

表4　塔什干孔子学院学生对现有课程的满意度

单位：人

	很满意	基本满意	一般	不满意
学生	23	55	11	—

如表4所示，塔什干孔子学院多数学生对已有课程感到满意，仅有少数学生对现有课程存有一些疑问。通过访谈了解到，这类学生认为

学院安排的课程种类偏少,课程难度大;学生水平差距悬殊,学院对课后任务的分配不合理,未能有针对性地进行合理安排。

3.教材方面

2020—2022年,塔什干孔子学院使用《新实用汉语课本》和孔子学院编译的《汉语新目标》作为乌兹别克语版汉语教材,主要使用《新实用汉语课本》,并根据分级教学的需要采用不同的册。

关于塔什干孔子学院教师和学生对使用的教材满意度情况见表5:

表5　塔什干孔子学院师生对教材的满意度

单位:人

	很满意	基本满意	一般	不满意
本土教师	4	7	2	—
中方教师	2	4	—	—
学生	40	21	22	6

如表5所示,塔什干孔子学院教师和学生对教材基本上持肯定的态度,但少部分学生对教材满意度并不高。本土教师和中方教师认为使用的教材优点在于教材结构与内容编排以及语法点的介绍,缺点在于练习部分。通过访谈得知,教师认为目前使用的教材可以满足学生学习基本汉语知识的需求,然而教材存在内容老旧以及练习量不足的问题。

关于塔什干孔子学院教师的教材使用情况见表6:

表6　塔什干孔子学院教师的教材使用情况

单位:人

	完全围绕教材	大部分围绕教材	有时围绕教材	基本不围绕教材
本土教师	3	10	—	—
中方教师	—	6	—	—

如表6所示,塔什干孔子学院大部分教师在教学过程中围绕教材。通过访谈得知,大部分教师课堂上还会使用多媒体和卡片来辅助教学。

4.教师教学方面

塔什干孔子学院主要教授初级和中级水平课程,因当地学生大部分使用乌兹别克语以及俄语进行交流,所以教师需要使用媒介语来进行汉语教学。关于塔什干孔子学院教师媒介语的使用情况见表7:

表7　塔什干孔子学院教师媒介语使用情况

单位:人

	英语	俄语	乌兹别克语
本土教师	—	5	8
中方教师	5	1	—

如表7所示,塔什干孔子学院本土教师会使用当地语言而非英语作为媒介语。大部分中方教师会使用英语作为媒介语来进行教学,只有1名教师因学的是俄语专业,所以会使用俄语作为媒介语。通过访谈得知,对于中方教师来说,学习乌兹别克语难度很大,大部分当地学生有良好的英语基础,所以中方教师在初级汉语班里会使用英语作为媒介语。在中高级汉语班里,教师几乎不会使用任何媒介语,但本土教师在中级班里还是会使用当地语言进行教学。

关于塔什干孔子学院本土教师在教学过程中遇到的最大困难,具体情况如表8:

表8　塔什干孔子学院本土教师在教学过程中遇到的最大困难

单位:人

汉语水平不够高	9
找不到合适的教学方法	4
课堂难管理	—
教学任务过重	—
缺乏更好的教学设施和条件	—

如表8所示,大部分塔什干孔子学院本土教师认为在教学过程中遇到的最大困难是汉语水平不够高。通过访谈得知,本土教师认为自

己依然是"汉语的学习者",因为汉语并不是他们的母语,有时教师无法解答学生提出的问题,从而影响教学效果。

关于塔什干孔子学院中方教师在教学过程中遇到的最大困难,具体情况如表9:

表9 塔什干孔子学院中方教师在教学过程中遇到的最大困难

单位:人

与学生交流困难	6
找不到合适的教学方法	—
课堂难管理	—
教学任务过重	—
缺乏更好的教学设施和条件	—

如表9所示,塔什干孔子学院中方教师一致认为在教学过程中遇到的最大困难是与学生交流困难。通过访谈得知,因受语言的限制,中方教师在初级汉语课堂上最大的困难是不能自由地和学生们进行交流。

关于塔什干孔子学院教师认为学生学习汉语的难点,具体情况如表10:

表10 教师认为学生学习汉语的难点

单位:次

	语法	汉字	词汇	阅读	写作	听力	口语
本土教师	13	1	—	13	9	7	13
中方教师	6	—	—	6	6	6	6

如表10所示,塔什干孔子学院教师一致认为学生学习汉语的难点有语法、阅读和口语。通过访谈得知,学生在学习汉语时最大难点就是语法。当地学生从小学习乌兹别克语和俄语,这两种语言的语法与汉语语法大相径庭,学生在汉语语法学习上存在非常大的障碍,导致阅读能力、写作能力、听力和口语都有问题,因此教师需要花大量时间向学

生解释语法点。教师表示,当地学生在词汇的理解上没有太大的问题,而且大部分学生词汇量较大。

关于塔什干孔子学院教师认为最难教的课型,具体情况如表11:

表11 塔什干孔子学院教师认为最难教的课型

单位:次

	听力课型	口语课型	阅读课型	写作课型
本土教师	13	13	7	—
中方教师	6	—	—	6

如表11所示,塔什干孔子学院教师一致认为听力课型是最难教的课型,而本土教师认为除了听力课型外,口语课型和阅读课型也难教。通过访谈得知,本土教师因为自身汉语水平不够高,所以在教授听力课型时会有自己听不懂的情况,在教授口语课型时会错误发音,在教授阅读课型时会有不认识的汉字。中方教师表示,听力课型和写作课型是他们认为最难教的课型,在听力课型的课堂上,教师需要重复很多遍并且还需另外解释其内容。中方教师表示,当地学生不太明白汉语语法点,经常不能正确地使用语法造句,因此学生的写作能力比较差,这就给教师教授写作课型带来了一定的困难。

关于塔什干孔子学院教师在汉语听力课型中采用的教学法,具体情况如表12:

表12 塔什干孔子学院教师在汉语听力课型中采用的教学法

单位:次

	情景教学法	任务型教学法	翻译法
本土教师	13	6	13
中方教师	6	6	6

如表12所示,塔什干孔子学院教师运用的教学法包括情景教学法、任务型教学法和翻译法。

关于塔什干孔子学院教师在汉语口语课型中采用的教学法,具体情况如表13:

表13　塔什干孔子学院教师在汉语口语课型中采用的教学法

单位:次

	机械练习法	认读法	情景教学法
本土教师	2	13	13
中方教师	6	6	6

如表13所示,塔什干孔子学院本土教师更习惯使用认读法和情景教学法来进行口语教学,中方教师在上述两种教学法之外还会使用机械练习法。

关于塔什干孔子学院教师在汉语阅读课型中采用的教学法,具体情况如表14:

表14　塔什干孔子学院教师在汉语阅读课型中采用的教学法

单位:次

	直观法	归纳法	翻译法
本土教师	13	5	13
中方教师	6	6	6

如表14所示,塔什干孔子学院本土教师更习惯使用直观法和翻译法来进行阅读教学,而中方教师会均衡地采用直观法、归纳法和翻译法。通过访谈得知,本土教师会利用翻译法给学生翻译其不懂的句子和词汇的意思,也会利用实物和图片作为辅助手段帮助学生理解。中方教师表示,归纳法在课堂上很有效,就是让学生首先理解语法点,并通过举大量的例子让学生有一定的积累,从而使学生的阅读能力得到提高。

塔什干孔子学院写作课型由中方教师进行教学。就塔什干孔子学院中方教师在汉语写作课型中采用的教学法,具体情况如表15:

表 15　塔什干孔子学院中方教师在汉语写作课型中采用的教学法

单位：次

	控制法	交际法	翻译法	汉字教学法
中方教师	6	6	6	6

如表 15 所示，塔什干孔子学院中方教师会均衡地使用控制法、交际法、翻译法、汉字教学法来进行写作教学。通过访谈得知，教师使用控制法就是让学生先做句子练习，再写段落，再让学生自主挑选课文中的存疑词语，教师对此进行讲解后会让学生造句，从而帮助其掌握语法点。使用交际法和翻译法时，教师会用英语给学生解释存疑词汇的意思，然后设法创造接近现实的语言环境，最后让他们使用刚刚学到的词语进行造句。在课堂剩下 20 分钟左右时，教师会实施汉字教学法，在黑板上一笔一画地展现每个汉字的正确写法，课后会布置作业让学生自己练习写汉字。

关于塔什干孔子学院教师对自己的教学效果满意度情况，具体如表 16：

表 16　塔什干孔子学院教师对自己的教学效果满意度

单位：人

	很满意	基本满意	一般	不满意
本土教师	—	5	8	—
中方教师	—	6	—	—

如表 16 所示，少数塔什干孔子学院本土教师对自己的教学效果基本满意，多数觉得教学效果一般。针对这种情况，塔什干孔子学院多次组织本土教师来华接受培训，并在塔什干开设有关汉语教学方法等的培训课程。

关于塔什干孔子学院本土教师希望教师岗位培训有哪些内容的情况，具体如表 17：

表17 塔什干孔子学院本土教师希望的教师岗位培训内容

单位:次

汉语基础知识	13
课堂管理	—
教学计划和教案的编写	—
汉语交际用语	—

从表17中可以看出,塔什干孔子学院的本土教师仍然都想提升自身的汉语基础知识。通过访谈得知,来塔什干孔子学院学习汉语的学生都比较好管理,课堂上也没有学生打闹。本土教师表示,编写教学计划和教案对他们而言没有太大的难度,其内容和编写方法早已在上大学的时候就掌握了。

中方教师在来塔什干孔子学院之前会有专门的岗前培训。关于塔什干孔子学院中方教师希望教师岗前培训有哪些内容的情况,具体如表18:

表18 塔什干孔子学院中方教师希望的教师岗前培训内容

单位:次

当地语言	4
汉语教学培训	—
课堂管理	—
乌兹别克斯坦当地文化风俗和国情	6

如表18所示,塔什干孔子学院中方教师在岗前培训中最想了解的是当地的文化风俗和国情。通过访谈得知,中方教师希望能够简单地学习当地语言,从而能够在到岗后与学生以及当地居民无障碍交流,也希望了解当地文化风俗和国情,以便自己融入当地环境。

关于塔什干孔子学院中方教师任期结束后的打算,具体如表19:

表 19 塔什干孔子学院中方教师任期结束后的打算

单位：人

留任	1
转岗	3
回中国工作	2

通过表 19 和访谈得知，塔什干孔子学院有 1 名中方教师目前想要留任，因为她已经适应了当地气候并觉得当地人比较亲切和善。有 3 名中方教师表示，在任期结束后想要转岗，主要是因为想要去更多的国家，认识更多的人。有 2 名教师（在塔什干孔子学院工作 5 年以上）表示自己想要回兰州大学从事国际中文教育工作。

5.学习者方面

关于塔什干孔子学院学生学习汉语的动机，具体情况如表 20：

表 20 塔什干孔子学院学生学习汉语的动机

单位：次

了解中国文化	16
方便找工作	82
来华留学	62
来华旅游	21
与中国人做生意方便沟通	58

如表 20 所示，塔什干孔子学院大部分学生学习汉语的动机与工作相关。乌兹别克斯坦目前有非常多的中国企业，塔什干有中国商业城，所以有很多当地人想要学习汉语，从而能更容易地找到工作，和中国人做生意时能无障碍交流。随着中国综合国力的增强，乌兹别克斯坦与中国在教育领域的交流不断扩大，越来越多的乌兹别克斯坦人想来华学习。通过访谈得知，当地汉语人才缺口较大，从事汉语言相关工作收入可观，学好汉语将获得更多更好的工作与升迁机会。

关于塔什干孔子学院学生学习汉语的难点，具体情况如表 21 所示：

表21　塔什干孔子学院学生学习汉语的难点

单位：次

语法	89
汉字	14
词汇	16
阅读	54
写作	89
听力	75
口语	89

如表21所示,塔什干孔子学院的学生一致认为汉语语法、写作和口语是学习汉语中最难的点,其次就是听力和阅读,部分学生选择的是汉字和词汇。通过访谈得知,大部分学生因已习惯乌兹别克语和俄语的语法,所以经常会不理解汉语的语法点。学生表示,因为没有语言环境,学院的中方教师人数又很少,所以教师不能照顾到每个想要练习口语的学生,而本土教师很容易有错误的发音和表达。另外,一些学生因对汉语语法不够熟悉,所以在听力和阅读课堂上也经常会不知所措。然而学生表示,汉字和词汇对他们而言没有太大的难度,中方教师在初级课堂上会介绍每个汉字的来源,学生也对此非常感兴趣;针对词汇,学生会直接使用翻译学习法,所以学习起来也没有太大的难度。

关于塔什干孔子学院的学生对教师的汉语教学方法满意度,具体情况如表22：

表22　塔什干孔子学院学生对教师的汉语教学方法满意度

单位：人

	很满意	基本满意	一般	不满意
本土教师	—	6	58	25
中方教师	54	31	4	—

如表22所示,塔什干孔子学院的学生对本土教师满意度并不高,

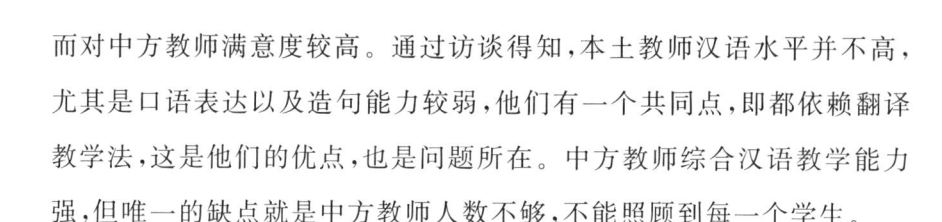

而对中方教师满意度较高。通过访谈得知,本土教师汉语水平并不高,尤其是口语表达以及造句能力较弱,他们有一个共同点,即都依赖翻译教学法,这是他们的优点,也是问题所在。中方教师综合汉语教学能力强,但唯一的缺点就是中方教师人数不够,不能照顾到每一个学生。

关于塔什干孔子学院的学生对课堂内容的兴趣度,具体情况如表23:

表23 塔什干孔子学院学生对课堂内容的兴趣度

单位:人

很感兴趣	38
比较感兴趣	48
一般	3
不感兴趣	—

如表23所示,塔什干孔子学院的学生基本上对课堂内容感兴趣。通过访谈得知,学生对教材比较满意,虽然本土教师和中方教师的教学水平差距较大,但是教师们都会围绕书本进行教学。学生们表示,课文内容很有意思,因此上课内容不枯燥,会让学生保持着新鲜感。

关于塔什干孔子学院学生对课堂内容难度的评价,具体情况如表24:

表24 塔什干孔子学院学生对课堂内容难度的评价

单位:人

很难	21
比较难	68
一般	—
很简单	—

如表24所示,塔什干孔子学院的学生基本上认为课堂内容难度较大。通过访谈得知,部分学生认为课堂内容很难,尤其是中级班阶段,因为初级班是由本土教师授课,而中级班是由中方教师授课,中方教师

讲课语速以及标准发音都让学生比较难适应,因此会觉得课堂内容难度较大。

关于塔什干孔子学院的学生认为最难学的课型,具体情况如表25:

表25　塔什干孔子学院学生认为最难学的课型

单位:人

听力课型	15
口语课型	17
阅读课型	19
写作课型	38

如表25所示,塔什干孔子学院的大部分学生认为写作是最难学的课型,然后是阅读、口语和听力。通过访谈得知,大部分学生会死记硬背新词,也会经常练习汉字,然而写作和口语表达能力比较差,不知道如何用学过的语法和词汇造句。在听音频和观看视频的时候,大部分学生因为主人公谈话语速过快,不能很好地掌握重点,从而导致不能答对题目。

关于塔什干孔子学院的学生评价课堂学习对提高汉语水平的帮助,具体情况如表26:

表26　塔什干孔子学院学生评价课堂学习对提高汉语水平的帮助

单位:人

很大	13
比较大	68
一般	8
不大	—

如表26所示,塔什干孔子学院的大部分学生认为课堂学习对提高汉语水平的帮助比较大。通过线上访谈得知,大部分学生认为自己可以通过两年的课堂学习自由地与中国人进行交流,用最简单的汉语表达自己的看法。

关于塔什干孔子学院的学生评价课堂学习是否对他们通过 HSK 考试有帮助,具体情况如表 27:

表 27　塔什干孔子学院学生评价课堂学习对通过 HSK 考试的帮助

单位:人

很大	—
比较大	45
一般	38
不大	6

如表 27 所示,塔什干孔子学院的部分学生认为课堂学习对通过 HSK 考试有比较大的帮助,另一部分学生认为帮助一般,少部分学生认为帮助不大。通过访谈得知,课堂学习对通过 HSK 一至三级的帮助比较大;对通过 HSK 四级的帮助一般,学生需要参加 HSK 辅导班并且课后自己练习;而对通过 HSK 五级和六级,课堂学习完全没有帮助,学生必须参加 HSK 辅导班学习解题技巧。

关于塔什干孔子学院的学生课下学习汉语的方法,具体情况如表 28:

表 28　塔什干孔子学院学生课下学习汉语的方法

单位:人

阅读中文书籍	—
和中国朋友交流	29
观看中国电影和视频	79
听汉语歌曲	14

如表 28 所示,塔什干孔子学院大多数学生课下学习汉语的方法是观看中国电影和视频,然后是和中国朋友交流,有少数学生选择听汉语歌曲。通过访谈得知,学生很喜欢看中国电影,成龙在当地非常受欢迎,小的时候他们会看用俄语和乌兹别克语配音的成龙电影,开始学习汉语后,他们尝试着看原声电影。目前塔什干有很多中国人,部分学生

和中国人有过生意上的交往,他们会经常和中国人交流,因此他们的汉语表达能力比较强。当地人喜欢听俄语和乌兹别克语歌曲,大部分学生是通过中方教师推荐才听汉语歌曲,少部分学生会课下听中国流行歌手的歌曲。

关于学生选择来塔什干孔子学院学习汉语的原因,具体情况如表29:

表29 塔什干孔子学院学生选择来塔什干孔子学院学习汉语的原因

单位:次

塔什干孔子学院是两国官方建立的,值得信赖	67
教师的教学方法好	58
交通方便/离家近	40

如表29所示,学生选择来塔什干孔子学院学习汉语的主要原因是信赖中乌两国官方建立的孔子学院,次要原因是教师的教学方法好和交通方便(离家近)。通过线上访谈得知,当地人愿意选择正规的教育机构学习汉语。此外,塔什干孔子学院位于市中心,临近公交车站和地铁站,交通非常方便,因此学生愿意来此学习。

学生在"是否愿意下个学期继续选择来塔什干孔子学院学习汉语"的选项上一致选择了"愿意"。通过访谈得知,乌兹别克斯坦飞往中国的机票非常昂贵,对于家境一般的学生来说,来华留学几乎不可能实现,而当地除了塔什干孔子学院并没有其他正规的汉语培训机构,因此学生愿意继续在塔什干孔子学院学习汉语。

四、数字化视域下塔什干孔子学院汉语教学现状

(一)学校方面

塔什干孔子学院自2005年成立以来,在中乌两国政府、语合中心、兰州大学和塔什干国立东方大学的支持下取得了非常好的成绩。塔什

干孔子学院所有的课本都由语合中心赞助,每个教室都有多媒体设备,配套设施齐全,为学生提供了良好的学习环境,也为教师提供了数字化的教学条件。塔什干孔子学院的教师和学生对学校的整体认可度非常高。

(二)课程方面

塔什干孔子学院以汉语综合课为主开设了多类课型,但专项语言技能训练课还比较缺乏,线上课程更是较为缺乏,学生希望可以开设线上汉语口语课、听力课、阅读课、写作课。根据线上访谈得知,在2020年,塔什干孔子学院并未开设中国文化的体验课,然而在这里的学生们普遍表现出对书法课以及武术课程的兴趣,希望能有相应的线上课程。

(三)教材方面

塔什干孔子学院目前使用的大部分汉语教材是2010年以前出版的,教材版本比较陈旧,很多内容已不再适应当下的中国。教材是国际汉语教育一个亟待解决的问题。塔什干孔子学院现行主用教材《新实用汉语课本》,自2006年初版以来已经出版三版,2015年版明确提出,"第一册文本基本上都经过了改写,在生词选用上更加强调常用词",然而塔什干孔子学院依然在使用2006年版的《新实用汉语课本》。同样,塔什干孔子学院选用的2004年版的《汉语新目标》也存在过时的问题。此外,受教学条件所限,塔什干孔子学院为学生编写的课本均为复印本,多年来一直在循环使用。

乌兹别克语版的《汉语》是塔什干孔子学院本土教师通过对《汉语新目标》整理编译而成的。通过调查发现,乌兹别克语版《汉语》跟《汉语新目标》的不同之处就是添加了课后阅读和HSK练习题部分,但是教材中错误较多,如将"练习"写为"联系"。

目前塔什干孔子学院所用教材均无电子版,在线上教学的情况下更加不利于学生学习,当务之急是开发适合学生使用的新电子教材资源。

(四)师资方面

塔什干孔子学院教师方面目前面临着两个大问题,本土教师专业能力不足以及中方教师人数不够。

在塔什干孔子学院本土教师中,5名教师汉语水平为 HSK 一至三级,3名教师汉语水平为 HSK 四级,3名教师汉语水平为 HSK 五级,仅有2名教师的汉语水平达到 HSK 六级,另外本土教师的数字化素养急需提高。

(五)学习者方面

整体而言,塔什干孔子学院的学习者学习汉语有强烈的现实动机,学习的主观能动性较强,但汉语水平提高速度较慢,原因是在学习方法上欠缺灵活性,通过网络自主挖掘学习资源的能力不强,数字化素养急需提高。

五、结语

论文通过调查问卷以及访谈,从学校、课程、教材、师资以及学习者方面分析了数字化视域下塔什干孔子学院的现状:每个教室都有多媒体设备,配套设施齐全,因此可以选择线下或线上授课。塔什干孔子学院主要开设的是汉语综合课,汉语口语课、听力课、阅读课、写作课等必要的专项语言技能训练课学时不足;学院使用的教材版本较老,不符合中国当下的情况;本土教师汉语水平有待提高,数字化能力不足,中方教师人数不够;学习者数字化素养有待提高,汉语水平提高速度较缓慢。

根据以上内容,本文对塔什干孔子学院未来发展提出以下建议:教师需针对本土学生汉语学习状况和需求,建立具有针对性的汉语教学体系,探索线上与线下混合式教学模式,设立专项语言技能训练课程;

创建网上资源库,编写更现代的、适用于当地汉语学习者的纸质和电子教材;加强本土教师汉语培训,不断提高本土教师的汉语水平和数字化素养,并帮助学生提升数字化素养;增加中方教师人数。

参考文献

[1] 李雅梅.丝绸之路上的汉语驿站——乌兹别克斯坦共和国的汉语教学[J].云南师范大学学报(对外汉语教学与研究版),2008(5):89—92.

[2] 伊力米热·伊力亚斯.乌兹别克斯坦高等教育[J].佳木斯教育学院学报,2013(12):196+202.

[3] 刘星星.乌兹别克斯坦孔子学院发展与中国文化传播[J].教育观察(上半月),2016,5(4):128—129.

[4] 石庭瑞.中亚孔子学院发展现状与问题研究[J].现代妇女(下旬),2014(3):201.

[5] 邓新,张全生."一带一路"视域下中亚地区孔子学院可持续发展的机遇与挑战[J].国际汉语教育(中英文),2019,4(3):71—78.

反素语气副词"反正"的语法化及相关教学问题探析

李怡宁[①]

一、引言

在现代汉语中,由两个意义相反或相对的语素构成的并列式合成词,一般被称为"反素词"。反素词颇受学界关注,原因之一在于反素词独具一格的反义框架式构词方式:两个相反或相对的语素受制于并列式框架进而实现语义赋值,使反素词相对于相类的同义或类义语素并列式合成词,普遍获得了独具特色的语义值。

关于副词,业界有学者指出:在名词、动词、形容词和副词这四个词类中,无论是语义方面还是句法方面,副词的内部一致性都是最低的[1]。复杂性亦反映其研究价值。具体到反素语气副词,张谊生指出,现代汉语反素语气副词总共有十几个,如"反正、横竖、高低、左右、好歹、死活、早晚"等,其中最典型、最常用的是"反正"[2]。

基于此,本文以反素语气副词"反正"作为研究对象,讨论"反正"作

---

① 作者单位:李怡宁,大连理工大学国际教育学院。

为一个反素词的词汇化过程、在句法语用层面显现的篇章功能与人际功能等语法化问题。现代汉语中许多副词都是实词虚化的产物,与语法化密切相关。作为一种语言事实的语法化,从广义角度看,实则涵盖着词汇由实而虚的词汇化与句法—语义由摹状转为评注、由叙述功能转为人际功能的主观化,以及管界[3]由句内扩展到语篇的关联化。下文对"反正"语法化问题的讨论即从词汇化和句法语用这两个角度展开。本文最后会针对教学,在"反正"的词义教学顺序及相关语言点的编排上提出一点看法和建议。

二、"反正"的词汇化考察

业界早有学者指出,"反正"作为语气副词是清末产生的[4]。从以下我们收集到的语料看,也印证了这一观点。语料列举如下。

(1)天反时为灾,地反物为妖,民反德为乱,乱则妖灾生。故文,反正为乏。尽在狄矣。(《左传》|春秋)

(2)无以物乱官,毋以官乱心,此之谓内德。是故意气定,然后反正。(《管子》|战国)

(3)方直不曲谓之正,反正为邪。(《新书》|西汉)

(4)臧报侍中相知,忿俗儒淫辞冒义,有意欲校乱反正,由来久矣。(《全汉文》|东汉)

以上四例基本可以反映上古时期"反正"的使用面貌。(1)句中的"反正"意为"将'正'字反写",(2)句中的"反正"意为"返回正道",(3)句与(1)句类似,是"使与'正'相反"之意,(4)句与(2)句的"反正"类似,意为"由邪归正"。可见,四例中的"反正"均是作为一个述宾词组使用的。

至中古时期,"反正"逐渐由"使相反"之意发展出"违反正道(君道/王道)",类似于"复辟""变节""归附"之意,"反正"仍为述宾词组。举例如下。

(5)中宗反正后,有武当县丞寿春周憬,慷慨有节操,乃与王驸马同皎谋诛武三思。(《隋唐嘉话》|唐)

(6)帝为刘季述所废,珂愤见言色,屡陈讨贼谋。既反正,首献方物,帝甚倚之。(《新唐书》|北宋)

此外,表示"归返正道"的"反正"仍然被广泛使用,且呈现出与另一述宾词组"拨乱"固定搭配使用的倾向。

"反正"作为述宾词组的用例从上古到近代的语料中都广泛存在,举例如下。

(7)张邦昌未有反正之心,此十人者,皆日夕缔交,密谋劝以久假。(《大宋宣和遗事》|元)

(8)又如宪宗于景泰中,从太子降封沂王,英宗复辟,太子反正,则沂亦青宫潜邸,不宜再封。(《万历野获编》|明)

(9)十五年再降也。而其先降后仍复反正固守锦州之故,则无明文。(《廿二史札记》|清)

(10)雷振邦一见业已得手,又传令谕知原有的高军队伍,准其反正归降。(《大清三杰》|民国)

直到清末,作为并列式合成词,即反素语气副词的"反正"才集中大量出现,举例如下。

(11)假使有疏忽,那反正我的志向素来便定了的,绝对不会临难苟且偷生。(《曾国藩家书》|清)

(12)周氏说:"你看外面人都围上了,你快设法走罢!我反正不能落到恶霸手里,你要不逃命,连你也饶不了。"(《济公全传》|清)

(13)董玉没法子,还要往里钻。司马良高兴了,小子,你来吧,反正你跑不了!《雍正剑侠图》|民国)

对于直到清末,作为反素语气副词的"反正"才集中出现的现象,董正存认为:情态副词"反正"显然不是由正反对立的并列短语"反正"语法化来的，它既然没有经历一个语法化的过程，因而也没有一个词汇化的过程，它的成词是突然性的，应属于汉语某种构词方式制约下的产物。基于上文结合例句对"反正"演化脉络的描述，我们尝试提出自己的看法：

第一，"反正"作为述宾词组从上古到近代都被广泛使用的语言事实，为"反正"这一"反"和"正"共现的格式提供了可靠的语用基础和语言使用者的认知基础，这为后来形容词性的"反"和"正"进入述宾结构的"反正"并词汇化为副词"反正"提供了认知隐喻条件：词义对等关系的形容词"反"和"正"与"反正"可以共现的这一述宾格式为语言使用者语言认知中清晰的始源域图式，单独使用的形容词"反"和"正"的对等关系投射到格式内"反"和"正"的关系这一目标域，逐渐激活了语言使用者以格式外"反"和"正"的对等关系将格式内"反"和"正"的关系（除述宾关系外）另外解读为并列关系，至此，"反正"实现了跨层词汇化进而副词化。

第二，作为述宾词组的"反正"与反素语气副词"反正"自清末开始同期使用[见例(9)(10)与例(11)—(13)]，揭示了"反正"的演变并非单线进行，而是多条线索并行：词汇化后的"反正"并不影响作为述宾词组的"反正"的使用，二者的发展并不在一条线索上进行；至于现代汉语中"反正"仅作为副词使用，则与"反正"词汇化后的进一步语法化有关。

第三，从历时角度考察词汇演变及词汇化问题，古代汉语书面语和口语的差距问题不得不被作为一个考虑因素，近代汉语语料，特别是清末大量出现的口语色彩强的白话文语料，可以更好地反映当时的语言现实，而上古及中古汉语语料在这一点上则逊色很多，但无论如何，书面语语料所不能反映的语言现象并不一定意味着其在语言事实中不存在。

三、现代汉语"反正"的篇章功能与人际功能

如上文所言，现代汉语中"反正"仅作为副词使用，与"反正"词汇化

后的进一步语法化有关。本部分将在共时的句法语用层面上考察"反正"的进一步语法化。现将用以说明问题的语料列举如下。

(14)彩电反正不会过期,最多只是款式老一点而已。(《人民日报》2000年08月21日)

(15)不管自己愿不愿意上楼,孩子反正是要上楼的。(《人民日报(海外版)》2015年02月26日)

(16)有的作业人员说:"反正钢筋一根也不少,就是间距有些不匀,有啥?"(《人民日报》2000年02月02日)

(17)李加稳倒也不愁,反正4个哥哥都是农民,无非是家里再增添一个农民罢了。(《人民日报》2003年12月20日)

(18)这是怎么回事?周华想。又想:不关自己的事,反正。(王朔《爱你没商量》)

(19)薰说,不过以我的性格,是不能眼睁睁地放过这种卑鄙家伙的,反正。(村上春树《天黑以后》中译本)

按照传统的句法观念,副词充任状中偏正短语中的状语,其惯常的位置是在中心语之前,放到句子层面上去说,当位于主语和谓语之间,如(14)(15)所示,"反正"的语义除"结果相同",还有[＋强调][＋无条件]的意味;而(16)(17)从句法分布上看,"反正"出现在句首,其语义另有[＋强调][＋确认]的意味;例(18)(19)中"反正"则出现在句尾,增加了说话人对命题[＋主观性增补][＋完结]的归纳、梳理的意味和语气。总体来说,"反正"在句法分布上呈现出了灵活性的特点,在语义上除基本词义"任何条件下结果相同"外亦增加了如上所述的对命题的主观性评注。这种意义上的虚化或曰主观化使"反正"一方面显现出跨句的关联性,如例(14)—(17),具有了篇章功能;另一方面表现为言者情态的标记化,如例(18)(19),具有了人际功能。

参照国家汉语水平考试委员会办公室考试中心制定的《汉语水平

词汇与汉字等级大纲(修订本)》(2001年版),"反正"列入"乙级词",在3000常用词范围内,这说明"反正"具有扎实的语用频率基础。本文认为,语用频率是"反正"在副词化后进一步语法化的动因,而句法分布的灵活性是其语义上主观化的句法表现,即随着意义逐渐变得虚泛,其修饰和限制的描摹功能逐渐被判断和评价的评注功能取代,语义作用域也随之由词语扩大为命题,由此"反正"出现在句子的一头一尾也成了合法且自然的句法分布。

四、"反正"的教学编排

在教学语法框架下,对"反正"的经典释义为彭小川等人做出的[5]:

(A)不管你穿不穿,反正我不穿。

情况不同	结果相同
⎰你穿 ⎱你不穿	⎰我不穿 ⎱我不穿

(B)反正他不知道,我们再多拿一个吃。

情况不同	结果相同	理由	做某事
⎰我们多拿一个吃 ⎱我们不多拿一个吃	⎰他不知道 ⎱他不知道	反正他 不知道	(所以)我们 多拿一个

引例(A)与上文例(14)(15)的用法对应,具有[＋无条件]的意味,经常与"无论""不管"等关联词搭配;引例(B)与例(16)(17)对应,具有[＋确认]的意味,并由"确认某种情况因此可以做某事"引申出"原因/理由"的意味,此时"反正"倾向于出现在句子开头而非主语后,意义也更加虚化,语法化程度高于引例(A)中的"反正"。从学习者的角度看,应该假设语法化程度高的用法对学习者的认知挑战更大,因此在教学语法框架下对"反正"的两个义项的教学顺序应为先(A)后(B)。

我们尝试以实际出现的偏误来验证这一假设。基于北京语言大学

HSK动态作文语料库,以"反正"为字符串检索日语母语者的作文语料,得到47条"反正"的语料,其中10条为"反正"偏误语料,错误率约为21%。这10条"反正"偏误中,误用(B)例用法的5条,误用(A)例用法的3条,其他偏误2条,分别列举如下:

(20)那样的时候,他会让病人选择治疗还是不治疗。反正治不好,但是能活得长一些。[(B)例用法偏误]

(21)我妈喜欢对我闹着玩儿,我从小到现在一直是被她开玩笑长大的,有时候她说得太过分,已超过可容忍的程度,反正像欺负人似的。[(A)例用法偏误]

(22)大家都靠别人,自己不想动。终于人多了,反正没有水喝了。(其他偏误)

以上偏误用例给我们的另一个启示是与"反正"语义相近而有所区别的其他语言点的排序问题,这些语言点包括关联词"因为""既然""虽然""反而""总之"等,这些语言点按照其意义虚化及用法难易程度与"反正"在教学上进行先后排序,是值得继续讨论的问题。

参考文献

[1] 尹洪波.饰句副词和饰谓副词[J].语言教学与研究,2013(6):73—80.

[2] 张谊生.现代汉语副词探索[M].上海:学林出版社,2004:319.

[3] 方梅.饰句副词及相关篇章问题[J].汉语学习,2017(6):3—11.

[4] 董正存.情态副词"反正"的用法及相关问题研究[J].语文研究,2008(2):12—16+22.

[5] 彭小川,李守纪,王红.对外汉语教学语法释疑201例[M].北京:商务印书馆,2004:190—191.

中国优秀文化融入军校汉语课程的思考

王秋云　王浴晨[①]

摘　要：语言是文化的载体，文化教学是语言教学中不可缺少的一部分。搞好外训汉语教学，提升人才培养质量，必须要把中国优秀文化融入军校汉语课程。本文探求中国优秀文化融入军校汉语课程的原则及方式，并辅以具体的文化事例进行说明，以期丰富军校汉语教学的实践。

关键词：中国优秀文化　军校汉语课程

一、引言

我军外训生长军官的汉语教学已走过十几年的路程。搞好外训生长军官的汉语教学，对于促进整体对外军事培训事业的发展，培养了解和支持我国社会主义事业的国外友好人士，有着重要作用。汉语教学与文化紧密相连，不可分割，尤其对服务于国家军事外交战略的军校汉语教学而言，中国优秀文化的融入更能凸显我国的价值观，全面增强学

[①] 作者单位：王秋云，海军大连舰艇学院基础部；王浴晨，海军大连舰艇学院基础部。

员对我国的了解,培养其知华、友华、爱华的情感,夯实"与中为友、与中为善"的思想根基。

二、中国优秀文化融入军校汉语课程的意义

(一)促进文化的交流和传播

汉语教学集语言教学和文化传播于一体,军校汉语课程本质上是为国家的对外军事交往服务,不仅要在课堂中传授语言知识、培养学员汉语能力,还要传播中华文明、介绍中国当代社会发展状况,尤其是要介绍和学员以后任职关联较大的中国军事、对外交往方面的政策。让学员学习中国文化,正面了解中国相关的军事外交政策,对其今后在国际事务中站在对华友好的立场上有促进作用。同时,军校汉语课程引导学员介绍自己国家的相关文化和社会发展状况,有利于文化的交流互鉴,促进文化的交流和传播。

(二)提升外训人才培养质量

以海军大连舰艇学院为例,该院从 2011 年起开始招收外训生长军官学员。从这些年的招生情况看,学员主要来自亚非拉等全球南方国家,受教育水平参差不齐,个性较强,号令意识差,加之中外生活习惯、文化背景、宗教信仰等方面的差异,常出现不遵守学校制度、不服从管理的现象。

大多数学员入学时 20 岁左右,正是树立正确价值观的重要时期,也是培养良好军人素质的关键时期。汉语课程是他们最先接触到的课程,也是开设期最长的课程,几乎贯穿培训的始终。汉语课程在教授语言知识的同时,将中国优秀文化渗透到教学中,能帮助学员树立正确的价值观,培养良好的军人职业道德,增强其跨文化交际的意识与能力,养成包容、开放、积极的良好心态,进而达到育人和育才相统一,提升外训人才培养质量的目的。

三、中国优秀文化融入军校汉语课程的原则

(一)选择性

在军校汉语课程中进行文化融入不是让所有的文化全盘、随意地进入教学内容之中,而是要综合考虑学员的特点、学习水平,以学员为中心,有针对性地进行文化内容的选择和教授。

首先,筛选出的文化内容应该是与生活息息相关的,那些与时代脱节或者过于晦涩难懂的文化因素不应该进入汉语课程的教学中,以免增加学员学习的畏难情绪。其次,所教授的文化内容应该是与学员汉语学习阶段或汉语水平相符合的。例如,如果在学员学习汉语的初级阶段介绍中国名人孔子时就对其建立的儒家学说大加介绍,只能让学员听得云里雾里,不仅使得学习效果打折扣,还可能会降低学员的学习兴趣。再次,学员来自不同国家,有着不同的语言、文化、宗教背景以及政治立场,因此文化内容的选择要充分考虑到学员的这些自然情况,避免产生争议问题和文化冲突。最后,考虑到学员生长军官的身份,教学中还应适当扩展军事文化的内容,增强课堂的"军味儿",引导学员树立正确的军人意识,培育学员的军人职业感。

(二)渐进性

在军校汉语课程中进行文化融入也要根据学员的学习情况,循序渐进。

比如在初级阶段,应该以打好学员的汉语言基础为主。这个阶段学员的接受能力较差,大部分学员还处于"文化休克期",因此对中国文化的介绍不宜过多。此阶段主要注重交际文化的传播,比如介绍中国人打招呼的特色,熟人间很少用"你好"来打招呼,因为这样会显得有些生分。熟人之间在饭点打招呼常常会问"吃了没",这和中国人对饮食的重视有关,但不是要请客的意思。除此之外,还会有一些"明知故问"的互动,比如在体能锻炼时间,看到别人穿着体能训练服往操场方向

走,明知他是去跑步,还是会问一句"跑步去啊",这不是打探别人的隐私,只是习惯性的问候。中级阶段的学习者对中国文化有了一定的认知,接受能力不断提高。这一阶段可以适时地对生活中常见的文化因素进行引入、介绍,比如传统节日、传统礼俗等,不仅能满足学员的好奇心,巩固其对文化内容的掌握,还有利于学员更快地融入中国社会和生活。到高级阶段,可以对一些文化现象进行更深层次的解释,调动学员原有的知识储备,增加其文化沉淀,增强学员对汉语的理解,帮助其更灵活地运用汉语。

(三)互动性

以往对文化内容的讲授以教员介绍、学员了解为主。经常出现的情况是教员讲得激情澎湃,而学员只是似懂非懂地接收,以后再提到相关文化内容时,学员则是面面相觑,因为内容早已忘记。这种单向输出的文化教学模式存在很大的弊端。因此,在文化内容的教学上,我们同样需要与学员进行互动,充分调动学员参与到所讲授的内容中来。

比如,在课文内容涉及中国饮食文化时,可让学员先简单说一说自己了解到的中国菜的特点,教员在此基础上进一步说明中国菜"南甜北咸,东辣西酸"的地区差异及其与地理环境之间的联系,让学员认识到中国菜的丰富多样以及中国的地大物博。最后,让学员说一说自己国家美食的特点,并与中国菜进行对比。这样在互动中进行学习,学员易于掌握新的知识,能够用自己的话把新学习的知识讲出来,加深对中国文化的印象,有利于在实际中运用所学知识,增强教学效果。

四、中国优秀文化融入军校汉语课程的方式

(一)深度挖掘课文

目前使用的教材中很多课文在编排时,对于涉及的文化知识和文化现象并没有很明显地展现出来,这就需要教员在备课的基础上,由表

及里、由点到面地深度挖掘，以使学员能够全面了解和理解某种文化现象，扩展文化知识。例如，在高级汉语阶段，学习《成功之路·跨越篇1》第一单元"我们为什么要爱护野生动物"时，课文引用了北宋文学家欧阳修的两句诗，注释中还对欧阳修本人进行了简单介绍。这里我们可以通过对欧阳修简介的挖掘，引出对"字"的介绍，丰富学员关于中国姓名学的相关知识，并让学员了解中国自古是礼仪之邦，有重视礼仪的传统，对人称呼的细化便是一种很好的体现。

(二)充分利用汉字

汉字是汉语课教学中的一个重要元素，但是在真正的课堂授课中却未得到应有的重视，常常只是在学员初级汉语阶段刚学习汉字时进行重点介绍。之后便主要以词为基本单位进行教学，忽视了汉字教学。教员要认识到，汉字不仅是用来认读和书写的，更包含了深刻的文化内涵。

汉字教学应该贯穿汉语课程的始终，学员只有掌握了丰富的汉字知识，才能更好地理解中国文化，感受中国精神。比如在讲解"武器"一词时，通过图片展示让学员了解该词的意思后，可进一步从字形上对"武"进行分析。甲骨文中的"武"字是由"戈"和"止"构成的，"戈"为古代的一种兵器；下面是一只脚（通"趾"）。现在流行的经典释义为对"武"字进行哲学、政治学层面的解释："止戈为武"，即"武的最高境界是止戈，是不武，是和平，而不是战争"。这种"和为贵"的思想表达了中国人渴望和平、远离战争的愿望，这也与当下中国一直奉行的"与邻为善，以邻为伴，绝不称霸"的外交政策相一致。可见，一个小小的汉字就可以让外军学员了解中国人对待战争的态度，比起长篇大论更容易让学员印象深刻，同时也有利于培育学员和平、友善的思想意识。

(三)举办交流讲座

由于汉语课程的课时有限，且语言知识学习内容较多，因此在语言课上大量开展文化教学显然不符合实际情况。面对与语言密切相关的文化知识,教员可以采用讲座的形式进行专题交流,系统详细地介绍某种文化知识,引导学员积极参与。例如,在学习"筷子"一词时,仅仅通过一张图片就完成对该词的学习显然不会满足学员的好奇心。面对每天在食堂都能看到的饮食工具,学员会心生疑问:"中国人为什么用筷子吃饭?我能不能也学习一下呢?"因此,教员可以举办专题讲座回答学员的疑问,同时让学员尝试学习使用筷子,并由此进一步介绍与筷子相关的餐桌礼仪,更重要的是让学员明白筷子不仅仅是饮食工具,其中更是包含了深刻的内涵,包含了中国人深刻的情感。

(四)加强文化实践

外军学员来中国求学,除了获取相关知识,了解中国社会和学习中国文化也是大部分学员的诉求,而亲身参与文化实践活动更能切实加深学员的文化体验,消除距离感。加强文化实践包括实地参观、举办相关文化活动等。比如,在庆祝中国最重要的传统节日——春节时,除了向学员介绍春节的传说和庆祝方式,还可以让学员参与其中,一起打扫卫生、装饰房间、贴春联、包饺子、吃团圆饭、看春晚等,让学员真正地融入其中,感受中国春节欢乐祥和、团圆热闹的气氛。还有,很多学员对中国武术有很多疑问,对此,可带领学员参观武术学校、武术文化博物馆等,通过实地观摩介绍,使学员对中国武术有一个正确认识,让学员感受到武术文化的深刻内涵与魅力,了解武术强身健体、修身养性的好处,在选修课上认真练习武术。

五、结语

总之,在军校汉语课程中融入中国优秀文化,培养学员的跨文化交际能力是时代的要求。这不仅有利于文化的交流互鉴,而且有利于提升外训人才培养质量。因此,必须把语言教学跟文化教学紧密结合起

来，只有这样才能让学员更好地掌握汉语，才能让军校汉语的教学更加有效和实用。

参考文献

[1]陈峥."课程思政"在对外汉语教学中的应用考察[J].汉字文化,2020(17).

[2]薛强,邓波.中国文化传播对军队院校外训工作的影响[J].海军工程大学学报(综合版),2012,9(2).

[3]赵亚文,杨娜.论对外汉语教学中的文化导入[J].牡丹江教育学院学报,2021(2).

[4]乔玉成.止戈为武:从象形会意到哲学意蕴[J].搏击(武术科学),2014,11(1).

监测评估孔子学院办学质量 促进中方高校发挥主体作用
——基于大连外国语大学海外十所孔子学院的实证调研

安然　华媛媛　安晓燕　蒋湘陵　罗米良　白晶光[1]

摘　要：办学质量是孔子学院的生命线，建立科学的评估体系是保证孔子学院办学质量的有效手段，更是新时代对中方高校发挥办学主体作用提出的新要求。本文介绍了对孔子学院办学质量评估的研究现状，结合对大连外国语大学十所海外孔子学院的实证调研，对新时代孔子学院办学质量评估体系的构建进行了阐释，并对评估体系建设提出了建议。

关键词：评估　孔子学院　办学质量　主体作用

---

[1] 作者单位：安然，大连外国语大学孔子学院工作处；华媛媛，大连外国语大学孔子学院工作处；安晓燕，大连外国语大学汉学院；蒋湘陵，大连外国语大学孔子学院工作处；罗米良，大连外国语大学教师教学发展中心；白晶光，大连外国语大学孔子学院工作处。

一、引言

截至2023年10月,全球共有495所孔子学院和757个孔子课堂,分布在世界160个国家和地区[1]。这些孔子学院的办学质量,直接影响国际中文教育和中国文化国际传播的效力。因此,需要建立起具有明确指导思想与评估目的的评估体系,以评促建,通过评估进一步促使海外孔子学院建设工作更好开展,促进海外孔子学院自觉努力改善办学条件,提高教学质量,扩大办学规模,促进汉语和中国文化教学,实现可持续发展,增进中国与世界各国的教育文化交流与合作。

二、研究现状

孔子学院自成立以来,随着学院数目的增加以及在孔子学院转隶的新形势下,迫切需要建立适合全球孔子学院的评估体系。近年来,如何评估孔子学院的办学质量成为学者关心的议题。学者分别从不同角度对建立孔子学院评估体系进行了讨论。其中,吴应辉运用关键绩效考核法,首次提出了一套具体的孔子学院评估指标体系,产生了较大影响。关键绩效考核法是指把最能反映影响考核对象发展的关键驱动因素用于考评指标体系后对考核对象进行考核的方法。根据关键绩效考核法,受权考评专家应依照评估考核体系进行绩效考核评估,从办学思想、和谐度、机构、条件、影响力、教学、文化推广活动、运营状况、获奖情况、负面情况等10个一级指标对孔子学院进行评估[2]。一级指标是孔子学院发展的各个主要方面;二级指标是孔子学院日常管理和办学的基本活动,是考评指标体系中的重要支点。在对二级指标进行量化打分的基础上求和,可得出孔子学院的总得分。考评指标体系不规定及格、良好、优秀分数线,评估结论通过比较得出,共分四等——优秀、良好、合格、不合格。各个等次名额不做硬性规定,可授权考评专家组根据实际情况确定。此后,吴才天子运用层次分析法,对吴应辉的指标体系进行了优化改进[3]。吴才天子还运用考评指标体系，基于自建的东南亚孔子学院数据库，针对泰国、印度尼西亚、菲律宾、马来西亚、柬埔寨、老挝、新加坡的孔子学院，从学生培养、本土汉语教师培训、教材使用和文化交流活动四方面进行评估，提出了优化指标体系，建议使用"孔子学院自评、学生评估、国家汉办评估、第三方评估"的四维评估策略[4]。此外，孔子学院是非营利的国际语言教育机构，目前国外发展较早、比较成熟的类似机构主要有英国文化教育协会、法语联盟、歌德学院等，其优秀的绩效评价方式值得借鉴。董雪峰提出，英国文化教育协会的绩效用 5 个标准来衡量：一是随着时间的变迁，英国是否被国际社会始终承认为一个能满足自身发展需求的国家；二是民族不断增强的创造力和获得的成就是否逐渐被国际社会认同；三是文化协会的设立是否有助于帮助更多的年轻人打开国际视野；四是英国未来发展是否有更多的可能性；五是英国是否与更多的国家保持着更紧密的联系[5]。刘姝提到，法语联盟的质量评价体系涵盖教学和教学法、资料中心、公关、市场和客户关系、人力资源、财务管理、场地、文化活动、管理 9 个层面[6]。葛青将歌德学院的质量监控体系与孔子学院的监控体系进行了对比分析，明确指出孔子学院需要建立好一套全面、严谨、针对性强的质量评价指标体系，并且提出从硬件设备、办学规模、组织管理、师资质量、教学质量、经营状况、文化传播、附加指标、可持续发展预测 9 个方面对孔子学院办学质量进行评估的框架体系[7]。

也有学者从孔子学院的财务管理角度提出建立评价指标体系的建议。王冀宁等提出包括投入、过程、产出、效果 4 个一级指标的孔子学院绩效评价指标体系，并在其下设置 9 个二级指标和 33 个三级指标[8]。赵彦志、王瑞麟以逻辑分析法和关键指标考核法为理论依据，遵循项目预算支出绩效评价的基本原则，综合运用文本分析法和专家调查法开发出一套由投入、产出、效果 3 个一级指标，14 个二级指标，37

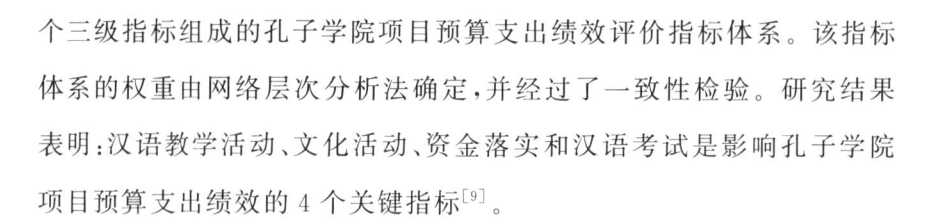

个三级指标组成的孔子学院项目预算支出绩效评价指标体系。该指标体系的权重由网络层次分析法确定,并经过了一致性检验。研究结果表明:汉语教学活动、文化活动、资金落实和汉语考试是影响孔子学院项目预算支出绩效的4个关键指标[9]。

王辉、韩进拓针对全球孔子学院这一整体,综合多个维度对孔子学院进行全方位评估,提出了"全球孔子学院发展指数"这一概念,构建了规模发展指标和质量发展指标2个一级指标。其中规模发展指标包含分布规模、受众规模和教师规模3个二级指标,质量发展指标包含孔子学院(课堂)本土化、教学质量和办学经费3个二级指标。王辉和韩进拓依据指标体系的测算,将孔子学院发展分为3个时期:2006—2010年为规模扩大期,2011—2013年为质量猛增期,2014—2018年为平稳发展期。王辉、韩进拓是将全球孔子学院作为一个整体进行评估,并且不单创建了评估指标体系,而且运用评估体系对孔子学院的发展进行了系统评估,做到了理论与实践的结合[10]。

以上的评估指标体系或借鉴国内高校的评估指标,或参考同类国际语言推广机构的评价体系;也有从孔子学院运行的某一局部,比如财务预算系统进行评估的,也有从孔子学院的发展整体的视角进行评估的。这些研究对于孔子学院的评估都具有重大的借鉴意义,都在一段时间内有效地指导了孔子学院的办学思路,对孔子学院的发展起到了积极作用。但是这些研究也从不同侧面体现出了一定的局限性。其一,大部分只止步于理论设计,只有王辉、韩进拓将指标体系进行了实践,吴才天子基于自建数据库在局部地区尝试了评估,但其尝试是一种局部的模拟,离真实的评估还有一定距离,其余研究均没有将评估体系运用到孔子学院实际的评估中去,其评估体系是否适用于孔子学院的实际情况还有待于实践的检验。其二,随着孔子学院转隶工作全面铺开,孔子学院从隶属于孔子学院总部到由承办的中方高校发挥主体办学作用,因而,孔子学院的办学质量与中方高校主体作用发挥情况息息相关。前人的研究在评估指标的设立以及评估策略的选择上都止步于对孔子学院当时的发展规模、政策等表面现象的描述,忽略了孔子学院中方高校在政策、师资、科研、财务等方面的全方位支持和指导。因此,现有对孔子学院评估体系的研究不足以体现转隶后对高校主体作用发挥情况的要求。其三,没有考虑到预警机制。孔子学院评估的根本目的不在于评出优劣,而是在评估的过程中发现阻碍孔子学院发展的因素,为孔子学院的长足健康发展扫清障碍。因此,在评估体系中要加入预警机制,孔子学院要针对预警内容进行自查自改,做到以评促建。其四,现有的标准化评估体系没有充分考虑到不同国家、不同地区的不同情况,缺乏必要的特色或自选加分方案,以调动基础条件比较差的孔子学院的积极性。因此,本文将在前人研究的基础上,结合当下现实情况,进行进一步的研究。

三、实证调研

孔子学院不同于一般的教育机构,不能简单照搬大学的评估标准衡量其质量。应从其承担的服务国家发展战略和传播汉语言文化两大基本任务出发,遵循语言推广和文化传播的客观规律,确立分层次,有系统的指标体系,兼顾国别地区差异,以激励和引导其可持续发展[11]。

自2007年以来,大连外国语大学先后在俄罗斯、日本、韩国、哥伦比亚、圭亚那、亚美尼亚、巴西、葡萄牙、意大利和突尼斯10个国家建设了10所各具特色、颇有影响的孔子学院。十几年来,大连外国语大学从管理体制机制、教学研究、师资队伍、教学科研保障、资金管理、国际交流及形象宣传等多方面对孔子学院的建设和发展给予了充分保障,在从不断加强支撑能力建设到逐步承担主体责任、发挥主体作用方面进行了积极探索。针对如何对孔子学院办学质量进行监测评估、如何更好地促进中方高校发挥主体作用的问题,本文以大连外国语大学海外10所孔子学院为例,进行了问卷调查与实证调研。

本次调研设计了5种问题,分别是:(1)从办学指导思想、和谐程度、管理机制、办学条件、影响力、汉语教学情况、文化推介活动、运营状况、获奖情况、负面影响十个方面评价孔子学院是否合理?(2)将孔子学院在社区和学校的影响力列入评价体系是否合理?如何评价孔子学院社区和学校的影响力?(3)将孔子学院中外办学双方和谐程度列入评价体系是否合理?如何评价孔子学院中外双方和谐程度?(4)教师队伍和管理队伍的综合素质列入评价体系是否合理?如何评价教师队伍和管理队伍的综合素质?(5)除以上方面,您认为还有哪些方面可以作为孔子学院办学质量评估的标准?

下面将重点介绍本次实证调研情况及获得的主要调研结果,尤其是阐述本次实证调研证实了现有研究成果所设计的评估体系中哪些指标是有效可行的,哪些指标是不可行的。

其一,从问卷调查的情况来看,各孔子学院大多以实际工作中总结出的经验和成果来对孔子学院办学质量进行评估,鲜有将以往研究提出的评估体系运用到孔子学院实际评估中去的情况,以往研究提出的评估体系是否适用于孔子学院有待实践的检验。

其二,前人的研究在评估指标的设立以及评估策略的选择上都忽略了孔子学院中方高校的支持和指导。在问卷调查中,可以看出在孔子学院办学指导思想、中外办学双方和谐程度、教师队伍和管理队伍建设等方面,中方高校的主体作用都有充分的体现。

首先,明确的办学指导思想,是孔子学院在当地发展的行动纲领。例如,俄罗斯的新西伯利亚国立技术大学孔子学院办学思路是以教学为本,以文化活动为辅,以教学品质为先,以正确处理教学与学院其他工作的关系为孔子学院发展的基石。不同地区、不同办学时期的办学指导思想会有很大的差异性,要看该思想是否符合孔子学院阶段性发展需要。我们建议,在评价时,还要看该孔子学院在办学过程中是否形成了由中外办学双方共同参与的动态调整办学指导思想的内部机制和惯例。

其次,和谐是推进孔子学院各项工作,履行孔子学院职能的基本条件。要建立良好的合作关系,中外办学双方的和谐程度越高,配合度越高,就越有利于孔子学院的发展。例如,仁川大学孔子学院在全球出现公共卫生问题的情况下,全体工作人员和谐相处,通力合作,保证教学、文化活动依然有序地进行;葡萄牙的阿威罗孔子学院自成立伊始,中外办学双方院长及所有工作人员就以高度配合的态度投入工作,在工作和生活中互相帮助、互相支持、互相理解,相处融洽和谐,在大家不懈的努力下,阿威罗孔子学院呈欣欣向荣、蓬勃发展之态,在教学、文化推广和学术交流方面取得了显著成绩,2018年获得了全球"先进孔子学院"的称号。

中方合作高校坚持合作共赢、共建共管共有共享,中外办学双方高校高层互访,密切交流,加强校级领导层面对孔子学院的支持,使合作双方院校继续保持密切而融洽的关系,双方各尽所能,积极配合,友好协商,这些对孔子学院的建设发展起到非常重要的推动作用。以大连外国语大学为例,为加强沟通,学校领导不定期走访外方合作院校及孔子学院。走访合作院校、视察孔子学院的过程加强了中外办学双方的理解和互信。学校每年定期组织召开孔子学院理事会。在理事会上,中外办学双方共商孔子学院发展战略,解决孔子学院建设和发展中的问题。一般采取双方院校理事会或多方院校联席理事会两种形式。联席理事会将多所外方院校联系在一起,以孔子学院的合作为基础扩大各大学之间彼此的交流。

最后,教师队伍和管理队伍的综合素质直接关系到汉语教学的质量和孔子学院运营的效果。评价教师队伍和管理队伍综合素质建议从以下几方面进行：(1)教师队伍构成，包括师资队伍的数量、质量、结构、本土化程度；(2)教学管理，包括管理队伍是否稳定、素质高、服务意识强，中外办学双方院长是否对教学的质量进行监控，教学质量标准是否完善、合理，是否有专门的课程教学计划或教学大纲；(3)在教学方法方面，中方教师在出国前是否进行了教学方法的培训、出国后是否结合当地情况进行了专门培训，教学方法是否突出针对性和有效性，教学手段是否在不断创新；(4)在跨文化交际能力方面，中方教师是否了解当地国情、法律，适应当地文化。例如，在师资本土化方面，葡萄牙的阿威罗大学孔子学院的做法是推出汉语教学双师制，促进汉语教学实现可持续的本土化发展，让葡萄牙本土教师和中国教师通过合作教学充分发挥各自优势，全方面满足学生的汉语学习需求；实行有竞争性的本土教师选拔制度，鼓励本土教师养成终身学习的习惯，提高教学积极性；通过开展教学技能竞赛和实行本土教师集体备课制度为本土教师搭建分享汉语教学经验的平台，切实解决在教学中遇到的实际问题，有助于实现有效教学；长期开设本土教师语言能力和教学技巧培训课程，为提高本土教学教师水平，稳固本土师资队伍提供了保障。意大利的恩纳"科雷"大学孔子学院建立了评价管理机制，除孔子学院管理人员评价听课、教师交叉评价听课，还制定了学生调查问卷(内容包括对课程、教材、教师授课方式、教学进度等的看法)，同时孔子学院也积极为教师创造参加师资培训以及教师授课比赛等的机会。此外，中方合作高校对外派孔子学院人员应有选派、管理和考核的工作机制。科学规范制定各类人员的选拔、派出、管理的实施办法及人员绩效考核标准，严格执行管理办法，规范管理人员派出各环节，提高管理水平，提升服务意识，做好孔子学院外派人员队伍建设工作。例如，大连外国语大学根据孔子学院人员的配备要求，制定、修订了一系列相应的规章制度和管理办法,涵盖孔子学院中方院长、国际中文教师、国际中文教育志愿者、骨干教师及后备人才等相关人员的管理机制,规范了外派人员的选拔、派出、管理等工作流程,确保孔子学院人员精准选配。学校设有孔子学院人员遴选考核工作小组,对人员选派流程进行规范化操作,依据制度每一年度对外派教师进行考核。

其三,孔子学院在社区和学校的影响力以及良好口碑是重要的参考指标,可以显示出孔子学院的良性运转。在评估体系中,可将这一点作为影响孔子学院发展的一个重要因素,并据此提出预警机制,做到以评促建。

首先,孔子学院在社区和学校的影响力是判定孔子学院是否良性运转的重要标准。以日本的冈山商科大学孔子学院为例,该院每年项目预算中都有参与冈山市内各公民馆的公益活动,还有和冈山各高中的交流活动,其目的就是推广"孔子学院"这个品牌,让大众了解这个机构,从而推广汉语和中国文化;坚持十几年的电台广播讲座节目,也同样是为了奠定深厚的民心基础,使"孔子学院"这一品牌得到更多认可。此外,孔子学院和高校之间存在一种相互支持的关系,孔子学院的发展需要高校的支撑,高校的国际化发展离不开孔子学院的推动,二者协同发展会带来双赢的局面。以亚美尼亚的"布留索夫"国立大学孔子学院为例,该院承担了埃里温国立大学、斯拉夫大学、"布留索夫"国立大学三所大学的汉语学分课程,为大学开设了基础汉语综合课、高级汉语综合课、中国经典文化课、汉语作为第二外语的教学法课等学分课,协助"布留索夫"国立大学建立研究生汉语师范专业,参与斯拉夫大学的本科生答辩、硕士生答辩全过程,还受邀作为斯拉夫大学硕士论文的评审,积极为斯拉夫大学与"布留索夫"国立大学牵线搭桥,同中国高校建立校际合作。以圭亚那大学孔子学院为例,从其招生情况、夏令营报名情况均能看出孔子学院对社区和学校的影响力。虽然经济欠发达的国家会因学费和国际旅费等因素在孔子学院招生和来华项目上受到一定影响,但仍有各个年龄段的汉语学习爱好者来参与汉语学习和孔子学院各类项目,也足以说明孔子学院对社区的影响力。

其次,良好口碑是重要的参考指标,是孔子学院良性运转的保障、可持续发展的基础。中方院校要充分发挥主体作用,指导孔子学院因地制宜,发展特色,主动适应需求,把握发展机遇,真正融入本土。大连外国语大学十所海外孔子学院经过十几年的发展,运营状况健康良好,建立了良好的口碑和形象。

其四,除了用上述标准化标准来评估孔子学院的办学质量外,突出的办学特色可以作为评估孔子学院的一大重要标准。作为教育机构,孔子学院在质量评估指标上与一般的教育机构有相同之处;但是作为一个跨国性的、多方合作的国际语言教学与培训机构,孔子学院本身具有更多的特色。科学评估孔子学院办学质量,必须从这些现实差异出发。下面以大连外国语大学海外建设孔子学院为例来进行简单阐述。

首先,区分区域和国别评价体系,创新合作交流模式。大连外国语大学依托东北亚外交外事高端人才博士培养项目,建立了东北亚研究中心、中日韩合作研究中心以及东北亚外交外事协同创新中心。这些科研机构不但储备了多名赴韩国孔子学院外派教师,有利于其与所在国、地区的实际情况接轨,而且能够积极促进协同研究,为大连外国语大学与韩国的仁川大学开展国际交流与学术合作提供了有力保障。大连外国语大学与仁川大学合办的仁川大学孔子学院逐步发展出"三学"合作模式,即以"学学(学校+孔子学院)合作、政学(政府机构+孔子学院)合作、产学(产业部门+孔子学院)合作"为理念的发展模式这一办学特色。在"三学"合作模式的带动下,仁川大学孔子学院在汉语教学、汉语水平考试、学术交流、文化推广活动、来华项目等诸多方面都实现了重大突破和发展。仁川市政府、仁川市地方警察厅、仁川国际交流中心、仁川市部分中小学先后为表彰仁川大学孔子学院为中韩两国文化交流及关系增进等方面所做的贡献，授予仁川大学孔子学院感谢杯。

其次，搭建中外办学双方专业融合平台，凸显语言文化特色。大连外国语大学的多语种特色为大连外国语大学海外孔子学院建设提供了充足的师资保障。目前大连外国语大学海外孔子学院师资全部为自有师资。

此外，大连外国语大学建立了国际中文教育实践与研究基地、多语种翻译研究中心、比较文化研究中心和中华文化海外传播研究中心，旨在从不同方向推进汉语、中国文学和中国文化的海外传播，开展跨文化研究。因此，大连外国语大学将哥伦比亚的麦德林孔子学院的突出特色定位为中国文学译介方向。麦德林孔子学院依托麦德林国际诗歌节，在当地编译了西班牙语版本的《五个中国诗人：新诗掠影》一书，向哥伦比亚读者介绍中国当代汉语诗歌。此外，麦德林孔子学院牵头在哥伦比亚落地出版了中国作家作品西班牙语版。对于在传播中华思想文化和当代中国问题研究方面产生较大影响的特色孔子学院，评估应该侧重其科研活动和成果产出及影响。

但是，在指导孔子学院定位发展特色的过程中，我们也遇到了一些困难。比如我们分析了巴西利亚大学孔子学院和巴西当地的情况，发现巴西利亚当地有许多太极拳协会和武术学校，武术特别是太极拳在巴西利亚很盛行。所以我们便考虑把巴西利亚孔子学院的特色定位在太极拳或者武术上。但是这样的定位也有一定困难，不但需要和国内的权威武术协会沟通联络，而且有许多相关的问题需要解决。

综上所述，全球各孔子学院类型多样，因地理、国情和文化各异，在实际运作中各具特色。非常有必要建立地区或国别的评价机制，搭建中外办学双方专业融合平台，突出针对性和实效性。中方合作高校要立足新的发展要求，确定新的发展定位，建立科学研究平台、人文交流平台、国家友好交往平台。

四、新时代孔子学院办学质量评估体系的构建

2020年6月,为完善中国高等教育体系,提升孔子学院办学质量,推进国际中文教育事业内涵式高质量发展,教育部设立了中外语言交流合作中心(以下简称语合中心)发展国际中文教育事业。同期,中国国际中文教育基金会(以下简称基金会)由27家高校、企业和社会组织共27家联合发起,大连外国语大学也是发起单位之一。基金会旨在通过支持世界范围内的中文教育项目,促进人文交流,增进国际理解,为推动世界多元文明交流互鉴、共同构建人类命运共同体贡献力量。基金会秘书处下设培训与评估部,主要负责孔子学院办学情况监测、办学质量和办学效益评估等工作。"评估孔子学院和孔子课堂办学质量"作为基金会的重要业务被写入《中国国际中文教育基金会章程》第二章第三条[12]。2020年,大连外国语大学获批主持语合中心国际中文教育重大项目"中国高校国际中文教育办学主体作用研究",依托承办十所孔子学院的办学经验,牵头设计,并广泛开展调查研究工作。在未来孔子学院建设、国际中文教育发展和孔子学院办学质量评估中,中国高校都将全面发挥主体作用。

此外,随着转隶工作的稳步开展,孔子学院办学质量也反映出中方高校主体作用的发挥情况。我们在前期调研的基础上,尝试提出建设孔子学院质量监测评估体系。监测和评估是保障教育质量的主要手段。发挥中方高校的主体作用,完善孔子学院的质量保障机制,建立一套科学可行的质量评价和监测体系非常重要,有助于及时收集和整理孔子学院的各项运行数据,能帮助人们实时了解孔子学院的整体运行状况和中方高校主体作用的发挥情况,提高评估孔子学院的效率,为强化孔子学院质量管理提供及时反馈。

南京大学曹贤文对监测和评估的概念进行了对比:"传统上,'监测'与'评估'是两个概念,分别指向两种不同类型的活动。监测指实施过程中对要素信息的常态收集和持续追踪,以定期获得关于项目进展的信息。评估是对已完成或正在进行的活动进行评价,以确定既定目标的实现程度并为决策提供支撑。"[13]在教育质量保障体系中,监测评估把质量监控和评估统一起来,能够及时确定做得怎样,发现问题在哪里,并帮助人们确定修正策略。

那么,针对海外孔子学院应该建立起怎样的监测评估机制？什么样的监测评估机制和监测评估体系能科学体现并促进中方高校办学主体作用？对此,我们进行了初步尝试,设置了基础监测指标。

其一,监测指标:根据大连外国语大学十所海外孔子学院的承办经验,结合孔子学院办学过程中中外高校合作交流实际情况,为动态把握孔子学院建设过程的有关质量及成效的情况,及时发现问题并改进,将孔子学院办学质量和成效的监测指标分为10个一级指标,36个二级指标及75个三级指标。针对定量评价办法,拟采用赋分制评价方式。项目层次高、落实好的,赋5分;层级较好,落实较到位的,赋3分;层次一般,按需落实,但还需进一步提升的,赋1分;完全没有落实或落实不到位的,不予赋分。最终以75个三级指标和5个二级指标(4.1,9.1,9.2,9.3,9.4)作为赋分基础,总分为400-360分的为优秀,359-280分的为良好,279-240分的为合格,239分及以下的为不合格。依据这一分值可监测孔子学院在指定周期内的整体办学质量和成效以及中方合作高校在孔子学院的建设中发挥主体作用的情况。

其二,监测指标目的:(1)实时呈现孔子学院运行状况和办学质量。在广泛收集孔子学院总部各个项目和全球各个孔子学院海量常态数据的基础上,利用现代信息技术和监测数据库平台强大的统计、分析等功能,实时呈现孔子学院的整体运行状况。同时对检测系统中的横向与纵向数据开展多维度、多层面、系统性的比较分析,直观呈现各个孔子学院的办学质量水平在整体系统中所处的状况,以及各自的优势和不足。

(2)发挥监测预警功能。在孔子学院质量监测评估系统中,可通过根据各项监测指标设定阈值等手段,对孔子学院办学状况进行及时监测和预警。一旦监测的某个单项指标或综合指标数值发生剧烈波动,例如接近或达到阈值时,数据平台的预警系统就会发出不同程度的预警,提醒孔子学院总部和相关孔子学院及时启动针对异常波动的应急预案,查找和分析原因,并采取有效的干预措施,消解可能出现的问题,强化孔子学院的风险规避能力。

(3)及时反馈办学质量。建设孔子学院质量监测评估系统的目的是通过监测孔子学院的办学状况,寻求提高孔子学院办学质量的有效途径。孔子学院质量监测评估系统是利用现代信息技术,对与孔子学院有关的办学信息进行动态采集、整理和分析,及时发现存在的问题及异常之处,迅速查找偏离目标的原因,明确改进的方向和内容,及时向孔子学院总部和各地孔子学院提供反馈,帮助有问题的孔子学院有针对性地采取改进措施,并对改进后的情况继续进行监测,从而帮助其持续改进办学质量。

(4)保证评估工作的科学性和规范性。孔子学院质量监测评估系统建立在大数据基础之上,通过发掘海量数据中的各种信息,对孔子学院各项工作的开展情况做出判断。利用孔子学院质量监测评估系统对孔子学院的办学质量和整体运行状况进行评估,可以减少评估的人为干预,降低评估成本,提高评估成效,提升评估方法、评估过程的科学性和规范性。

其三,监测指标内容:监测指标的测评内容是孔子学院的教学质量、办学规模、制度建设、文化活动、品牌效应及影响力、特色发展、科学研究、本土化建设、协同发展、自评体系建设十个方面。依据每一项指标所得分值,可监测孔子学院在指定周期内这一方面的工作成绩,以及中方合作院校在这一方面给予孔子学院的支持情况。

五、推进评估体系建设的建议

其一,加强立法,完善制度,保证质量评估活动的周期性、有效性和权威性。发挥中方高校的主体作用,推动孔子学院在更加多元、更有内涵的方向上高质量发展。

其二,中方高校肩负为孔子学院与国际中文教育提供全方位支持的责任,应以探索、实践并积极发挥办学主体作用回应国家和社会的时代需求。监测评估孔子学院的办学质量也需要体现中方高校的主体作用,如引导孔子学院树立自评意识,建立并完善评价体系,按要求提交年度评价报告等。

其三,从评估目标与实施主体、评估内容与实行程序、评估模式与实现途径等角度出发,对海外孔子学院评估机制的构建进行初步的理论和实践探索,并尝试提出"标准化+特色化"的多元复合评估体系。

其四,建立复合评价模式。除了在孔子学院办学质量的评估内容上采用"标准化+特色化"的多元评估体系外,还要尝试建立包括孔子学院自评、中外双方高校评价、第三方评估的复合评价模式。自评和中外双方高校评估当立足于孔子学院的整体宗旨和服务重点,以及孔子学院与其他机构间的关系及合作。采用"民间运作,第三方评估"的方式,可以使孔子学院的运作形式更为灵活,活动空间更为广阔,机制更富有弹性。因此,建议由高校、企业和社会组织联合发起的基金会作为第三方来对孔子学院办学情况进行监测,对办学质量和办学效益进行评估,这样更有利于建立起严格的质量监控体系和客观科学的评估机制。

其五,增强孔子学院评价体系设计的关联性与系统性。增强各个具体关键行为之间的关联。明确研究侧重点和评价体系的侧重点,增强评价体系中各个部分的关联性和客观性。

六、结语

办学质量是孔子学院的生命线,而评估是守住这条生命线的有效手段,科学评估更是时代对我们提出的新要求。在新时期新形势下,人们更加深刻地体会到加强语言教育、深化国际理解、携手共建人类命运共同体的重要意义,也更加深刻地意识到培养具有全球视野、世界情怀和跨语言、跨文化能力的下一代,是全世界语言教育工作者的共同职责。

首先,孔子学院作为兼顾文化传播和教育的机构,其产出的确定以及精确衡量是十分主观的,不能简单地应用企业的绩效考评方法。

其次,孔子学院系统内涉及的主体较多,包括基金会、中方大学、外方合作办学单位、社会团体协会等。如此复杂的相关权益人构成让孔子学院的评估体系设计也变得非常困难。这时候就需要用到软系统方法论的思路来界定权益人,描绘出清晰的办学管理体系,确定好办学的边界,从而更加有效地进行办学效率评估。

最后,许多孔子学院的运行会受到地域交通、经济发展、人文历史等因素的影响,不确定性强,各孔子学院的发展条件也是参差不齐。比如欧洲的孔子学院办学环境较好,教育资源优厚,而非洲的很多孔子学院所具备的教育资源较为有限,因此也就不能很好地反映出孔子学院本身的管理能力和教学能力。

综上,孔子学院的评估问题涉及的权益人多,流程较为复杂,评价其办学是一个软问题。软系统方法论的分析方法适用于孔子学院评估以及指标体系的建立,对孔子学院的未来发展有指导意义。

我们认为，适应时代特色与地域国别要求，建立"标准化＋特色化"的多元评估体系，将评估目标与孔子学院的整体宗旨挂钩，开展孔子学院自评、中外双方高校评价、第三方评估的复合评价模式，实现评建结合，构建更为科学和完善的评估机制，提高并促进孔子学院办学质量，将会进一步推动海外孔子学院的健康发展。

参考文献

[1] 数据根据孔子学院全球门户网站(https：//ci.cn/qqwl)统计。

[2] 吴应辉.孔子学院评估指标体系研究[J].教育研究，2011，32(8)：30—34＋92.

[3] 吴才天子.基于层次分析法的孔子学院评估指标体系研究[J].亚太教育，2016(36)：265—267.

[4] 吴才天子.基于数据库的东南亚孔子学院比较与评估研究[D].北京：中央民族大学，2018.

[5] 董雪峰.国家语言战略背景下的汉语国际推广研究[D].长春：东北师范大学，2016.

[6] 刘姝.法语联盟发展策略研究[J].文化创新比较研究，2019，3(8)：64—65.

[7] 葛青.孔子学院与歌德学院质量监控体系的比较[J].教育现代化，2016，3(17)：28—30.

[8] 王冀宁，刘国新，蒋海玲，等.孔子学院财务管理的绩效评价研究[M].南京：东南大学出版社，2020.

[9] 赵彦志，王瑞麟.孔子学院项目预算支出绩效评价指标体系研究[J].项目管理技术，2021，19(5)：13—20.

[10] 王辉，韩进拓.全球孔子学院发展指数构建[J].云南师范大学学报(对外汉语教学与研究版)，2021，19(2)：1—9.

[11] 樊钉.孔子学院质量评估体系研究[J].云南师范大学学报(对外汉语教学

与研究版),2012,10(5):35—39.

[12]中国国际中文教育基金会章程[EB/OL].(2020-06-16)[2023-10-13]. https://www.cief.org.cn/newsinfo/709933.html.

[13]曹贤文.建立健全质量保障体系　引领孔子学院改革发展[J].国际汉语教育(中英文),2019,4(4):64—70.

现代汉语中"杀"的词义新解及相关对外汉语教学研究

熊芮[①]

摘　要：现代汉语中"杀"的本义指杀戮，逐渐演化为动词"削减"等其他义甚至虚化为程度副词，在更强调简洁性与新奇性的网络语言的影响下，"杀"还能构成如"秒杀、侧颜杀、三国杀、剧本杀、一杀、三杀"等格式，但这些新义的产生机制不能仅仅解释为是由网络带来的。由"杀"的新义构成的词语一般是名词性质，本文认为"杀"在其中存在词类活用的现象，包括动词活用为名词和动词活用为量词两种情况，并且通过转喻与主观化的手段使其具备主观性与强代入性、新奇性与简洁性以及较强的构词能力与较广的适用范围，最终使其流行于网络。因此在对外汉语教学中，应当在中高级阶段适当地给学生解释一些常用的网络流行语，让学生更了解当下中国的社会与文化，也能增加教学趣味性。

关键词：杀　词义演变　词类活用　名动互转　隐喻转喻

---

① 作者单位：熊芮，北京语言大学国际中文学院。

一、引言

《说文解字》中说:"杀,戮也。从殳杀声。凡杀之属皆从杀。"[1]可知"杀"的本义指杀戮,随着语言的历史演变,"杀"也逐渐衍生出许多新义。但目前对"杀"的研究不多,且主要还是集中在古代汉语和近代汉语中。

陈剑从古文字的角度研究了甲骨文"杀"字的字形[2]。徐勇对《尉缭子》中的"杀"字进行了重新释义以解释书中的治军思想,从古籍的内容和"杀"在其中的运用证明过去理解的"诛杀、残杀"义应为"削减、减省"义[3]。李立成对近代汉语中副词"杀(煞)"及其变体的来源和用法进行了细致的分析,发现"杀"有从动词逐渐虚化为程度副词的语义特点和使用环境,可以在"动词+杀"结构中作补语且演变出了其他变体[4]。冯春田也分析了聊斋俚曲中"煞(杀)"字结构的类型演变和语义语用特点,指出聊斋俚曲中"动/形+煞(杀)"有三种主要类型,都来自"杀(煞)"表示死义的"动/形+杀"的补充式,但具体的形成方式又有所不同[5]。

现代汉语中关于"杀"的研究主要是对方言和网络用语中的"杀"或由"杀"构成的词进行分析,包括其具体的词义和新词的形成动因,如申黎明研究了"杀"字"表示快速赶往某地或某领域"这一新义项的语义演变过程和具体用例[6]。杨文忠分析了网络热词"秒杀"的词源、生成及语义泛化的原因,发现在汉语历史中"×杀"是一个具有高度能产性的词模形式,"×杀"被频繁用作表示"以某种方式杀死"的词义[7]。弯淑萍对网络新兴构式"××杀"如"狼人杀"等从内部语法、意义类型和语义结构关系三个方面进行了解析,重点探讨了该构式的整体意义类型及其前项"××"与"杀"的语义关系类型,最后探讨了其类推创新的动因和未来使用前景[8]。

除此之外,也有将现代汉语中的"杀"与英语中的"kill"进行英汉对比的研究,如陈珞瑜对汉语"杀"和英语"kill"的意义领域进行比较,以期揭示它们众多义项的隐喻拓展轨迹和隐藏在语义转移现象背后的人类心理和认知规律[9]。

但对目前流行的"剧本杀""三国杀"等名词中"杀"的词义产生机制还没有明确的研究成果,实际上,桌游"狼人杀""剧本杀"中的"杀"基本上可以看作一个构成游戏名称的名词语素,但这种语境下的"杀"是真的存在动名转化的词类活用还是仅仅是一种隐喻或转喻的手段,还需要进一步研究。

因此,本文拟对"杀"在现代汉语中的最新义项、产生新义的认知机制以及该新义在网络生活中流行的原因进行分析,最后希望由"杀"延伸到与之类似的词语并给对外汉语教学提供一些建议。

二、"杀"的新义及其产生机制

(一)"杀"的新义

《当代汉语词典》中给出的"杀"的义项有以下 6 条[10]:

(1)使失去生命;弄死:～生｜～敌｜～虫｜～猪宰羊｜～人越货。

(2)战斗:拼～｜厮～｜～出重围。

(3)削弱;消除:～价｜～暑气｜风势稍～｜拿人～气｜～～他的威风。

(4)〈书〉同"煞":～尾｜～笔(收笔)。

(5)〈方〉药物等刺激皮肤或黏膜使感觉疼痛:洗发水～眼睛｜伤口用酒精消毒～得慌。

(6)用在动词后,表示程度深:气～｜恨～｜笑～人。

除了这些义项外,《现代汉语大词典》中"杀"另增几条释义如下[11]:

(7)棋类术语,指围死或击败对方,也泛指对弈:浩然《艳阳天》:"咱俩杀一盘,试试你这些日子进步如何。"

(8)整治。如:杀青。

(9)终止；收束。老舍《我怎样写〈骆驼祥子〉》："我应当多写两三段，才能从容不迫的杀住。"

(10)缚紧，勒紧。老舍《骆驼祥子》："他计划着怎样杀进他的腰去，好更显出他的铁扇似的胸与直硬的背。"

词典中关于"杀"的释义中动词义项有9项，副词义项有1项，但在现代汉语中新出现的一些词句中，"杀"还有其他动词义，甚至表现出名词特征。根据BCC语料库的检索结果，本文选取了除"杀、戮"等词典中常用义之外的其他用法的例句共3708条，将其分为以下几个义项：

(1)迅速获胜(1247条)：秒杀、点杀。

(2)快速冲向某地(187条)：杀过去。

(3)毫无预料地突然出现(507条)：杀出黑马。

(4)指某个人做某件事的程度或某件事发展的程度极高(3条)：杀疯了。

(5)粉丝用语，使心理产生被征服感(38条)：哥哥杀我。

(6)游戏用语，击杀敌方的数量(60条)：我最多就是四杀，没拿过五杀。

(7)使人产生心理征服效果的人物、实践、动作等场景(637条)：回忆杀、侧颜杀、摸头杀。

(8)用于悬疑推理游戏名词(1029条)：剧本杀、狼人杀、三国杀。

义项(1)—(5)可以确定"杀"的词性为动词，而义项(6)表现出"杀"的量词与名词特征，(7)(8)的"杀"皆表现出名词特征，且用于名词当中，但目前词典中还没有对"杀"的名词定性，因此本文希望补充这些"杀"的用例并从语义演变和认知机制的角度解释这些义项的形成动因，并证明这些义项的词性发生过改变。

(二)从"杀"的新义看词类活用

现代汉语中的词类活用与古代汉语不同，邹立志、白聪指出现代汉语的活用主要是修辞现象,而古代汉语的活用却主要是"词汇－语法"现象[12]。黄伯荣、廖序东认为修辞的借用又叫活用,或者是在固定格式里某词类活用为另一种词类[13]。

汉语里的词类活用主要发生在体词上,有相当一部分名词表现出功能的游移性,如名词常活用为形容词,且词类间的功能联系和活用映射出谓词的体词化方向,即谓词间的游移比较自由,但谓词向体词游移却不容易,因此张伯江认为现代汉语共时系统里词法平面上谓词的体词化几乎没有非形式化的能产途径了[14]。

词类活用现象反映出语言追求经济性,即以尽可能少的形式表达尽可能多的内容,而人们对语言形式所触发的相关语境因素则会做出相应的认知处理。认知语义学指出语言中词类边界的模糊性有其深刻的认知心理基础。因为事物、属性和动作并无明确的界限,而是我们心理上形成的主观意象,因此词类不是天生的,而是变成的。

王艾琳指出网络语言中词类之间的界限更加模糊,词类的转化更加随意,在使用上不考虑转化的规律,语义的搭配也比较随意,而动词转化为名词的现象,在现代汉语中本来就比较少见,甚至在网络语言中都未曾见过[15]。

本文探讨的"杀"的新义中,义项(6)－(8)都表现出非动词的性质。义项(6)如"一杀、二杀、三杀、四杀、五杀"为游戏用语,基本是由英文"Firstblood、Doublekill、Triplekill、Quadrakill、Pentakill"直译过来的,表示第几滴血或击杀几个角色。这种用法类似于名词与量词,如"一小时"可以说"一个小时",但"一天"不能说"一个天",因为"小时"是时间名词,"天"本身就是量词;而"一杀"也不能说"一个杀、一次杀",但"一天"可以说"空出一天","一杀"也可以说"拿下一杀",都在"空出、拿下"后做宾语,说明这里的"杀"的性质在名词与量词之间,甚至表现出时间属性。

张颖指出词类的活用是在语法结构中的临时运用，如果脱离了这个语言环境，这种用法就不存在了，一个动词在临时的语言环境中灵活用作名词，离开了上下文理解，就只有动词的用法，这是动词活用作名词的现象[16]。如义项(7)(8)的"回忆杀、摸头杀、狼人杀"等，其中的"杀"在"××杀"结构中已活用为名词了，但这种活用只是临时运用，一旦"杀"脱离"××杀"结构及其使用语境如游戏，那么"杀"也只剩下动词的用法了。

以上可以说明"杀"的非动词新义中存在临时的词类活用现象，其转换途径为：

义项(6)"一杀"　义项(7)(8)"摸头杀、剧本杀"

动词"杀"──→量词──→名词

(三)"杀"产生新义的转喻机制

杨文全、程婧指出隐喻同时含有本体和喻体，且隐喻是两个不同语义领域之间的语义映射与互动。相似性是构成隐喻的基础，隐喻是施喻者对源域与目标域两者之间关系的一种认知确认，其真正的认知内容就是两者的相似性[17]；而转喻则是建立在邻近性原则基础上，体现同一认知域中两个概念或元素的相关性，主要具有指代功能，即让我们可以用一种实际存在物去代另一种实际存在物[18]。

由于"杀"的新义并不存在由动词"杀"的隐喻过程而产生的本体和喻体，而是与本义相关的意义，因此"杀"产生新义的另一机制为转喻。如义项(6)即由"杀"的本义转喻为"游戏中击杀敌方的次数"；义项(7)由"击杀"义转喻为"击中人的心灵"；义项(8)由"杀"的本义转喻为"某种需'暗杀'其他人的游戏"。

(四)"杀"之新义的主观化

沈家煊指出"主观化"(subjectivisation)是指语言为表现这种主观性而采用相应的结构形式或经历相应的演变过程[19]。人们在认识客观事物的时候，往往将自己的主观意愿、认知、态度、情感等投射到认知的对象上。"杀"的新义中，义项(4)(5)(7)都明确地表现出人们的主观心理感受程度极高，表示某个人的某种言行给其他人带来冲击感或征服感，义项(6)(8)则从游戏环境中玩家的表现增强游戏的代入感和主观性。

三、"杀"之新义的网络流行性成因

辛仪烨对流行语的研究进行评论，勾画了在流行心态的推动下，推演和建构的一个以扩散为动因、以泛化和框填为路径的流行语研究框架[20]。本文研究的"杀"的新义流行于网络的原因主要是其具备主观性与强代入性，新奇性与简洁性以及强构词能力与广泛适用能力。

(一)主观性与强代入性

"主观性"(subjectivity)是指说话人在说出一段话的同时表明自己对这段话的立场、态度和感情这样一种语言特性。

网络热词新义的产生路径主要是旧词由于使用范围扩大，通过网络成为流行语。但流行语在出现之初，往往具有专指性，但由于给人强烈的主观性与代入性，才能不断泛化。如"杀疯了"原本只用在电竞比赛里指某个战队成员表现出了超高水准的操作，但后来逐渐扩大到对某种优秀表现的极高评价，如："时隔11年，詹姆斯杀疯了。"由"击杀"义发展为使人直接感觉到心脏被击中的冲击感，具有强烈的主观性与代入性。

(二)新奇性与简洁性

王利分析了流行语的特点：时段性、高频性、阶层性和通俗性，反映出商业价值观念，大众的从优心理、模仿心理，由人际关系变化带来的心态和求新求异求简等社会文化心态[21]。

张颖也提到产生词类活用现象的原因包括人们受到标新立异心理

的影响,追求修辞效果[16]。因为名词具有实体性,而由动词转化的名词具有抽象性,满足了人们追求新颖奇特的表达要求与心理,使语言富有生命力,更加生动,表达更丰富的意义,逐渐发展变化的动词让我们的语言更加灵活。使用"××杀"这类格式和直接用"杀"字,语言都简单明了,适合快速发展的社会和受其影响的年轻人,尤其是"杀"字具有代入感,也符合年轻人追求刺激的心理。

(三)适用范围广与构词能力强

"杀"最初往往用于游戏,但随着游戏电竞的推广,"杀"越来越广泛地运用在各种场合,且"杀"特别能表达说话者激动的心情,在"粉丝"等圈子里大量使用,且"××杀"的格式构词能力强,以"××杀"命名的游戏种类也不断迭代更新,在年轻人之间广泛传播。

四、结语

在对外汉语教学中,像"剧本杀"等网络流行语的教学应放在中高级阶段。曹伟通过对中高级口语课的调查分析发现中高级学习者由于已经掌握了一定的语法词汇知识,更希望学习一些网络流行语来融入当下中国的社会生活,但目前关于网络用语的教学材料太少,教师在对外汉语教学中应当以学生为中心,重视学生的学习需求,在正确认识流行文化的情况下为中高级学生介绍适量的流行语,以扩展学习者对中文和中国文化的认知[22]。于露指出流行语可以改善对外汉语词汇教学的内容,具有增加教学趣味性,提升外国学习者学习积极性,提高其跨文化交际能力,并使其更加深入了解中国现代文化的作用[23]。

本文认为"杀"在近年来基于转喻和主观化产生了许多新义,包括动词性的以及活用为量词和名词的词义语格式,正因为"杀"及由"杀"构成的格式具有强主观性与强代入性、新奇性与简洁性以及适用范围广和构词能力强等性质,目前"杀"的新义在网络上十分流行,因此在对外汉语教学中不可避免地会涉及这些网络用语的教学,但应该在中高级阶段进行,让已具备一定汉语基础的学生进一步了解中国的当代文化。

参考文献

[1]许慎.说文解字注[M].段玉裁,注.杭州:浙江古籍出版社,1998.

[2]陈剑.试说甲骨文的"杀"字[J].古文字研究,2012(0):9—19.

[3]徐勇.从"杀"字看《尉缭子》的治军思想[J].天津社会科学,1987(5):64—67+74.

[4]李立成.近代汉语中的副词"杀"、"煞"及其变体[J].黄淮学刊(社会科学版),1995(4):59—62.

[5]冯春田.聊斋俚曲中的"煞(杀)"字结构及相关问题[J].语言科学,2003(4):66—72.

[6]申黎明.小议"杀"字新义[J].现代语文(语言研究版),2008(3):106—107.

[7]杨文忠.网络热词"秒杀""山寨"的生成及泛化研究[J].语文建设,2014(35):70.

[8]弯淑萍.网络新兴格式词"××杀"解析[J].现代语文(语言研究版),2017(11):111—113.

[9]陈珞瑜.英汉隐喻对比与一词多义研究——以"杀"和"kill"为例[J].中南民族大学学报(人文社会科学版),2009,29(5):168—171.

[10]莫衡,等.当代汉语词典[M].上海:上海辞书出版社,2000.

[11]阮智富,郭忠新.现代汉语大词典[M].上海:上海辞书出版社,2009.

[12]邹立志,白聪.论古今汉语词类活用的不同本质[J].语言研究,2009,29(2):37—42.

[13]黄伯荣,廖序东.现代汉语[M].增订6版.北京:高等教育出版社,2017.

[14]张伯江.词类活用的功能解释[J].中国语文,1994(5):339—346.

[15] 王艾琳.网络语言新兴名动形词类转化现象分析[J].中国语言战略,2016,3(2):34—42.

[16] 张颖.现代汉语中动词做名词的兼类与活用[J].哈尔滨师范大学社会科学学报,2014,5(4):86—89.

[17] 杨文全,程婧.隐喻认知与当代汉语词义变异的关联过程——以汉语流行词语的衍生和语义泛化为例[J].暨南学报(哲学社会科学版),2006(6):130—135.

[18] 王文斌.隐喻性词义的生成和演变[J].外语与外语教学,2007(4):13—17.

[19] 沈家煊.语言的"主观性"和"主观化"[J].外语教学与研究,2001(4):268—275+320.

[20] 辛仪烨.流行语的扩散:从泛化到框填——评本刊2009年的流行语研究,兼论一个流行语研究框架的建构[J].当代修辞学,2010(2):33—49.

[21] 王利.从流行词语透视社会文化心态[J].社会科学家,2007(4):200—203.

[22] 曹伟.网络流行语在对外汉语中高级口语课中的教学探究[D].济南:山东师范大学,2014.

[23] 于露.汉语流行语教学融入对泰汉语课堂之思考[D].南宁:广西大学,2015.

浅谈国际中文教育中的中国现当代文学本科课程教学

薛媛元[①]

摘　要：在面向国际学生的中国现当代文学教学中,存在由阅读速度不够、文化储备欠缺、学习动机不足等原因引起的教学效果不佳现象。而套用中国学生文学史教学模式、套用阅读课教学模式、以文本鉴赏代替文学史教学等现有教学途径,无法解决上述问题。为此,我们有必要培养自身的比较文学视野和跨文化交际能力,重新合理化教学目标,编订导读型新式多媒体教材,利用包括智慧教学在内的多种教学手段,允许学生适当使用中华学术外译成果补习欠缺的历史知识和背景知识,同步提高学习效率,提升教学效果。

关键词：国际中文教育　中国现当代文学　跨文化交际　中华学术外译

在目前的国际中文教育课程体系之中,中国现当代文学是被列入本科生必修课目录的课程之一。然而据笔者观察,在该门课程的课堂上一直存在着一个棘手的问题:国际学生受汉语水平和文化背景所限,

---

① 作者单位:薛媛元,大连外国语大学汉学院。

对中国现当代文学极其陌生；许多于中国学生认为是常识的内容，国际学生都一无所知，需要教师从头解释。因此，这门课程的教学推进一直比较艰难，难以收到理想的效果。如何改善中国现当代文学课的教学效果，更好地实现中国现当代文学课的预期教学目标，是目前国际中文教育中亟待攻关的重要课题。

一、难在何处

要解决前述问题，我们首先要考虑一个问题：汉语国际教育本科生有没有学习中国现当代文学的能力？目前普遍的答案是肯定的。

首先，从思维能力上看，汉语国际教育本科生基本是成年人或成年在即的青少年，思想已基本成熟，也在本国经历了系统的高中或中等学校（类似中国的中专）学习，完全具备应有的对文学作品的理解和鉴赏能力。尤其有很多国际学生来自艺术与文学非常发达的国度，如俄罗斯、法国、德国等，本身就有较高的文学素养，所在国也有一定中国文学作品的译介和出版。这些学生对中国文学的内涵及思想理解起来毫无难度，甚至可能更容易领会文章神韵。

其次，从语言能力上看，高年级本科生的汉语能力也已达到了学习文学课程所应具备的程度。在通常情况下，中国现当代文学被安排在本科教学的三年级中。如大连外国语大学将现代当代文学同时安排在三年级下学期，汉语言区域学专业与汉语国际教育专业的留学生合上这门课程；北京大学和北京语言大学则适当拉长教程，将现代文学安排在三年级上学期，将当代文学安排在下学期；南开大学也是将相关课程安排在三、四年级。汉语国际教育专业三年级的本科生，正处在HSK6级的备考阶段，能力较强者在三年级下学期已考完HSK6级。HSK6级要求词汇量到达5000（中国义务教育初中毕业识字量要求为3500个常用汉字），语法能力达到较高水准，且HSK6级考卷上的长句长度可达数行,单从语法角度看,复杂程度甚至要远远高于中国的中学语文阅读中的句子。所以可见,三年级的国际学生已经具备了学习中国现当代文学的语言基础。

然而具备了基础并不等于能够毫无障碍地学习。国际学生在这门课程的学习上如此吃力,归结起来有三个原因。

第一,阅读速度不够。本科三年级的国际学生与九年级中国学生最大的区别就在于阅读速度,留学生的阅读速度远远低于我国中小学生。而中国现当代文学课的信息量极大,即使汉语言文学专业的中国学生也要花两个学期来学习专业知识、阅读文学作品,更不要说国际学生。要掌握同样的知识信息,国际学生需要花费的时间和精力更多,这主要是因为国际学生不具备与中国中学生相当的文学常识,需要从头学起的全新知识更多。因此,即使国际学生的中国现当代文学课在深度和广度上的要求已比中国学生的大大降低,但需要阅读的文献量依然远超过其他课程。因此,阅读速度提不上来,是大多数国际学生对文学类课程望而却步的重要原因。

第二,文化储备欠缺。中国现当代文学课需要大量中国历史知识和中华文化底蕴作为基础,而这正是大多数国际学生欠缺的。汉语国际教育专业的本科生在前两年主要以语言学习为主,缺乏足够的先导课准备,这也是学生学习吃力的更直接原因。而在诸多因素中,对现当代文学的学习影响最大的主要是两大因素:一是对文化含量较大的修辞知识和俗语习语的储备不足,二是历史文化背景知识不足。前者主要影响学生的作品阅读,在面对文学作品中富有生活气息的语言时,学生往往无法理解语言表层意思下的真正内涵。而后者主要影响学生对文学史各种定位、评价的理解。对作品产生的背景不熟悉,就难以理解文学史各种定性类结论得出的逻辑和理由,更无法理解彼时代作家的心态以及相关作品在彼时代的特殊意义,因此对相关结论的记忆往往靠死记硬背，难免印象浅淡、容易记混出错。

第三，学习动机不足。目前的确有一批以就业为汉语学习目的的国际学生，他们往往只注重语言课的学习，而相对忽视中国文化类课程。究其原因，主要是他们觉得中国文学与自己关系不大，因而没有学习动力。这类国际学生大多来自发展中国家，汉语学习功利性较强，往往落实到"在中国公司中找一份体面的高收入工作"等非常具体的目标上，所以他们比较重视商务、实用类的汉语学习，而对与生活距离相对较远的文学文化兴趣不大，不会在文学课上投入太多的精力，只求"混"到相应的学分，学习效果自然不会好。

以上种种因素造成了国际中文教育中的中国现当代文学本科课程教学的尴尬局面。而从教师教学的角度来审视中国现当代文学，也可以发现现有教学中存在着一些问题。

二、中国现当代文学现有的主要教学模式

每个学校对中国现当代文学课的设置都有自己的考虑和做法，使用的教材也多种多样，教学侧重点各有不同。目前主要使用的教学模式有以下几种。

(一)套用中国学生文学史教学模式

这种教学模式基本照搬了中国学生文学史课的课程模式，除了内容的难度和深度有所降低之外，教学方法差别不大，如北京语言大学出版社较早出版的教材《20世纪中国文学史纲》，就是基于这种思路进行的课本设计。这种教材体量较大，内容丰富，但难度较高，对学生的预习、复习以及课堂上的阅读速度均有较高要求，教师每学期很难讲完整部教材的预设内容。目前仍在使用这类教材和教学方式的高校已经比较少，随着现在更多优秀教材的问世，这类教材已经被基本淘汰。

(二)套用阅读课教学模式

将现当代文学以阅读课的形式来讲是比较简单的一种处理方式。

现在比较受欢迎的教材，大部分都在一定程度上呈现出与阅读课课本的相似性，北京大学出版社和北京语言大学出版社的两本教材都是如此：把精简后的文学史内容分割成一小段一小段相对独立的阅读语篇，篇后加上相关拓展文学常识的注释以及重点词汇的读音和含义，每一段文学史配上一篇文学作品作为支撑，再附以少量习题进行课后演练，让学生依次进行学习。这种教材编排其实没有太大问题，尤其课文后的习题也是针对文学史内容设计的。只是在操作过程中，有些教师真的会把一篇篇课文完全当作阅读课文来处理：生词讲练、课文轮流朗读、重点句语法点疏通、主要内容概括等，但对主干课文注释中拓展出的更多文学史知识，却并不能进行有效的补充，对课文后的文学作品也缺乏足够的重视，甚至会因为课时缘故砍掉这部分内容。

这种类型的中国现当代文学教学优势是观点分明、重点突出，学生可以对课文内容进行关键词记忆，形成相对明确的知识点，从而方便识记。但值得注意的是学生对于这些知识的印象往往是死记硬背的结果，因此考试过后甚至还未等到考试，印象就已经比较淡漠了。所以中国现当代文学课虽然是主干课程，但也是采取开卷的形式进行考试。

但事实上，文学课与语言课毕竟有不同的教学重点，所以固然需要学生根据自身能力对课文进行语言层面的内容分解和学习，但对中国现当代文学而言，文化内容才是它的重点。

(三) 以文本鉴赏代替文学史教学

使用这种教学方式的任课教师的观点主要是：由于国际学生的中国现当代文学作家作品储备量不足，因此文学史的教学对他们而言意义不大，也很难收到效果。在一些使用这种教学方式的大学，真正对文学感兴趣的国际学生会直接进入汉语言文学专业的课堂与中国学生一同听课，而对汉语国际教育专业的本科生来说，不如在本科阶段由教师带领做一些作品的精读，通过阅读提升对文学的兴趣，等到了研究生阶段,再进行文学史的学习。

这种学习方式考虑到了学生的实际学情,并对学生进行了精准分组,依据不同情况进行教学。这种先读作品后讲文学史的现象在国内高校比较常见。

三、对于教学改进的几点设想

针对国际学生和汉语教师在本门课程教学中的问题,笔者认为,国际学生的中国现当代文学本科课程可以从下面几个角度进行改进。

(一)重新校准教学目标

国际学生有国际学生的特点,因此不能一刀切地给国际学生设定与中国学生相同的教学目标,诸如"认识中国现当代文学的发展过程及特点,全面系统地了解'五四'文学革命以来的文学思潮、文学运动、文学批评和文学创作发展的基本概况及中国现当代文学的主要成就和经验教训"一类教学目标对国际学生而言就过于复杂了。对于本科国际学生,还是更应侧重对兴趣的培养,而相对淡化规律、思潮等方面的教学和记诵要求,重点放在对中国现当代作家作品的科学普及及精品导读上,适当给学生减负。

(二)开发优秀的现代化多媒体教材

目前的教材已可以实现二维码扩容,所以学生学习一本通已不是天方夜谭。多媒体教材仍推荐采取导读模式,并建设成为通识性教材,以"作品+旁注"的方式带领学生完成对作品的精读,在注释中对简单文学常识进行基本介绍,而在作品之后附上一定长度的、有定量定性内容的文学史性质简介,并配上相关的拓展资料,如音频课文朗读、音频小说朗、关于文化常识的一分钟小视频等。有必要的话,可以提供部分外译拓展资料。而为了与一般导读体教材区别开,要在书后附有清晰的、主次分明的文学史脉络思维导图,并把整本教材中涉及的作家作品标注在导图上相应的位置,以便以最直观的方式给学生串联起一学期的学习内容。

(三)充分利用多渠道、多种形式的教学资源

学生无法对生硬的结论产生印象深刻的记忆,而鲜活的真实的作家传、作品创作谈,却能让他们过目不忘。所以,一定要充分利用好线上学习资源,尤其是影视作品、纪录片资源,让学生看到立体、生动、鲜活的中国现当代文学。

(四)注重比较文化视野和跨文化交际意识

这一点主要是为解决学生的学习动机不足问题而提出的。不同的文化塑造了人们不同的思维习惯和注意习惯,文化观念能否被异文化人群接受,取决于它是不是异文化人群所熟悉和期待的内容。

部分留学生对中国现当代文学没有兴趣,主要是因为觉得这些内容于他无用。这需要我们在内容上优先选择能够使国际学生产生认同感的、具有实际启发意义和普遍价值的作品,而不一定是传统文学史中所推崇的经典然而时代性和地域性过强的作品。如在以泰国、印尼、缅甸等东南亚学生为主的课堂上,可以优先选择许地山、郁达夫等一些具有南洋旅居经历作家的作品;面向以俄语国家学生为主的班级,可以着重强调中国现当代作家与俄国文学家的交流;面向只对找工作感兴趣的学生,可以优先选择经典文学中与商业战争、企业文化等相关的篇目。我们的文学史内容丰富,代表作众多,相应的具有针对性的作家作品为数不少,都可以作为唤起国际学生注意力的良好媒介。如笔者某年在讲授中国当代话剧期间,因为班里有古巴同学,于是加入了张广天话剧《切·格瓦拉》的相关内容,设计了古巴同学对作品题材和主人公的介绍,使得课堂气氛热烈。

比较文学与国际中文教育关系极其密切。在新文科概念已经不再是新鲜事物的当下,依然有必要强调国际中文教育的新文科建设,尤其

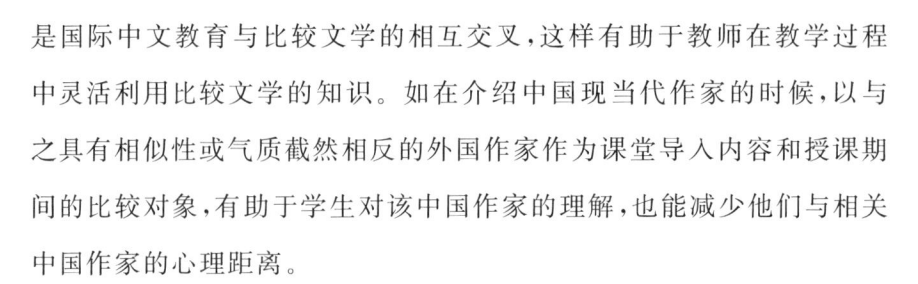

是国际中文教育与比较文学的相互交叉,这样有助于教师在教学过程中灵活利用比较文学的知识。如在介绍中国现当代作家的时候,以与之具有相似性或气质截然相反的外国作家作为课堂导入内容和授课期间的比较对象,有助于学生对该中国作家的理解,也能减少他们与相关中国作家的心理距离。

此外还要注意一些跨文化交际方面的问题。例如笔者在讲沈从文的《萧萧》时,学生很不理解童养媳现象,需要笔者做大量的解释。教师在备课过程中,要特别注意类似问题,需要提前思考学生可能提出的问题,并给学生准备妥当的回答。

(五)适当使用学生母语的教辅资料,但作者必须是中国人

国际中文教育的大原则是尽量避免使用母语,以至于不少教师谈母语色变。但事实上,是否允许学生在学习过程中适当使用母语资料进行辅助,则需要具体问题具体分析,就如零基础的学生在头几节汉语课上一定会用到母语一样。现在已知影响国际学生学习中国现当代文学的一个主要原因是阅读速度不够,那么就有必要给学生需要阅读的文献分类:基本的作家介绍、作品原文、文学史、中国人写作的经典文学史、相关作品产生的历史背景等。而这些内容,没有必要要求学生全部去读中文文献,学生时间有限,全部阅读中文资料势必影响他们其他课程的学习。所以,对于作品、课本上的文学史资料,学生有必要读中文原始版本;对于中国现当代历史类书籍,为节省时间,他们完全可以读他们的母语版本。

要注意这里所说的母语版本,在可能的情况下,不要选用他们本国出版的关于中国文学和历史的资料,而要选用中国人编写并翻译成他们母语的版本。这是为了避免他国专著对中国情况进行不准确描述给学生带来错误印象而提出的要求。既然学生来中国学习汉语,那么教师要把握好讲中国故事、阐释中国故事的主导权,不能再把阐释权交还

给他国。而配合课程使用的文史资料,要选择优秀专家的研究成果。这里要特别推荐"中华学术外译"的国家项目成果,这是历年来中华学术外译成果的精华,具有一定的质量保证。在向学生推荐母语版资料的同时,也要提供中文版本,方便学生进行两个版本的对读。

总体来说,文化教学的难度普遍要高于语言教学,而要想在这门课上实现"课上热闹、课下入脑"的教学效果,必须在充分了解学情的基础上,调动学生的学习积极性,同时尽可能降低学生的理解难度,让他们爱学、能学、学好。

国际中学教育普通证书文言文考试命题趋势与剑桥大学在英国汉学传播中的作用分析

张维志[①]

摘　要：英国的国际中学教育普通证书(International General Certificate of Secondary Education，IGCSE)0509中文为母语的考试自2019年实行新大纲后增加文言文模块的考试。这一改变背后的原因为何，试题反映了哪些考查倾向，对中外研究者研究中国历史与文化有何启示，都可以从本考试所采用的材料及其作者、命题形式及考生反馈中反映出来。基于分析成果，有可能探究以祖语学习者为教学对象的国际汉语教学新型传播形式。

关键词：汉学传播　剑桥大学　IGCSE新大纲　文言文

一、引言

英国的IGCSE0509中文为母语的考试自2019年实行新大纲后，

---

① 作者单位：张维志，北京师范大学国际中文教育学院。

至2024年已进行了8次带有文言文模块的考试。这一现象已具备一定的研究价值。

在研究层面,张维志等提出,英国剑桥考评中心设立文言文模块是在中国文化强势崛起的背景下,回应以中文为祖语的考生对中国文化的渴求及为中国研究筛选更多合格研究者的考虑[1]。

在实践层面,随着国际中文教学的发展,学习者差异化的学习需求越来越受到尊重。从业者们也敏锐地意识到相关问题,向教育部呈报了《关于应对国际中文教育面临的挑战和风险的提案》。该提案受到了教育部的高度关注,教育部官网于2022年发布了《关于政协第十三届全国委员会第四次会议第2624号(教育类091号)提案答复的函》,其中明确提出"积极将华文教育、国际学校等纳入支持框架,构建开放包容和多主体、多模式、多层次的现代国际中文教育体系"[2]。

二、关于IGCSE文言文考试的介绍及分析

(一)IGCSE考试中文言文部分概况

IGCSE是英国剑桥大学国际考评部研发的一项全球标准化考试,面向英国本土以外的十六岁学生。考生参加此项考试的目的是获取受国际承认的文凭——国际中学教育普通证书。目前有100多个国家承认该考试的成绩,且接纳此考试成绩为进入大学预科学习的资格参考。

IGCSE中编号为0509的科目是面向以中文为母语的考生的,该试卷分为卷一阅读和卷二写作两部分。根据剑桥大学考试中心公布的2020—2022年度考试大纲,自2020年6月起,IGCSE0509考试在阅读部分增加了文言文的考试。对文言文的考核布置在卷一,本阶段考试时长为2小时15分,共三道大题阅读、指导式写作和文言文,分值为60分。其中文言文部分每次考试的题目和分值均有微小的调整,题目为6—8道,分值为10—12分。

IGCSE作为在全球举行的标准化考试,为保证其考题不被泄漏,剑桥国际中心将全球划分为6个管理区。剑桥国际的官网上提供了已完成的以中文作为母语的考试考卷编号为0509/11、0509/12和0509/13,中国属于IGCSE全球的第五管理区,考卷编号为0509/13。分析后发现,编号0509/11和0509/12的考卷上文言文文章及考题一致,编号0509/13的考卷上文言文与另两份试卷不同。

(二)对IGCSE0509考试中文言文部分的考察内容和呈现形式

根据剑桥国际发布的相关课程大纲,该考试预设考生已经接受了约130个学时的中国语言文学专门教育,其目的在于让学生"流畅阅读且能很好地理解各种文章,享受和欣赏各种语言","掌握和应用广泛的词汇,以及对语法术语和语言惯例的理解","加深对中国文化和古典著作的理解并提高鉴赏水平","我们鼓励学生成为具有鉴赏能力和批判性思维的读者和中文写作者"[3]。

考试对考生阅读能力的考查会涉及以下方面:对明确信息和态度的识别与解读、对隐含信息和态度的识别与解读、展示对作者如何运用语言和结构来达到效果和影响读者的理解、分析和评估事实、表达看法及观点以及根据特定目的来选择信息。

在考题的呈现上,简体中文和繁体中文会各印制一张试卷,文言文原文一致,但在考题的表述上,简体中文与繁体中文会略有差异。在对考题的说明中,表述为"该短文摘自明代的一篇短篇小说或文章,篇幅约为200字",在实际使用的考卷中,出题人有时会对文章内容进行删减或改写。问题形式为简答题和选择题,仅考查阅读能力,不要求使用文言文写作。其中对考生需要具备的文化背景进行了说明:"考生需按要求侧重于文章的语言及对语言的理解。这意味着考生不需要事先了解文章内容或上下文信息,例如历史或社会知识。"但前述课程大纲提出,阅读部分包括文言文阅读的考评目标包含"识别并解读隐含的信息和态度"。这就在一定程度上对考生的文言文名篇知识储备和社会历史知识提出了要求。

(三)对 2020—2024 年考卷中文言文部分的汇总与分析

笔者考察了 2020—2023 年 8 份考卷中的文言文部分,并从考题结构、词语考察类型、作者三方面进行了分析(参考表 1—3 及图 1)。

表 1 2020—2023 年度 IGCSE 考试文言文考题结构

单位:分

考试时间	试卷编号	篇目	作者	类型	分值	细节	概括	主旨	字词
2020 年	0509/12	游盘山记	袁宏道	游记	11	4	2	1	4
2020 年	0509/13	《〈尚书〉别解》序	归有光	序跋	12	5	2	1	4
2021 年	0509/12	秦士录	宋濂	记人	12	2	4	2	4
2021 年	0509/13	送东阳马生序(节选)	宋濂	说理	12	3	2	2	5
2022 年	0509/12	童心说	李贽	说理	12	2	3	2	5
2022 年	0509/13	西溪渔乐说	罗玘	说理	12	3	2	2	5
2023 年	0509/12	冰雪文序(节选)	张岱	序跋	12	5	1	0	6
2023 年	0509/13	李疑传(节选)	宋濂	记人	12	8	1	1	2

表 2 2020—2023 年度 IGCSE 考试文言文词语考察类型

词	句	词性	篇目	卷号
锐	锐而规	形容词	游盘山记	2020 年 0509/12 卷
迂	迂而僻	形容词	游盘山记	2020 年 0509/12 卷
阔	阔以掌	形容词	游盘山记	2020 年 0509/12 卷
或	或遇其叱咄	时间词(古今异义)	送东阳马生序(节选)	2021 年 0509/13 卷
时	则四时有几冰雪哉	时间词	冰雪文序(节选)	2023 年 0509/12 卷
故	盖乐生于自有其身故也	名词	西溪渔乐说	2022 年 0509/13 卷
亦	亦往往于渔	连词	西溪渔乐说	2022 年 0509/13 卷

续表

词	句	词性	篇目	卷号
尝	余尝谓	副词（古今异义）	《〈尚书〉别解》序	2020年0509/13卷
愈	色愈恭	副词	送东阳马生序（节选）	2021年0509/13卷
卒	卒获有所闻	副词	送东阳马生序（节选）	2021年0509/13卷
遽	胡然而遽失也	副词	童心说	2022年0509/12卷
益	所知所觉日以益广	副词	童心说	2022年0509/12卷
皆	皆自多读书识义理而来也	副词	童心说	2022年0509/12卷
固	童心固自在也	副词	童心说	2022年0509/12卷
独	而独无佣渔	副词	西溪渔乐说	2022年0509/12卷
岂	岂惟佣哉	副词	西溪渔乐说	2022年0509/12卷
被	被发跳脚	动词（通假）	秦士录	2021年0509/12卷
乳	或乳于母	动词（名词作动词）	《〈尚书〉别解》序	2020年0509/13卷
笔	意到即笔	动词（名词作动词）	《〈尚书〉别解》序	2020年0509/13卷
废	故余常读不废	动词（古今异义）	《〈尚书〉别解》序	2020年0509/13卷
叩	摘七经数十义叩之	动词（古今异义）	秦士录	2021年0509/12卷
住	住足不得久	动词	游盘山记	2020年0509/12卷
闻	两生雅闻其酒狂	动词	秦士录	2021年0509/12卷
俟	俟其欣悦	动词	送东阳马生序（节选）	2021年0509/13卷
见	见风日则易腐	动词	冰雪文序（节选）	2023年0509/12卷
假	能假我一榻乎	动词	李疑传（节选）	2023年0509/13卷

续表

词	句	词性	篇目	卷号
躬	躬为煮糜炼药	动词做状语（词类活用）	李疑传（节选）	2023 年 0509/13 卷
焉	又焉则乐乎	代词（疑问）	西溪渔乐说	2022 年 0509/13 卷
之	弼止之曰	代词	秦士录	2021 年 0509/12 卷
之	解之者不能说	代词	冰雪文序（节选）	2023 年 0509/12 卷
是	若吾所谓冰雪则异是	代词	冰雪文序（节选）	2023 年 0509/12 卷

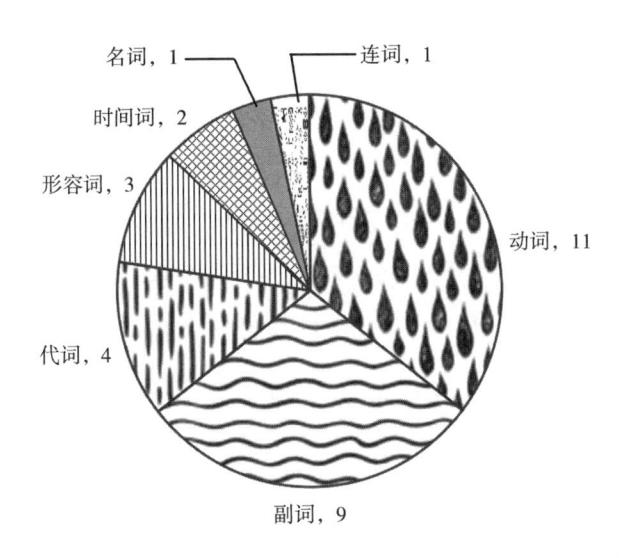

图 1 2020—2023 年度 IGCSE 考试文言文所考察词语的词性统计

名词, 1; 连词, 1; 时间词, 2; 形容词, 3; 代词, 4; 副词, 9; 动词, 11

表 3 2020—2023 年度 IGCSE 考试文言文涉及作者相关信息

考试时间	试卷编号	篇目	作者	时期
2020 年	0509/12	游盘山记	袁宏道	晚明
2020 年	0509/13	《〈尚书〉别解》序	归有光	明中期
2021 年	0509/12	秦士录	宋濂	明初
2021 年	0509/13	送东阳马生序（节选）	宋濂	明初
2022 年	0509/12	童心说	李贽	晚明
2022 年	0509/13	西溪渔乐说	罗玘	明中期

续表

考试时间	试卷编号	篇目	作者	时期
2023年	0509/12	冰雪文序(节选)	张岱	晚明
2023年	0509/13	李疑传(节选)	宋濂	明初

由上表我们可以分析剑桥国际考试中心的命题趋势。

编号为0509/13的试卷选文难度略大于编号为0509/12的,2020年和2021年的选文区别较大,2020年0509/12号试卷为游记,而0509/13号为表现作者观点与好恶的序跋。2021年的两篇文章虽作者相同,但0509/12号试卷的选文为记录人生平的记事文,而0509/13号试卷选的则为作者表现其求学态度的选段。2023年的两卷则与前几年命题趋势相悖,0509/12号卷选文为表现作者观点的序跋类文章,而0509/13号卷选文则是记人类文章,且两篇文章均为较长文章的节选,0509/12号文删掉了张岱将雪与诗文进行类比分析的内容,直接呈现了结论,而0509/13号文则只选了第一个李疑的实例和最后的结论。从文章的完整度来看,0509/13号试卷优于0509/12号试卷,因为0509/12号试卷未呈现类比推理,结论显得突兀,不太便于学生从整体上理解全文和推断作者的写作目的。

在考核内容上,对字词的考核一直较为稳定,除2023年0509/13号卷外,各年度之间无明显差异。0509/13号考卷要求高于0509/12号考卷,在0509/13号考卷中,多次涉及了词类活用及古今异义等情况;而0509/12号考卷基本只考词的本义,古今义的区别也差异不大。对细节的考察从2020年后逐渐降低。对概括能力的要求,0509/12号考卷有波动,但总体在上升,0509/13号试卷历年来较为稳定。对主旨领悟和解读能力的要求,0509/12号考卷略高于0509/13号考卷,但2023年0509/12号卷未涉及主旨,而0509/13号卷考了一道主旨相关题。

可以看出,编号0509/12的考卷的变化趋势是选文内容从具体到抽象,在考核比重上对细节的考核略有减少,对概括能力的考核先增后减,对字词和主旨把握的考核增加后保持稳定。编号 0509/13 的考卷的变化趋势是以说理类文章为主,选文的隐藏内涵较深,对细节的考察逐年减少,对概括能力的考察有所增加,对主旨把握的考察增加后保持平稳,对字词的考核比重一直较大。两套卷子都比较偏爱明中期以后的作家,对擅长小品文的作者选文较多,思想上倾向于选取讴歌个人自由意志的作品。

由此,我们大概可以推测出剑桥国际考试中心在命题考虑上对中国区与其他华文区有所区别——针对其他华文区,所选文章是相对具体的,而面向中国区,所选的文章更抽象一些。总体而言,试卷考核结构相对稳定,效度较好,对学生通过文本寻求隐含信息的能力不做太多要求,只要求进行字面意思的推测。

三、汉学研究在英国的发展

闫纯德认为汉学(Sinology)的历史是中国文化与异质文化交流的历史,是外国学者阅读、认识、理解、研究、诠释中国文明的结晶。欧洲的汉学发端于欧洲的史学,因为二者有着共同的研究对象,在中国问题的考察上有着基本相同的切入点,其研究的重大进步和繁荣都与研究环境和条件的变化息息相关。

影响英国汉学发展的因素可以分为主客观两个方面。在主观方面,汉学家个人的立场观点、专业资质、认识高度、学科素养、汉语水平、对中文典籍的熟悉程度都是重要变量;在客观方面,英国社会发展的思想政治潮流是重要因素,研究的资助者如政府部门或基金会的导向,研究者所处的时代和国家学术权威部门所倡导或认同的价值取向等都对汉学发展影响重大。

英国汉学研究史划分为四个时期:前汉学时期(17—18 世纪)、传教时期(19 世纪初至 19 世纪 70 年代)、后传教时期(19 世纪 70 年代至 20

世纪上半叶)和当代(20世纪下半叶至现在)。1986年发布的《帕克报告》可视为一个英国汉学发展的里程碑式文件——它帮助英国汉学研究争取到了政府拨款和基金会赞助,使得英国的汉学研究摆脱了宗教、商业、政治和军事的目的,实现了从欧洲古典模式向现代模式的转型,此后,英国汉学学会成立,《亚非学院院刊》和《中国季刊》等汉学研究核心刊物创刊,研究重点为中国近现代的人文学科,实证主义、问题史学等研究方法广泛应用,逐渐形成了国际化、专业化和团队化的汉学研究格局。英国汉学研究团队在一定程度上摆脱了原有意识形态的束缚,注意吸纳中国学者的见解和研究成果,在评价历史事件和问题时普遍采取了较为客观的态度。一些汉学家在研究方法上有独立的创新,借助历史学、社会学、政治学、经济学、人类学、心理学、语言学、统计学、版本学和校勘学等综合手段,以新颖的视角解读史料,试图超越传统规范来寻求某种突破,乃至重构原有的学术架构[4]。

四、剑桥大学在英国汉学研究中的重要地位

在英国的汉学研究中,剑桥大学始终占据着重要地位,这一方面表现为剑桥大学培养出了一批有见识的中英文化传播者,另一方面表现为剑桥大学在汉学研究领域取得了辉煌成就。

(一)剑桥大学在汉学研究中的杰出人物

在传教时期(19世纪初至19世纪70年代)最为著名的来华传教士中有所谓"剑桥七杰":章必成(Montage Harry Proctor Beau)、施达德(Charles Thomas Studd)、司米德(Stanley P. Smith)、杜明德(Cecil Henry Polhill-Turner)、杜明理(Arthur T. Polhill-Turner)、何斯德(Dixon Edward Hoste)、盖士利(William Wharton Cassels)。他们大多家境优渥,出身剑桥大学(除杜明理外),为了传教事业放弃了在英国优越的条件来到中国条件较为艰苦的地区,在传教的同时开办新式学堂

和医院,一定程度上促进了当地教育、医疗事业的发展。

在后传教时期,英国汉学最具代表性的人物是威妥玛(Thomas Francis Wade)和他的学生翟理斯(Herbert Allen Giles),他们先后任教于剑桥大学。他们的突出成就是为中国邮政系统与国外通邮设置创立了邮政汉语拼写法(亦称威妥玛拼音法)。威妥玛拼音法是一套使用拉丁语字母模拟汉语发音的拼写系统,是基于北京语音系统编写的,共含12个声母和20个韵母及五个声调(后去掉了入声字),虽然从语音学和翻译学视角看该套系统多有不准确之处,也存在着认读和书写不便的实际缺陷,但仍是西方传教士与学者设计的所有汉语拼读体系中的佼佼者,该套系统在1958年我国《汉语拼音方案》正式公布实施前,广为应用,目前北京大学(Peking University)、清华大学(Tsinghua University)、青岛啤酒(Tsingtao beer)等校名与商标仍在沿用这一拼读系统。

威妥玛与翟理斯都曾在剑桥大学长期执教。翟理斯更是在其著作《中国概况》和《中国文明》中对中国做出了公正的评价,例如他批评西方传教士在中国进行的宗教活动,因为他认为"中国人比欧洲人已经有了更高的道德修养,因此不需要基督教来帮助提高他们的道德水准"。他的著作《中国文学史》是第一部以朝代顺序对中国文学进行描述的英语汉学著作。他还将诸子散文及《前赤壁赋》《红楼梦》中的一些章节等翻译成英文,并以这些文学作品为史料,结合了宏观与微观视角、专史与通史、考据与实证,较为客观地对中国文学史和社会发展进行了理解、阐释、评价与反思。

(二)剑桥大学在汉学研究中的理论创见

剑桥大学的汉学研究在创建之初即以古文教学和古典文献研究为主,经院导师制和微观汉学模式占主导地位。在第二次世界大战后新学术思潮的冲击下,剑桥大学的汉学研究者们一方面坚守传统,另一方

面也因势利导地进行了一些改变，如在中国古典文学的研究方面，注重与社会学和历史学结合，把对中国历史的研究和教学扩展到社会经济史领域。这一阶段最具代表性的作品即孙康宜与宇文所安所编著的《剑桥中国文学史》（The Cambridge History of Chinese Literature）。从本书对明朝文学的评价中，我们大概可以领略到剑桥大学对中国文学史研究的独特视角。这本书是剑桥世界文学史系列之一，但在该套丛书中，其他国别文学史如《剑桥俄国文学史》《剑桥意大利文学史》等均为一卷本，唯有中国文学史破例为两卷本，而下卷所述内容的时代正好与剑桥系列欧洲文学史的时代相仿佛，有互相参考的价值。在编写上，《剑桥中国文学史》采用了文学文化史（History of literary culture）的叙述方式，而且非常关注前代的文学作品是如何被后世过滤并重建的，保证了文学史叙述上的丰厚性与连贯性。

五、《剑桥中国文学史》对明代文学的解读与 IGCSE 文言文命题间关系的探讨

《剑桥中国文学史》将明代文学划分为明代前中期文学（1368—1572）和晚明文学（1573—1644）两大阶段，前中期又分为第一期（1368—1450），第二期（1450—1520）和第三期（1520—1572）。

（一）馆阁体、宋濂和高启

第一期的文学总体上以颂扬新王朝的建立为主，产生了以高级官员"三杨"（杨士奇、杨荣、杨溥）为代表的台阁体诗词。这类诗词创作的主要内容是描写文人的仕途经历，赞颂皇帝的圣德，与欧洲传统意义上的侍臣文学相仿佛，放弃了中国诗歌一以贯之的抒情活力，追求政治正确。这一时期的重要散文家有刘基（其《卖柑者言》为 IGCSE 考试官方样卷篇目）、宋濂（其《秦士录》《送东阳马生序》被选为 IGCSE 2021 年考试篇目），诗人主要有高启。

(二)八股文、个性化写作及城市化带来的文人个性解放

第二期在时间上承接土木堡之变(1449),随着皇帝英宗被俘,朝廷显露出了其虚弱的一面,对文化领域的压迫与控制相对朱元璋和朱棣时期有了明显的放松,文学创作相应地繁荣起来了。这一时期的作家不但有了表达自己思想的机会,甚至敢于批评腐败的官员和操纵皇帝的宦官,如黄佐的《北京赋》就使用了狐狸、老鼠等意象讽刺京城中的腐败官员。这一时期的文学界异常繁荣。文学的权力中心也从朝堂转移到了民间。

经历过土木堡之变和皇位丢失又最终复位的明英宗大力支持发展文化教育事业,设置提学官,扩大了学校规模,使得地方学校的学生增加,这些举措自然提高了民间的识字率。在文学领域,"日记"文体大行其道,明中期的文人将他们的日常经历变成文学作品。这些作品的篇幅一般不长,大概50—300字,符合IGCSE考试的选文长度,而且文字相对浅白,较少涉及深奥的典故,对学生而言阅读障碍较少,可以视为潜在的选题库。

这一时期的文学繁荣还表现在散曲小调等通俗文艺的繁盛。成化和正德皇帝都爱听戏,正德甚至亲自进行词曲编辑,来自皇帝的支持使得正德和嘉靖年间散曲集数量大增。除了散曲小调,八股文也在这一时期得到了一定的发展。剑桥大学的中国史研究专家对八股文的看法与中国学界的主流看法有所区别。《剑桥中国文学史》以八股文圣手王鏊为切口,指出其用典雅的语言和流畅的骈散结合文体充分将八股的形式美与思想的哲理美结合起来。更为难得的是,作为既得利益者的王鏊还在1507年上书正德皇帝,呼吁增加辅助性考试以招募更多类型的有才之人。据此,《剑桥中国文学史》认为,尽管八股文存在诸多局限性,但曾是重要的文化表达形式,也曾具有一定的社会价值。

在这个时期,文坛上的重大事件是以前后七子为代表的复古运动。

特别是前七子中李梦阳"锻炼"的执着正类似欧洲新古典主义对辞藻的把握、对得体性的追求和力求减少瑕疵的自我检查。而李梦阳的挚友就是王阳明。王阳明除了在哲学领域提出创见外也进行诗歌创作,他诗歌中最大的特点就是将哲学沉思与山水结合起来。明代的中国社会处在向城市化转型的过程中,而城市化也必然带来文化的大发展和大进步,其中,以苏州的繁荣最具有代表性。在明代中叶以后,商人在城市的兴起中发挥了重要的作用,也改变了苏州的形象——"坊市排列,桥梁栉比,梵宫莲宇,高门甲第"。这座繁华的城市也孕育了唐寅、文征明、沈周和祝允明等诗画俱佳的艺术家。他们一改前代文人清高的审美取向,坦然将对金钱的态度入诗,有的展示对自食其力的骄傲"闲来写就青山卖,不使人间造业钱"(唐寅《言志》),也有的批评金钱对人思想的腐蚀作用"无端举向人间用,从此人间无好人"(祝允明《戏咏金银》)。在苏州等城市化程度提高后,达官显贵,富商巨贾开始追求文雅,以求当时有文名者撰文绘画来提高自己的身价。这种对金钱磊落的态度使当时苏州的文人谋生手段更多,不必非要从政了,文章也可更遵从本心,而不必要奉命或主动创作那种无意义的官场唱和诗文了。因此,苏州文人团体的形成,成为小品文界推崇的"性灵"说之雏形。

(三)"大礼议"之争引发的贬谪文学及市民文学的兴盛

第三期(1520—1572),明代最大的政治事件"大礼议"爆发。这一时期具有代表性的文学家是杨慎,他是带头在朝堂上反对嘉靖皇帝册封自己父亲的,也是遭到廷杖最重和被贬谪最远的。不仅他本人被称为明代著述最丰之人,他夫人黄峨也有诗集《杨状元妻诗集》传世。这一时期的一个文化现象是学者开始致力于女性形象的重建,塑造了一批有独立意识的才女形象。这一时期最重要的文化成就则是改定长篇小说。经作者考证,《三国演义》《西游记》《水浒传》的定稿都在这一时间段。而且在语言上,小说中的语言形式与现代汉语差别已经不大,在人物形象上，在嘉靖本的《三国演义》中，曹操的形象已被重塑为"奸雄"，摆脱了以前版本的扁平化形象，这不得不说是依据版本学考证出的结果。而在对《西游记》的解读上，《剑桥中国文学史》更是借用了西方心理学的理论工具，综合了宗教学的研究视角，认为这部小说兼综释、道、儒，突出强调心之地位，指出"心猿"之说也出现在王阳明的著作中，认为定本的《西游记》与王阳明之"向己心内求"观念可能有直接的关系。

（四）印刷工业大发展、小品文的繁盛及儒学最后的发展

晚明文学的繁荣与晚明商业化印刷事业的大发展有密切关系。但自北宋时发明活字印刷术到明朝已有几百年的历史，为何商业印刷到这时才迎来了大爆发呢？在同一时间维度，欧洲也出现了印刷术，但是阻碍欧洲印刷大发展的因素是造纸价格昂贵。而此时，中国的造纸技术已经迭代到使用各种纤维制造了，价格低产量高。另外，随着印刷走向标准化，农民在土地被兼并后进入城市成为手工业者。这些因素都使得印刷成本下降、印刷效率提升，为商业印刷的发展准备了条件。此外，八股文的兴起催生印刷商人关注"程墨"的发行，这也是推动印刷商业化的重要原因。同时，因为政府重视教育，识字的人多了，再加上戏曲、话本的兴盛，通俗印刷品大行其道，甚至出现了细分市场：苏州的出版商主要印制精美的传奇话本，纸质精良，插画精美，专供上层社会的女眷消遣阅读；而福建的出版商则主要印制廉价的小册子提供消遣式的阅读。这一时期，有些刻工也在书中留下了自己的名字，树立了品牌和商标意识。

晚明文学最璀璨的成果就是小品文的大兴盛。晚明的非正式写作通常被归为小品文。这类文章的体裁包括了游记、哲学思辨、墓志铭、题画及回忆录等。散文作家在创作时思考的问题则是自己的作品应该如何表达及成为"道"的载体，而在明代以前，最杰出的知识分子是有着

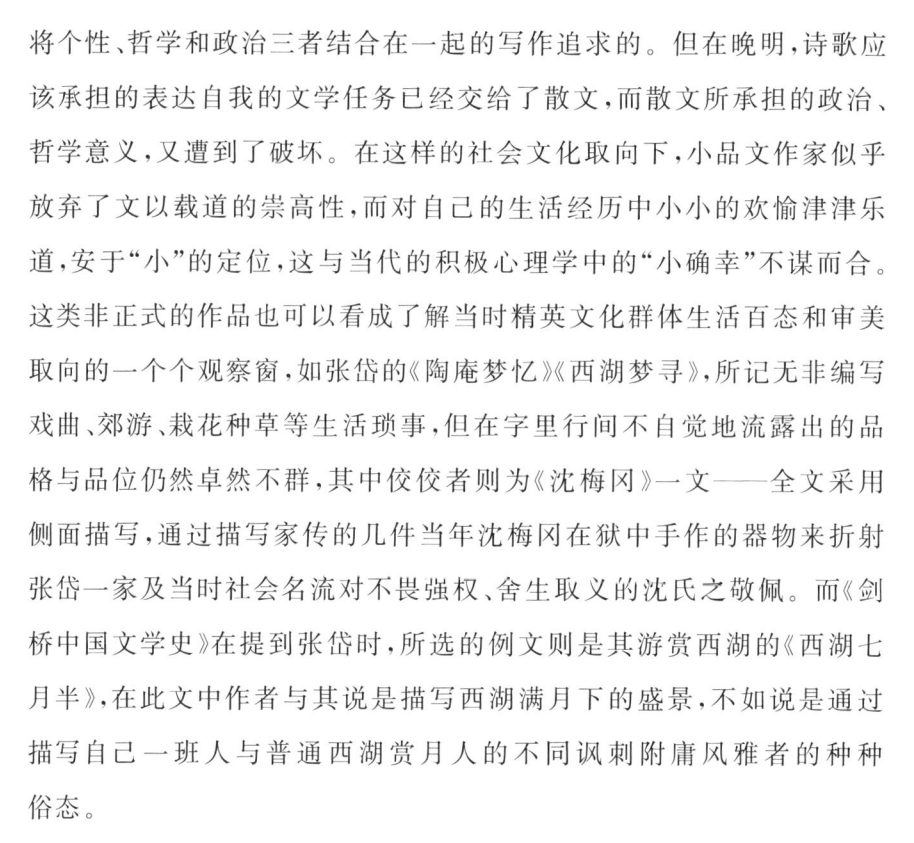

将个性、哲学和政治三者结合在一起的写作追求的。但在晚明，诗歌应该承担的表达自我的文学任务已经交给了散文，而散文所承担的政治、哲学意义，又遭到了破坏。在这样的社会文化取向下，小品文作家似乎放弃了文以载道的崇高性，而对自己的生活经历中小小的欢愉津津乐道，安于"小"的定位，这与当代的积极心理学中的"小确幸"不谋而合。这类非正式的作品也可以看成了解当时精英文化群体生活百态和审美取向的一个个观察窗，如张岱的《陶庵梦忆》《西湖梦寻》，所记无非编写戏曲、郊游、栽花种草等生活琐事，但在字里行间不自觉地流露出的品格与品位仍然卓然不群，其中佼佼者则为《沈梅冈》一文——全文采用侧面描写，通过描写家传的几件当年沈梅冈在狱中手作的器物来折射张岱一家及当时社会名流对不畏强权、舍生取义的沈氏之敬佩。而《剑桥中国文学史》在提到张岱时，所选的例文则是其游赏西湖的《西湖七月半》，在此文中作者与其说是描写西湖满月下的盛景，不如说是通过描写自己一班人与普通西湖赏月人的不同讽刺附庸风雅者的种种俗态。

《剑桥中国文学史》认为，公安三袁特别是袁宏道是提倡个人主义的自由思想家，字里行间对公安派崇尚的"性灵说"赞誉有加。"性灵说"在崇尚个人自由主义的英国学界受到重视和研究是可以想见的，而袁宏道的《游盘山记》也在2020年文言文第一次进入IGCSE考试时被选为0509/12号考卷的篇目。

在晚明文学这一部分，《剑桥中国文学史》的编写者将李贽的生平、创作和思想特点独立出来写，专门摘录了其代表作《童心说》的精华部分，而2022年IGCSE考试0509/12卷所选的文段正是其摘录部分。可见，《剑桥中国文学史》对于剑桥国际考评中心的命题有极大的影响作用。

六、结语

本文从剑桥考试中心在IGCSE考试中文为母语的第一卷阅读中

自2020年增设文言文入手,首先从考试和命题的角度分析了该模块的变化,接着以此为抓手,简略回顾了英国研究汉学的历史,特别关注了剑桥大学在其中起到的作用和对中华文化的反哺:一是提供了汉语拼音化的初步方案,二是通过一部《剑桥中国文学史》为我们反思自己的文学发展提供了更加综合的视角,三是《剑桥中国文学史》中提及的一些作家作品也成为IGCSE考试篇目。

中外文化交流的目的不应是中国文化"外化"的单向输出,也意味着异质文化对中国文化的"内化"吸收。而衡量文化传播的指标更应该考虑异质文化的内化效果。和谐、宽容、理解与尊重是异质文化彼此借鉴的保证。在进行文化传播时,可以借鉴IGCSE考试和《剑桥文学史》对中国历史及文学的态度,关注展现人性的作家和作品,以作品打动人,多一些对人类共通情感的共鸣,少一些生硬的文化展示,在文化交流中尊重彼此的差异性,尽量寻找共同性。

参考文献

[1] 张维志,李晔. 文化交融与教育创新:对国际中学教育普通证书考试文言文模块变化趋势的分析[J]. 文化与传播,2023,12(6):134—140.

[2] 关于政协第十三届全国委员会第四次会议第2624号(教育类091号)提案答复的函[EB/OL].(2021-11-04)[2024-08-27].http://www.moe.gov.cn/jyb_xxgk/xxgk_jyta/yuhe/202111/t20211104_577702.html.

[3] 课程教学大纲 剑桥IGCSE™课程中文第一语言0509[EB/OL](2019-09)[2023-10-28] https://www.cambridgeinternational.org/Images/556826-2020-2022-syllabus-chinese-version-.pdf.

[4] 熊文华. 英国汉学史[M]. 北京:学苑出版社,2007.

浅谈新时代孔子学院品牌形象发展策略
——以意大利孔子学院为例

李丛 钱晓芙[①]

摘 要: 随着综合国力的不断提升,我国在国际舞台上的地位越来越重要,如何讲好中国故事、传递中国声音,成为重要的时代课题。孔子学院作为中国对外传播的窗口,肩负着推广汉语和传播中国文化的重任,已经成为世界各国认识中国、了解中国的一个重要平台。它不仅为海外的汉语学习者提供了大量且优质的汉语学习资源,而且在世界各地传播中国优秀文化。孔子学院是中国递给世界的一张名片,也是中外文化交流的重要桥梁。

本文以意大利的孔子学院为例,通过孔子学院的发展现状及特点,分析孔子学院品牌形象建设面临的问题,结合现实的时代背景,从提升品牌文化形象、加强内涵建设、加大传播力度三方面,探究如何加强孔子学院品牌形象建设,提升世界对其的认同感。

关键词: 孔子学院 品牌形象 问题分析 发展策略

---

① 作者单位:李丛,辽宁师范大学国际教育学院;钱晓芙,辽宁师范大学国际教育学院。

一、意大利孔子学院发展概况

(一)意大利孔子学院发展的时代背景

中国和意大利是世界上的文明古国,拥有着灿烂的文化,两国的文化交流历史十分深远。1732年,传教士马国贤回到意大利后创办了欧洲大陆第一所教授汉学及东方学的学校。2005年7月,意大利的第一所孔子学院成立了,这是由罗马第一大学与北京外国语大学共同创办的,被命名为"罗马大学孔子学院"。近年来,随着中国与意大利全面加强战略伙伴关系,两国的友好往来不断深化。中意两国在教育领域的合作迈上新台阶,意大利学习汉语的学生数量持续上涨。经过近20年的发展,目前意大利共开设12所孔子学院。除此之外,有超过200所的意大利公立中学开设中国语言和文化相关的课程,还有一些中学将汉语纳入毕业考试的科目。

2016年,意大利正式将汉语纳入国民教育体系,汉语学习获得了政策上的支持,也为孔子学院的发展提供了更多的可能性,意大利的孔子学院发展逐渐步入转型升级的新阶段。

(二)意大利汉语学习者特点的变化

经济是推动汉语国际传播的一大重要因素,随着近些年中国与意大利之间经济贸易合作不断深化,意大利相关企业对汉语人才的需求在增加,这引发了新一轮学习汉语的热潮,在这波热潮的影响下,越来越多的意大利人愿意主动去孔子学院学习。根据近几年意大利孔子学院中方院长会议报告的数据,可知意大利孔子学院开设的汉语班次在增加,学生人数也逐年增长,意大利的汉语教学事业取得了不小的成绩[1]。除此之外,近年来意大利汉语学习者的一大特点是低龄化。意大利将汉语纳入其国民教育体系后,孔子课堂的足迹也遍布意大利,使得汉语教学逐渐延伸到中小学,而不是局限于大学,且学习汉语的意大利华裔人数也在增加。学生们在课堂上不仅可以学习汉语,而且可以直观地感受中国文化。孔子学院为热爱汉语、热爱中国文化的中小学生提供了长久支持,设置各类汉语课程,并对他们开放,始终致力于将他们培养成中意两国交流的使者[2]。

(三)意大利孔子学院 2022 年活动概况

孔子学院的作用主要体现在教授外国人汉语、传播优秀的中国文化、加强中外交流对话上。因此,孔子学院积极举办各种文化活动,将中国语言和文化的独特魅力直观地展现出来。每年的 9 月 27 日是全球孔子学院日,世界很多孔子学院会借此机会举办活动,并适当结合当地文化,增进汉语学习者对中国文化的了解和认同。2022 年 9 月 23 日,那不勒斯东方大学孔子学院在那不勒斯大教堂举办了"孔子学院日"活动。为了使意大利民众近距离接触中国的语言和文化,那不勒斯东方大学孔子学院的教师和志愿者准备了精彩的文艺表演,还设置了代表中国文化的特色展台,例如汉服试穿、剪纸、国画等,吸引了当地许多学生和民众参加。2022 年 9 月 24 日,佛罗伦萨大学孔子学院在孔子学院开放日设置了中华文化体验课,例如书法、茶艺、太极等,极具中国特色。2022 年 12 月 17 日,博洛尼亚大学孔子学院举办了苏州古典园林摄影展,通过展览精美的摄影作品,展示中国独树一帜的建筑风格。

"孔子学院日"的各项活动体现了中华文化开放、包容的特点,积极促进了中国语言、文化在意大利的传播,也在意大利汉语教学事业的进程中产生了积极的影响。举办各式各样的文化活动逐渐成为孔子学院展示中国文化内涵的重要途径,成功的文化活动可以让参与者通过亲身体验,获得最直观的感受,在中国文化魅力的熏染下进一步激发学习汉语的热情。

(四)意大利孔子学院教学情况

1.课程设置

由于不同年龄、不同阶段的学习者对于汉语学习的需求不同,在课程方面,要推进本土化进程,与当地文化融合发展,设计具有针对性的课程。意大利的孔子学院设置了多种类的汉语课程,建立起一个较为完善的教学体系,同时,明确学校的目标定位,提升学术研究水平,注重培养汉语人才,促使学生对中国文化的理解变得更加深刻,从而锻炼学生的跨文化交际能力。例如,米兰国立大学孔子学院,分别按照课程性质、课程类型等设置了多样化的课堂,贴近意大利民众的生活方式和思维习惯,尽可能满足不同学习者的汉语学习需求,融入当地社区,服务大众[3]。只有快速适应异国的社会文化环境,增强开放性和包容性,才能让孔子学院深深扎根于世界文化百花园的泥土中,散发旺盛的生命力。

2.语言和文化教材

当下,国际中文教育正处于最有活力的时期,孔子学院对符合所在地语言文化环境的汉语教材的需求在增加。目前,一些传统的教材无法很好地适应海外汉语教学情况,增加了教师顺利达成预期教学目标的难度,海外汉语学习者也难以在书本中学到符合中国人用语习惯的地道表达。教材本土化是国际中文教育发展的必然选择,但教材本土化要注重向外国学习者呈现正确的汉语社会文化模式,以跨文化视角,将中国文化与当地文化进行对比,培养学习者跨文化交际能力,减少交际中可能出现的误解和冲突[4]。中意两国的交流历史源远流长,意大利涌现出许多知识渊博的汉学家,这使意大利的汉语教材本土化获得了颇多成果。除了综合型教材,意大利孔子学院还开发了分科教材,涉及多个领域;此外,还开发了文化介绍类的教材,使得汉语教材的功能日益丰富,同时满足了意大利学习者对中国语言、文化的好奇心和日益多元的学习需求,激发了学习者的学习兴趣。这些本土化教材采用中意两国教育者合作的方式编写,凝结了两国教育工作者丰厚的教学经验,既保证了教材内容的科学性,又增加了本土特色,适应意大利人的语言学习习惯[5]。

二、新时代建设孔子学院品牌形象的意义

(一)树立国家良好形象

国家形象是一个国家综合国力的集中体现,这也是一种文化软实力。孔子学院是我国在海外推广汉语、传播优秀中华文化的重要阵地,是中国递给世界的一张名片,是构建国家形象的重要手段。品牌不仅是一种名称,还是一种可以用于区别于其他物品的标志。在当今各种文化相互激荡的世界舞台上,成功塑造品牌、加强孔子学院品牌化建设就显得极其重要。国际中文教育的核心任务是教授语言,语言是文化的载体,两者相得益彰,因此孔子学院也承担着传播和弘扬中华文化的责任。通过汉语的国际推广来弘扬中华文明,这既能满足海外汉语学习者的学习需求,同时又是中国自身发展的需要。树立良好的国际形象有利于文化的有效传播,增强国家软实力[6]。

(二)传播中华优秀传统文化

孔子是中华优秀传统文化的代表人物,对中国由古至今的教育事业产生了巨大的影响。他的一些思想在当今社会仍然适用,例如"和而不同""有教无类"等。以"孔子"来命名学院,丰富了其内涵,增强了其亲和力。"孔子学院"这一中国品牌成为沟通中华文化与世界文化百花园的桥梁,使得世界认识并了解中华优秀传统文化。

(三)促进中外文明互鉴

孔子学院的建立增进了不同文明间的交流,促进人类文化朝着多元化的方向发展。通过汉语国际推广,中国收获了与不同国家和地区之间的国际友谊。海外孔子学院的注册学员数量自创办以来逐年增加,其所在地居民也愿意主动参加各类文化活动,从而提高了对中国的行为传统、政治理念和价值观念的认同感。由此可见,孔子学院促进了

中外文明互鉴。

三、建设孔子学院品牌形象面临的困难和挑战

孔子学院品牌建设也遇到了一些困难和挑战。首先是缺乏师资，本土汉语教师和中国教师的数量还不能满足全世界的汉语学习需求，而且国际中文教师要具备跨文化交际能力，除了要有扎实的汉语功底，还要熟练掌握一门外语。孔子学院处在发展上升期，对师资队伍也有更高的要求。当下，还存在一些外派教师对当地文化研究不够深入、缺少教学经验的情况，且没有固定的团队。目前，孔子学院师资仍然是以中国的外派教师和志愿者为主，对本土汉语教师的培养还不够。我们应当意识到积极开展国外本土化师资培养培训工作的重要性，要将他们培养成为孔子学院教师队伍的新主力。

其次，孔子学院教育质量有待提升，对文化内涵的挖掘还不够深入，教育方面还需要一些创新。虽然孔子学院逐渐实现了规模的扩张，但与此同时，孔子学院办学质量不高的问题日益突出。孔子学院的主要任务是教好语言，但同时还应该注重文化内涵的普及，在课堂中应该把汉语知识、中华文化和道德教育有机结合，创建灵活多样的教学模式，提升教学深度。教学形式过于单一会影响学习者的积极性，造成教学目标难以达成的后果。教学形式过于单一的一个重要原因是教师对任教国家的了解不够深入，往往刚适应了海外生活就立即投入教学，没有兼顾不同国家的风格来进行授课。

最后，孔子学院建设品牌形象难度大。在世界范围内传播中华文化会受到诸多因素影响，例如文化需求、文化差异等。孔子学院的发展时间较其他同类文化推广机构短一些，在国际市场上没有很强的品牌形象。由于在经济模式、社会结构、意识形态等方面与西方国家存在差别，孔子学院在推广品牌时也会受到一定的阻力。

四、新时期建设孔子学院品牌形象的策略

(一)继续提升孔子学院品牌文化形象

孔子学院已经发展成为国际上汉语教育与推广的重要品牌。孔子学院自建立以来不断发展,目前正趋于成熟和完善,并逐渐步入一个新的发展阶段。孔子学院能取得令人瞩目的成绩离不开制度的不断完善,因此进一步完善基本制度对巩固并提升品牌形象显得尤为重要,例如劳务制度、考核制度、财务制度等。

提升孔子学院品牌形象的另一个途径是更加铿锵有力地讲好中国故事,传播中国声音,提升文化传播力,形成积极的品牌效应。首先,我们要树立坚定的文化自信,在跨文化交际中利用孔子学院这个平台把中国的声音传递出去。中国故事是扎根于中国大地的,在讲好中国故事的过程中要注重深挖中华文化资源中的内涵,选取有代表性的内容,并将这些内容整合创新,选用流行且大众容易理解接受的方式,进而塑造情感品牌。

(二)注重孔子学院内涵建设

强化孔子学院内涵建设首先要强化师资队伍建设。中方的汉语教师和志愿者,以及所在国的本土汉语教师是在海外孔子学院传播中华文化的主力,他们是沟通中外文化的桥梁。可以说外国学习者对中国的了解很大一部分来自教师,因此培养能够顺应国际中文教育发展形势的教师,尤其是本土教师,是丰富孔子学院品牌内涵的途径之一。首先,一名合格的汉语教师最重要的是有丰富的汉语知识储备,包括中国的语言文字、语言学相关理论、教学理论、中国的历史文化等。其次,要培养教师良好的素质,教师需要具备出色的语言表达能力,将知识精准地传达给学生。教师作为课堂的主导者还应具备课堂组织能力,善于发现问题,并能独立解决问题。最后,还要注重教师专业技能的提升。

教学内容也构成了孔子学院品牌的内涵。要推进课程本土化建

设,通过开展丰富多彩的文化活动,将文化元素渗入语言课堂,营造欢乐祥和的氛围,让学生带着轻松的心态感受中华文化的魅力。例如,增设文化体验活动,把中华文化与当地文化融合起来,采用文化对比的方法,减少跨文化交际中可能出现的冲突,加强海外人民对中华文化的认同感,使"汉语热"持续下去。

(三)提高数字化素养,充分发挥社交媒体作用

跨文化交际是要在多彩的文化当中发现并提取每一种文化的独特价值。如今,大数据时代的到来为汉语的国际传播创造了前所未有的良好条件。在此背景下,要提高孔子学院办学者和教师的数字素养,大力推动孔子学院智慧化建设,重视数字资源,利用大数据整合和挖掘不同国家和地区的特征,使汉语教学适应当地环境,从而达到实现智慧管理、精准教学的目标[7]。充分利用社交媒体的强大传播力,借助新媒体技术将详细、真实的素材呈现给观众。深入发掘并发扬中华文化中的独特内涵,使其在国际文化传播中独树一帜,提升孔子学院品牌的知名度和国际影响力。

五、结语

孔子学院逐渐成为在海外代表中国的创新文化品牌。目前,孔子学院在数量和规模上取得了可喜的成绩,但依然存在着一些亟待解决的问题。面对这些问题,我们要强化孔子学院品牌建设和内涵建设。

首先,孔子学院要实现可持续发展离不开品牌建设,强化品牌建设需要明确品牌定位。这不仅需要立足于整体来分析国际的外部大环境,还需要重视部分与整体的关系,分析不同国家和地区的具体环境,制定系统的品牌经营策略。其次,要注重内涵化建设,为世界提供有意义的教学内容和产品,使人们在孔子学院学习的过程中受益。

未来,我们应着眼于将中华文化传播到世界各地,办好每一所孔子

学院,为实现世界多元文化良性互动做出积极的努力,塑造优秀的孔子学院文化品牌,提升我国在世界上的文化品牌核心竞争力,让世界真正了解中国,让中国大步走向世界。

参考文献

[1] 金志刚,史官圣.意大利孔子学院发展现状、问题与策略研究[J].国际汉语教学研究,2019(3):12—18.

[2] 李宇明.海外汉语学习者低龄化的思考[J].世界汉语教学,2018,32(3):291—301.

[3] 李宝贵,金志刚.意大利孔子学院汉语教学的特色、问题与对策——以米兰国立大学孔子学院为例[J].辽宁师范大学学报(社会科学版),2016,39(1):108—115.

[4] 陈鸿瑶,严奉强.本土化汉语教材编写的"文化违和"现象分析及对策研究[J].科技与出版,2017(8):121—124.

[5] 李宝贵,庄瑶瑶.意大利孔子学院/课堂当地化汉语教材建设研究[J].辽宁师范大学学报(社会科学版),2020,43(1):110—118.

[6] 陆俭明.汉语国际教育与中华文化国际传播[J].同济大学学报(社会科学版),2015,26(2):79—84.

[7] 李宝贵,庄瑶瑶.新时代孔子学院建设的守正与创新[J].东北师大学报(哲学社会科学版),2021(3):115—120.

多模态视角下《无穷之路》中传播中国故事的隐喻和转喻机制

邱馨雯[①]

摘　要：隐喻和转喻是人类的基本认知机制，但长期以来隐喻与转喻的研究更加关注语言层面，对于语言作为其中一种交际模式的多模态隐喻和转喻研究关注不足。多模态隐喻和转喻借助多种符号资源建构意义，刺激和调动人的多种感官，在国际交流和传播中国故事方面具有突出作用。本文基于认知视角，以纪录片《无穷之路》为例，识别了片中的多模态隐喻与转喻，解读了纪录片中所涉及的多模态隐喻与转喻的体验基础与文化基础——自然现象映射社会现象、方位空间关系映射人际联系等；再分析其多模态隐喻与元功能框架的互动，探究隐喻与再现意义、互动意义和构图意义的建构；最后指出多模态隐喻和转喻在传播中国故事方面具有突出作用，摆脱了单一语言模态叙事的单调与说教意味，提出在国际交流与教学中应创新传播模式，发掘更全面有趣的方式讲述故事，传递思想，激发情感。

关键词：多模态隐喻　多模态转喻　中国故事传播　国际中文教育

[①]　作者单位：邱馨雯，广东仲元中学。

一、引言

(一)研究缘起

习近平总书记在党的二十大报告中深刻指出:"……加快构建中国话语和中国叙事体系,讲好中国故事、传播好中国声音,展现可信、可爱、可敬的中国形象。"[1]习近平总书记多次强调讲好中国故事,传播好中国声音的重要性与必要性,要用生动形象的方式向世界展示真实、立体、多样的中国。国际交流的方式有很多,会议、新闻与访问等都是行之有效的方式,而要讲好中国故事,创新交流方式,不能只停留于文字宣传或官方外交上,还要运用多样的符号资源,利用多种感官刺激,生动形象地进行国际交流。

(二)研究综述

隐喻和转喻是人类的基本认知机制[2],是人们体验世界和表达思想的重要思维方式。从熟悉、具体的认知域出发,隐喻和转喻使人们理解陌生、抽象认知域中的事体,从而提供一个观察世界与事物的新视角与新方法。人们在获得信息,建构意义和表达思想时,不只是通过语言,往往还需借助图像、声音和动作等多种符号资源,利用视觉、听觉等多种模态,学界将这种两种以上的模态共同参与构建的隐喻定义为"多模态隐喻"[3]。

多模态隐喻自问世后,受到学界重视,相关研究不断拓展深入,学界有关多模态隐喻的研究大体可分为两大类:一类是从系统功能语言学的角度,研究多模态隐喻的理论框架,分析多模态隐喻的分类、元功能框架及发展[4][5];另一类是从认知语言学的角度,结合漫画、宣传片和广告等具体作品,分析多模态环境中隐喻与转喻之间的动态互动关系,及其对意义建构与表达的作用[6][7][8],或是结合多模态隐喻著作的研究成果,探究多模态隐喻的缘起、研究焦点、贡献与前景[9]。

国内学界基于实例,有学者从系统功能语言学的语言系统元功能出发,探究视觉语法中再现意义、互动意义和构图意义的隐喻潜势[4],有学者从隐喻的体验基础出发,进一步强调多模态隐喻在语篇分析中的体验性和文化性[7],以上两种分析方式对多模态隐喻深度和广度的发展具有重大意义,对识解国家宣传纪录片具有重要启示作用,提示后人在分析中重视隐喻与元功能框架的互动,以及发掘多模态隐喻背后的中国传统文化内涵。

《无穷之路》通过图文、颜色、音乐等符号相互配合,相较于单纯的语言符号输出,多模态隐喻和转喻能刺激观者的视听感知,在传播中国故事方面发挥着更大作用,更能绘声绘色地再现中国故事,塑造团结统一、爱好和平、勤劳勇敢与自强不息的中华民族形象。因此为探究多模态隐喻和转喻在讲好中国故事中发挥的积极作用,本文将在前人研究的基础上,基于多模态隐喻理论,结合纪录片《无穷之路》,识别纪录片中所运用的多模态隐喻与转喻,解读其体验基础和文化基础,再对纪录片中的图像隐喻与元功能框架的互动进行具体分析,探究隐喻与再现意义、互动意义和构图意义的建构,最后指出多模态隐喻和转喻在传播中国故事和文化方面具有积极作用,提出在国际交流与教学中应创新传播模式,发掘以多模态隐喻形式进行国际交流的有效方式。

二、多模态隐喻与转喻的识别与解读

隐喻和转喻是人类的思维方式和基本认知机制,不只存在于单纯的语言层面,更存在于语言作为其中一种交际模式的多模态环境中,多模态隐喻和转喻在促进感知理解和引发情感共鸣方面有重要作用。随着认知语言学的深入发展,学界发现,在人们运用隐喻和转喻进行表达时,往往是隐喻中有转喻,转喻中有隐喻,形成动态互动关系。多模态隐喻具有很强的体验性和文化性,意义建构在人类共有的经验基础上,并受到创作者所属文化背景的制约,因此在多模态隐喻与转喻的识解方面,在关注认知体验基础的普遍性的同时,更要重视其背后的中华优秀文化内涵。

图像和语言是多模态语篇中最主要的信息载体与意义来源,是主要的分析对象。图像和语言相互阐释,起到具体化和解释的作用,同时还能使对方的意义得到补充和延伸。本节将结合多模态隐喻和转喻理论,主要识别纪录片中图像和文字两种符号所运用的多模态隐喻与转喻,解读背后的体验基础与文化基础。

(一)《无穷之路》中的多模态隐喻

隐喻在形式上与聚合关系相对应,运用隐喻机制,人们以熟悉、具体的事体替代陌生、抽象的事体,以通俗视角理解晦涩事体。

1.扶贫是一条无穷之路(道路隐喻)

旁白(1):我们这次会穿梭全国六个省份,深入十个贫困县,更会经历几千里路。踏上无穷之路,我们从全国最南部的热带雨林开始走到云贵高原大峡谷,从偏远的少数民族自治州走到大西北戈壁沙漠,最后进入川藏高原。踏遍全中国十个曾经深度贫困地区,到底要经过多少人的努力,付出多少代价,才可以走上脱离贫困的"无穷之路"呢[①]?

旁白(2):其实联合国有一个可持续发展目标,希望可以于2030年前消除全世界一切形式的贫穷,中国更加提早10年,于2020年已经全面脱贫,但这亦不代表这条无穷之路来到终点,如何让我们的人民不再返贫,这便是我们要继续一代一代思考的课题。

旁白(1)是《无穷之路》开篇的旁白,伴随着旁白,海南热带雨林、云贵高原大峡谷和大西北戈壁沙漠等景色相继出现,通过时间的延续和空间的视觉延展展示了纪录片的拍摄路线,隐喻了中国人民在摆脱贫穷道路上奋斗的场景,体现了多模态隐喻的叙事性。由此,地区景色的画面和旁白的声音共同构成了多模态隐喻"脱贫是无穷之路",基于在

---

① 编者注:旁白有删改,下同。

路上行走的体验基础,源域是道路,目标域是脱贫过程。道路是连接各个地点的,道路延伸的同时其所占的空间面积也在扩大,象征着脱贫是时间上没有穷尽的全民活动。走在路上,时间随之流逝,世世代代的行路人需要在脱离贫困、追求幸福之路上接续奋斗,才能最终迈上经济宽裕的"无穷"之路。

旁白(2)是整个纪录片的结束语,配合主持人的口头话语,画面带观者回顾了纪录片的重要镜头,最后一条蜿蜒起伏、一望无际的道路呈现在眼前,隐喻中国的扶贫工作虽颇见成效,但前路还存在着许多挑战,扶贫工作任重道远,在无穷之路上矢志不渝地实现中国梦,深刻表达了中国人勤劳勇敢与自强不息的民族精神。

2.发展中的中国是冉冉升起的太阳(自然隐喻)

旁白(3):精准扶贫开展八年来,中国以差不多每年一千万人口的速度消灭贫困。根据世界银行统计,近年全球每100个脱贫人口中,有70个来自中国。

第二集中,主持人对搬出四川悬崖村的拉博进行总结采访,当事人拉博和主持人感慨在国家扶贫后,当地人的生活更有希望了。紧接着是介绍中国脱贫工作成果的旁白,详见旁白(3)。伴随着旁白的声音,出现了以往贫困人民的新生活画面,最后画面定格在一名小女孩望向冉冉升起的太阳上,女孩望向太阳的图像与旁白声音共同构成了多模态隐喻"发展中的中国是冉冉升起的太阳",源域是太阳,目标域是脱贫人口未来的生活和中国的发展。纪录片基于人们对发展中的新生事物总是充满期待这一体验基础,将太阳升起的希望、生机勃勃映射到中国的发展和人民的生活上,象征着中国脱贫工作已初见成效并将继续发光发热,让中国人民的生活朝气蓬勃,充满希望。

3.深色意味着荒凉,鲜艳意味着光明(颜色隐喻)

颜色是一种自然现象,能进入人类视觉的事物都是有颜色的,人们对客观世界中颜色的感知属于人类体验认知的一部分,认知某一颜色时所引起的生理、心理反应成为该颜色的意义内涵。当我们用某一颜色域的范畴去理解其他认知域时,便形成了颜色隐喻。就汉语的"灰色"来说,灰色透明度差,呈暗色调,使人联想到灰蒙蒙的地和灰黄的老照片,灰色引起的心理意象与其修饰的事物具有极高的相似度,因此给人以一种沉重、压抑、模糊不清的心理联想[10]。多种光感较强的颜色构成鲜艳的画面,给人以光明灿烂、明朗的心理联想。

颜色隐喻贯穿整个纪录片,纪录片中多处用到颜色隐喻,展示以往贫困的画面往往采用黑白或昏黄色调,视觉上灰暗、单一的颜色隐喻黯淡无光的旧生活,而脱离贫困后的生活画面多采用鲜艳色调,鲜艳的颜色隐喻蒸蒸日上、多姿多彩的新生活。色彩的强烈反差结合旁白解说,使观众能直观地了解脱贫前后百姓生活的变化。

4.共现即共存(方位隐喻)

方位隐喻建立在空间关系的基础上,处于不同空间位置的要素根据上下、前后、接触—分离等关系象征对应的身体体验与社会联系。

纪录片中自愿参与扶贫事业的外国人尼克与中国人微笑着出现在同一空间里,他们在一起相谈甚欢,呈现了方位隐喻"共现是共存",这一隐喻来源于人类对自然界的观察认知,即自然界中物竞天择,不同生物能够共处,说明这些生物之间没有竞争或捕食关系,能互相依存,和谐共存。尼克与村民、记者和扶贫书记促膝谈心的温馨画面象征着中外友好合作,世界人民并肩作战,奋力实现共同繁荣的愿景,蕴含了中国人民爱好和平的民族精神与友好热情的民族性格。

(二)《无穷之路》中的多模态转喻

转喻在实现形式上与组合关系相对应。转喻机制将相邻或相关元素组合形成一个认知范畴,认知域中的典型要素占据显要位置,成为范畴的焦点,以象征次要元素或整体。人们认知某一事体时,首先提取的是相应范畴中的典型要素,此时典型要素象征范畴中的其他要素,或象征范畴整体。转喻是一种基于部分—整体关系或原因—结果关系的一种推理机制,正是这一推理机制,使转喻在语篇中发挥着表征功能和语篇功能[11]。表征功能是指具体转喻抽象概念或复杂事件,在一定的时间段和空间范围内,语言和图像可表达的信息总是有限的,通常不能展示事体的全部或完整的事件过程,而转喻能够通过凸显典型要素表征整个事体和事件。语篇功能是指语篇的衔接和连贯,转喻机制中某个符号形式重复出现,以连接各个部分,突出主题。以下转喻形式都发挥了语篇功能,串连起整个纪录片,反复强调脱贫后村庄和人民生活的改善,突出纪录片主题。

《无穷之路》中所使用的转喻可归纳为四个转喻模式。

1.个体代表群体

旁白(4):2013年开始,一个名为"精准扶贫"的全新现代扶贫策略诞生,数以十万计的调查人员从南到北,从大漠走到高原,逐座山、逐家逐户去拍门做人口普查,结果识别了共12.8万个贫穷村,锁定近9900万贫困人口,同时了解他们致贫的原因,对症下药,为每个地方制定具有针对性的脱贫措施,然后派驻数以百万计像帕查有格这类有能力的专责人员驻村。

纪录片第一集在采访了四川悬崖村扶贫干部帕查有格的扶贫经历后,旁白(4)进一步介绍了"精准扶贫"的干部帮扶方式,同时画面播放的是九位扶贫人员走在路上的背影,不同年龄的他们来自不同地方,以个体转喻数百万的扶贫人员群体,他们是不同的个体,代表着共同肩负着"调查实情,精准扶贫"任务的干部群体。

纪录片以第三人称的视角深入报道不同少数民族村庄的情况,包括傈僳族、黎族、苗族、佤族、藏族,他们代表不同民族人群。纪录片同时穿插了对不同身份个体的采访,包括村民、扶贫干部、参与扶贫的创业者和学生,通过他们脸上幸福满足的笑容可判断出扶贫政策使他们受益良多,参与扶贫的商人获得了国家政策和人力支持,拥有了创业机会,同时当地人民也拥有了就业机会,学生获得了受教育机会从而拥有了创造美好生活的可能,以不同身份的个体转喻了各个身份群体,展示了各个身份群体在"精准扶贫"政策下的共赢,真正契合了"发展成果惠及更多群众"的思想,蕴含着中国人民团结统一的民族精神。

2.部分转喻整体

纪录片中的部分—整体转喻较多,以下将对典型现象进行分析。从2013年开始的"精准扶贫",改变了近千个贫困县和上千万人的生存状态,纪录片仅聚焦全国6个省份,集中展示10个贫困村脱贫后的幸福生活画面,采访村里脱贫的代表人物,以部分转喻整体,以小见大,象征在"精准扶贫"政策下贫困人民与村庄的整体改变。

3.结果代表原因

在纪录片中,讲述10个贫困村发展的镜头各有侧重点,聚焦四川悬崖村的"天梯"建设、云南怒江的"溜索改桥"工程、宁夏西海固的生态扶贫等,在展示贫困村如今的美好生活画面时,重点呈现住房、交通、通信和教育等各方面民生质量的提升,这些民生建设成果并不是一朝一夕就可以建设成的,而是自强不息的中国人穷年累月寻求发展的成果,以扶贫结果转喻中国基础设施建设的发展迅速与强大,标志着我国的高质量发展。

4.居住地代表居住者

《无穷之路》拍摄每个贫困村时,都会用镜头对比"精准脱贫"政策出台前后村民的居住环境。人类会受到所处环境的影响,这是颠扑不破的客观规律,居住地情况体现了居住者的生活状态,脏乱差的居住环境暗示了处于贫穷中的村民生存状态极差,干净宜居的现代小区体现了民众的生活幸福指数高,形成转喻——"居住地代表居住者"。每到一个村庄,镜头都会对准当地人的居住环境,记录其住房、交通设施等周边环境,以展示居住者的生活现状,特别呈现居住者在"精准扶贫"政策出台后就近上学、就业机会多、看病方便和房子宽敞整洁的新生活。

(三)多模态隐喻与转喻的互动

随着认知语言学的深入发展,学界发现相对于隐喻,转喻在一定程度上发挥着更加基础的作用,可以说转喻是隐喻的基础,隐喻往往是由转喻诱发的。

1.隐喻中的转喻

如上述的方位隐喻"共现即共存"中,其产生的基础在于"个体代表群体"。首先,尼克代表外国人群体,不同年龄的村民、主持人和扶贫书记代表中国人群体,源域"不同身份的个体"通过转喻机制映射到目标域"不同身份群体"中,再通过隐喻机制,构建"不同身份群体的共现隐喻群体的和谐共存"这一意义,详见图1。

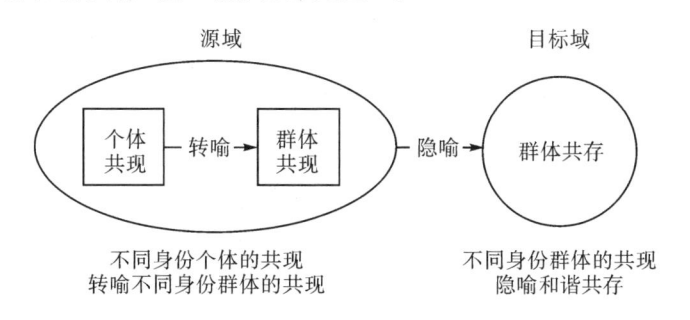

图1 方位隐喻中的"个体代表群体"

另一个典例是在阐释"直过民族"的定义时,配合主持人的介绍:"他们来自一个'直过民族'。什么是'直过民族'呢?就是他们是由原始社会直接过渡到现代文明,所以他们是完全没有时间概念的。"画面出现动态漫画,一个男孩从一座座山直接迈向高楼大厦,结合视觉与听觉感知,此处运用管道隐喻,将一个民族直接从山间运送到现代都市。"管道"的两端是山和高楼,此处使用了转喻"特征代表整体",原始社会的典型特征是连绵起伏的山将村庄围绕,造成世代封闭,因此用"连绵

的山"这一典型特征转喻原始社会;用现代文明社会的典型特征即高楼耸立,转喻现代社会。

2.转喻中的隐喻

中国的脱贫工程富有"授人以鱼不如授人以渔"的哲理。广西乍洞村扶贫干部的"洋助理"尼克在采访中说道:"欧洲解决贫穷的方法是,若你的工资少于最低工资,便去社会福利部领取补助金。中国的脱贫工程,是更加完整的一套计划:带领民众走出贫穷,同时为他们创造一个未来,不光是派钱给他们。所以现在联合国也在观察中国,并评价:'这是一个模式',值得其他想脱贫的国家参考。"

政府本着"要致富,先修路"的观点,做好基础建设,考虑长远,为村民和村庄提供可持续发展的机会。修建钢梯、桥和公路属于交通基础建设,是村庄与城市联通的原因,属于转喻"结果转喻原因"。公路打通了村庄与城市,这些路像是一条条管道,形成村民与外界的联通,此处运用了管道隐喻,详见图2,叙述了政府的扶贫工作,政府为村民修建了一条又一条的道路,使得村民能走出贫穷困境,抓住机遇,改变人生;同时政府开展脱贫帮扶政策,掌握高精尖技术的单位通过这些"管道"向新农村输入就业机会和现代理念,展现出中国的脱贫工作不是扬汤止沸的表面功夫,而是考虑到可持续发展的宏伟工程。

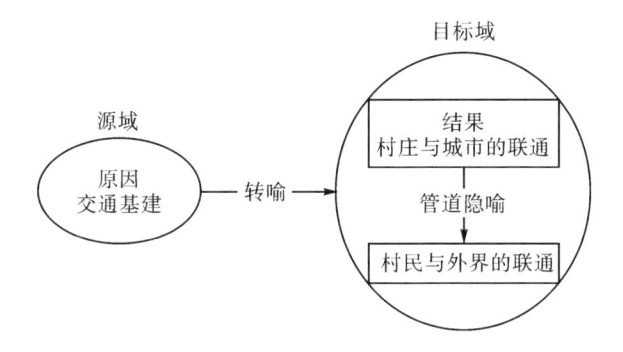

图2 "结果转喻原因"中的管道隐喻

隐喻与转喻是人类的两种认知机制，这两种认知机制存在顺序操作。通过转喻机制，源域映射到目标域中，再通过隐喻机制将转喻目标域作为隐喻源域，从而构建意义，形成隐喻中的转喻，同理形成转喻中的隐喻。在人类表达思想和观点时，隐喻与转喻形成动态互动，完成意义建构。

讲好中国故事有三个维度：讲好中国共产党治国理政的故事、讲好中国人民奋斗圆梦的故事、讲好中国和平发展合作共赢的故事[12]。《无穷之路》里对中国故事的讲述符合这三个维度，该片毫不掩饰"伤疤"，同时也展示了"贫困病"被治愈后的新面貌，自豪展示如今的幸福画面，用视频结合解说、音乐和色彩，使得脱贫前后的对比更加强烈，更能凸显团结统一、爱好和平、勤劳勇敢与自强不息的中华民族精神与民族性格。

三、《无穷之路》中多模态隐喻与元功能框架的构建

视觉语法的元功能框架基于韩礼德（Halliday）的系统功能语言学理论提出，系统功能语言学理论中语言系统的元功能包括概念功能、人际功能和语篇功能，克瑞斯（Kress）和范陆文（Van Leeuwen）相对应地提出视觉语法的元功能框架—再现意义、互动意义、构图意义[13]。

（一）多模态隐喻与再现意义的构建

再现意义分为叙事和概念两大类，其中叙事过程包括动作过程、心理过程和言语过程等，概念过程包括分类过程、分析过程和象征过程[13]。

动作过程包括参与者、过程与环境要素。隐喻可以应用于参与者要素中，用人类熟悉的要素代替抽象陌生的要素，两者之间的相似性特征成为隐喻基础和映射，在"发展中的中国是冉冉升起的太阳"这一隐喻中，太阳象征的希望与朝气映射到国家的发展上（见表1）。

表1 "发展中的中国是冉冉升起的太阳"隐喻中的参与者替代

源域	目标域
太阳	国家发展
朝气蓬勃	繁荣昌盛

隐喻也可能运用于过程要素中,常规动作过程替代非常规动作过程,分别作为源域与目标域,道路隐喻可说明此类隐喻,行路时所遇到的坎坷与顺利映射脱贫攻坚过程中的困难与成就(见表2)。

表2 通过隐喻中的过程替代

源域	目标域
行路	脱贫
坎坷、顺利	困难、成就

(二)多模态隐喻与互动意义的构建

互动意义是指图像制作者、图像呈现对象与观者之间的关系,由距离、接触、视角和情态构成[13],其中距离和视角在图像制作过程中是拍摄位置的主要表达手段。就距离而言,根据人类共有的社会体验可知,人与人之间的情感距离与社交距离成正比,社交距离可分为四种:亲密接触距离、私人距离、礼貌距离和一般距离,从左到右距离逐渐拉大,人与人的关系越来越疏远。就视角而言,空间方位关系包括上下、前后等。从上到下的俯视视角和从下到上的仰望视角是社会权力关系的展现,俯视视角基于强者从高处审视弱者的社会经验,仰视视角来源于弱者仰望强者的经验;前后方位关系的含义来源于人类社会交际经验,即人们在交流中面对面交流的真实诚恳与背对背交流的逃避情绪,从前到后的正面拍摄视角,镜头以及镜头后的观者被赋予对话者身份,直接参与到交际双方的情感中,而从后往前的背对拍摄,表达出逃避与压抑情绪。主要由距离和视角建构的拍摄位置基于人类社会经验,拍摄位置与图像—观者关系之间的映射形成隐喻"图像与观者的关系是拍摄位置",图3直观地呈现了拍摄位置对图像—观者关系的影响。

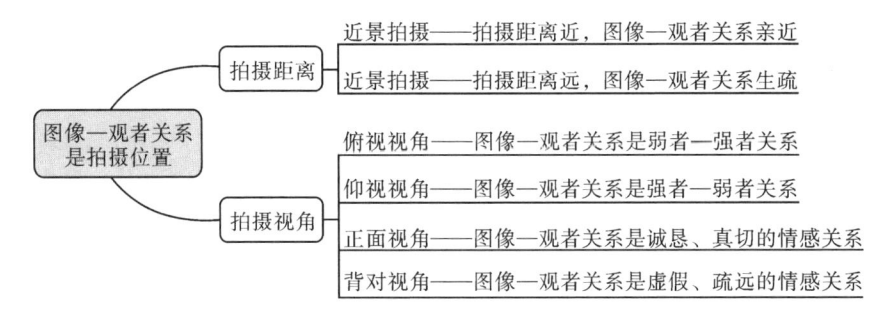

```
图像—观者关系          近景拍摄——拍摄距离近,图像—观者关系亲近
是拍摄位置   ┬ 拍摄距离
              └         近景拍摄——拍摄距离远,图像—观者关系生疏
              ┬          俯视视角——图像—观者关系是弱者—强者关系
              │          仰视视角——图像—观者关系是强者—弱者关系
              └ 拍摄视角 正面视角——图像—观者关系是诚恳、真切的情感关系
                         背对视角——图像—观者关系是虚假、疏远的情感关系
```

图 3 拍摄位置的隐喻意义

基于拍摄位置与图像—观者的隐喻关系,《无穷之路》常用近景拍摄营造一种图像所表征对象与观者之间的亲近感,打造身临其境的感觉,真实记录扶贫的艰辛与成功。纪录片以第三人称展示真实情况,始终用客观的记录者视角记录贫困村与村民的状态,说服力较强。同时,《无穷之路》中还包含大量采访,用正面拍摄视角创造图像与观者之间的象征性接触,观者根据被访者的直接话语可直观感受到他们对国家扶贫政策和干部的支持,以及对脱贫后安居乐业生活状态的满意。正面拍摄视角让观者成为采访对话中的一员,营造促膝长谈的交谈氛围,形成观者与图像的直接交流,建立起同伴关系,使得观者参与共情,理解并赞同对话中的观点。

(三)多模态隐喻与构图意义的构建

构图意义主要由空间位置构建,图像中各种元素在不同的位置,体现了不同的价值。在大多数国家,文字的呈现方式是从左到右的,左边的信息总是比右边的信息更早进入人们的大脑,因此更早被处理成已知信息,基于这一体验基础,形成了"左侧信息为已知信息,右侧信息为未知信息"的信息值[13]。

在第一集片尾,拉博讲述他从悬崖村走到大都市的感受后,出现整体上人像在左、大都市在右的图像,借助拉博的口头陈述与视觉图像等多模态资源,隐喻了脱贫后的人们会走出乡村,走进未知的新世界,探索未知人生。

视觉语法的元功能框架包括再现意义、互动意义、构图意义,以上从认知的角度,探寻多模态隐喻中这些意义资源的构建,尝试用视觉语法的元功能框架为图像隐喻与多模态隐喻的意义建构与分类提供一个新视角。

四、结语

隐喻和转喻是人类基本的思维和认知机制,不仅存在于语言层面,还存在于图像、动作等多模态符号中。多模态隐喻和转喻常出现在漫画、广告与宣传片中,调动观者的多种感官,引发从感知到情感的转移与升华,达到"1+1＞2"的表达效果。在中国故事的传播中,纪录片是一种运用视觉、听觉模态,结合语言、图像、动作和声音等多种符号资源的多模态传播形式。在国际交流与国家宣传方面,相较于文字宣传,纪录片集专业性与趣味性于一体,有更显著的传播效果。

本文识解了《无穷之路》中的多模态隐喻和转喻,分析了两者的动态互动,并从认知视角,探究了多模态隐喻与视觉语法元功能框架的意义构建。分析发现,从认知视角出发,借助基于系统功能语言学的视觉语法元功能框架,可以更系统全面地阐释图像的隐喻潜势,深入发掘多模态隐喻的意义构建;纪录片中的多模态隐喻和转喻主要借助图像和声音资源构建意义,画面图像与旁白的声音形成动态合作,直接感知性较高,鲜活地书写了中国人的脱贫奋斗史诗,邀请全世界一同见证扶贫这个历史大事件。

传播中国故事的纪录片还应探索能代表中华文化的隐喻种类,丰富多模态表现形式,在讲述中国故事时展示中华文化与中国风采。同时,基于多模态隐喻在交际中的积极作用,多模态隐喻可更多地应用于国际中文教育，以促进教学效率与中外语言文化交流。

参考文献

[1]习近平:高举中国特色社会主义伟大旗帜　为全面建设社会主义现代化国家而团结奋斗——在中国共产党第二十次全国代表大会上的报告[EB/OL].（2022-10-25）[2023-10-18］.http://xinhuanet.com/politics/2022-10/25/c_1129079429.htm.

[2]Lakoff G，M Johnson. *Metaphors we Live by*[M]. Chicago：University of Chicago Press，1980：6.

[3]Forceville，Urios-Aparisi. *Multimodal Metaphor*[M]. Berlin&New York：Mouton de Gmyter，2009.

[4]冯德正.多模态隐喻的构建与分类——系统功能视角[J].外语研究，2011(1)：24—29.

[5]徐协.中国元素广告的多模态话语分析[J].广告研究，2013(5)：93—94.

[6]张辉，展伟伟.广告语篇中多模态转喻与隐喻的动态构建[J].外语研究，2011(1)：16—23.

[7]潘艳艳.政治漫画中的多模态隐喻及身份构建[J].外语研究，2011(1)：11—15.

[8]蓝纯，蔡颖.电视广告中多模态隐喻的认知语言学研究——以海飞丝广告为例[J].外语研究，2013(5)：17—23.

[9]赵秀凤.概念隐喻研究的新发展——多模态隐喻研究——兼评Forceville & Urios-Aparisi《多模态隐喻》[J].外语研究，2011(1)：1—10+112.

[10]陈家旭，秦蕾.汉语基本颜色的范畴化及隐喻化认知[J].河南师范大学学报(哲学社会科学版)，2003(2)：75—77.

[11]潘艳艳，张辉.多模态语篇的认知机制研究——以《中国国家形象片·角度篇》为例[J].外语研究，2013(1)：10—19+112.

[12]范卫平.讲好中国故事的三个维度[N].光明日报,2018-12-24(02).

[13]Kress,Van Leeuwen. *Reading Images*:*The Grammar of Visual Design* [M].London:Routledge,1996:47.

交互式任务型教学法在口语课中的具体操作

刘徐骅①

摘　要："教学法"一直在国际中文教育事业中占有十分重要的地位,交互式任务型教学法作为一种新兴的教学法,是对任务型教学法的一种创新。交互式任务型教学法可以充分实现两类教学的有机结合,使双方成为教学合作伙伴,实现教学效率的最大化。在检验一门外语学习的结果时,口语扮演着不可或缺的角色,因此对外汉语口语课一直以来都是一门重要课程,选择一个恰当的教学方法对改进和提高教学质量也就十分重要。本文记录了将交互式任务型教学法应用到口语课程中的教学实践,并对此次实践进行总结与分析,希望为未来国际中文教育事业在教学法方面的探究提供一些经验。

关键词:交互式任务型教学法　　口语课　　国际中文教育

---

① 作者单位:刘徐骅,河南理工大学文法学院。

随着中国经济不断发展,"一带一路"顺利推进,中国的国际地位不断提高,越来越多的外国学生来到中国学习汉语,世界上掀起了一股"汉语热"。

教学法作为影响二语学习的重要因素之一,在某种程度上直接影响学生对知识的接受程度和对语言的掌握情况,学者们一直高度重视对教学法的研究和创新,对第二语言教学法的探索从未停止。交互式任务型教学是由任务型教学法发展而来的一种汉语作为二语教学的教学法,通过一系列的课堂活动,使得外国留学生和汉语国际教育专业的中国学生共同使用汉语合作完成任务。通过完成任务,留学生能够学习到语言知识、操练语言技能,而中国学生能够检验专业知识,操练专业技能,实现"用中学""做中学"[1]。

"交互式任务型教学法"可以充分实现两类教学的有机结合,使双方成为教学合作伙伴,实现教学效率的最大化。在检验一门外语学习的结果时,口语扮演着不可或缺的角色,因此对外汉语口语课一直以来都是一门重要课程,选择一个恰当的教学方法对改进和提高教学质量也就十分重要。本文记录了将交互式任务型教学法应用到口语课程中的教学实践,并对此次实践进行了总结与分析。

一、交互式任务型教学法模式图

"交互式任务型教学法"是由"任务型教学法"发展而来的一种汉语作为二语教学的教学法。用模式图来表示,可将中国学生的任务称为R("任务"的拼音首字母),留学生的任务称为T(Task 的首字母)。R 和 T 的各个环节互有合作及交叉(如图1)。

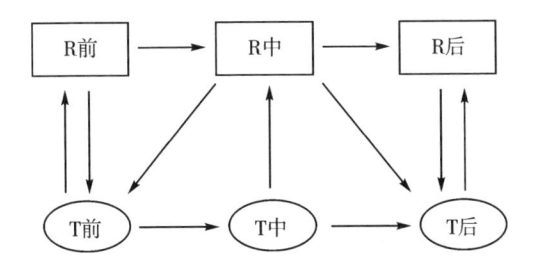

图 1　交互式任务型教学法模式图

二、交互式任务型教学法在口语中的教学实践

这里需要对基本情况进行说明：教学对象为外国留学生一名，对外汉语教育专业学生四名。以一次朋友在外请客吃饭的任务为例，进行交互式任务型教学法教学设计。

(一)T 前

留学生预习本节课学习内容：《发展汉语》中级口语第一课"在家靠父母出门靠朋友"。

(二)R 前

首先要明确要完成一堂口语教学课。

其次是在与留学生任课教师沟通确定好本节课的重难点后设计一个"任务型课堂"。

1.任务分配

组长小刘负责整体的任务协调及后期配合整理材料。组员小李负责音频、视频等材料录制，小闫负责后期将材料整理成文档，小吕负责小组讨论后完成总结工作。

2.活动内容

根据《发展汉语》中级口语第一课"在家靠父母出门靠朋友"设计一次外出吃饭的任务。

3.教学对象

布隆迪奖学金生许思贝（化名）。

4.教学对象分析

许思贝在汉语 D 班,已经通过 HSK 考试,任务实施时来中国一个多月,学习积极性高,听力水平和口语水平仍需加强。

5.活动目的

(1)认知领域

①通过对语言点和重点句的复习,能够更加准确地理解语言点和经典例句意义和用法,并完成任务。

②通过对课文的复习,能够记忆课文内容,并利用本课的语言点和经典例句复述课文。

③学会向人介绍事物、表达感谢及问路。

(2)技术领域

通过所学内容能进行日常交际,完成本次任务。

(3)情感领域

①学生有主动运用本课的语言点和经典例句进行交际的愿望。

②体会在中国与朋友外出吃饭的请客文化。

6.活动重难点活动重点

(1)复习本课语法点

①……要不……

②……或者……

③再说……

④哪能……呢

(2)复习本课经典例句

①在家靠父母,出门靠朋友。

②附近有超市吗?

③真拿你没办法!

④有什么忌口的吗?

⑤服务员,这个菜打包。

7.活动难点

(1)许思贝的语言表达完整性和流畅性;

(2)熟练掌握本课语法点和经典例句,并熟练使用。

8.对话设计

中国学生:小闫、小李、小吕。外国留学生:许思贝。

闫:今天天气好冷,我们出去吃什么呢?

吕:我们去吃火锅吧。

李:嗯,××路有一家火锅店很好吃,我们要不要去呀?

闫:许思贝,××路有一家火锅店很好吃,要不要去? 你能吃辣吗?

许:能吃。

李:你有什么忌口的? 有什么不吃的吗?

许:没有。

吕:要不我们点一个鸳鸯锅吧,就是有清汤锅,也有辣锅。你觉得可以吗?

许:我觉得可以。

李:我想喝冰可乐,但是我的胃最近有点不舒服,可是我还想点一瓶冰可乐。

许:你的胃不舒服哪能喝冰可乐呢?

李:但是我还是很想喝冰可乐。

许:真拿你没办法。

闫:别喝冰可乐了,你可以喝瓶常温的可乐,常温的不凉。许思贝,你喜欢喝冰的吗?

许:不喜欢。

闫:为什么不喜欢?

许:因为冰的东西让我特别不舒服。

闫：那你喜欢可乐吗？

许：喜欢。

周：但是服务员说店里的可乐都卖完了。

许：我可以问他附近有没有超市。

李：有是有，可能有点远。

吕：没关系，我们一起去吧。我记得超市就在这附近，但我找不到了，我们找个人问下路。许思贝，你能找人问一下吗？我可就靠你们这些朋友了。

许：在家靠父母，出门靠朋友。

闫：对，在家靠父母，出门靠朋友。

（吃完饭后）

闫：你们觉得今天的火锅好吃吗？

许：我觉得很好吃。

吕：这两个菜没有吃完咱们要不要打包呀？许思贝，你可以喊一下服务员吗？

许：服务员给我打包吧。

闫：那我来结账吧。

吕：还是我来结账吧。

李：你们别抢，让我来结账吧。

许：为什么我们不自己结自己的账？

闫：因为在中国，人们非常珍惜友情，和朋友一起吃饭后，抢着结账表达了对朋友的喜爱，或者表明对方是十分珍贵的朋友。就像你，从很远的布隆迪来，我们很重视你。

许：谢谢你们，我也很重视你们。

(三) R 中

(1)进行重点难点知识的复习。

(2)准备好录音笔、有录像功能的手机、用于展示具体场景的 PPT。

(3)按照准备好的内容开始执行任务。

(4)任务结束后进行总结。

(四)R 后

(1)将收集到的音频和视频资料整理成文字版的纸质材料。

(2)整理在和许思贝对话中所出现的偏误,并进行偏误分析,寻找克服偏误的方法。

(3)总结本次课堂任务中自身出现的问题及原因,并进行反思,为下次任务开展积累经验。

三、交互式任务型教学法教学实践总结

将本次活动撰写成简单的报告,如下。

在这次教学活动中,第一次采用交互法对外国留学生进行教学,尽管在课前做了很多准备,但是实际状况和预想的很不一样,中国学生过多地依赖英文,遇到留学生不理解的情况就用英文去解释。前半节课虽然教授的形式很丰富,但是中国学生还是很机械地重复动作,并没有去观察留学生的反应,虽然后半节课大家进入了状态,但是留学生明显没有前半节课积极,进入了倦怠期。教学过程中留学生也会提出一些之前中国学生没有准备过的问题,这时就需要其他小组成员用英文去解释。虽然总体情况还很顺利,但是也反映出了很多不足,中国学生需要在以后的学习里更多充实自己,弥补自身的不足。

(一)任务中出现的问题

任务中出现的问题大概可以归为以下几个。首先是任务型课堂容易不明确,很容易出现中国学生单一地对外国留学生进行讲授的情况。其次是普通话发音问题,留学生的平时发音习惯干扰了其正常学习(调值过高,整体的说话语气偏高扬)。再次是媒介语使用过多(课堂上过多

借助英文),整体的教学风格也偏向"幼儿园式教学",即在说话时逐个发音,这种形式并不有利于留学生学习。最后是教学过程中对教学重点把握不准确,即中国学生以为的重点、需要强调的内容留学生可能掌握得很好;中国学生以为留学生可以接受的内容,留学生并没有很容易接受。

(二)任务中的可取之处

这次教学实践做得比较好的地方在于每部分都有对应的练习,除了提问、角色扮演外,在练习词语部分使用了让学生自己去认读的方式,中国学生说出词语,让留学生自己去指出来。而且这部分的练习在这次课的过程中是一个由易到难、循序渐进的过程。在整个任务过程中,留学生处在人数上的"优势",受到多名中国学生的"照顾",重点词句的练习和使用频率高于一般的口语课堂,被纠正的次数增多,口语练习效果更为明显,说得更加自然。在以目的语为母语的中国学生辅助下,留学生更了解中国本土的"谦虚文化""点单文化""请客文化"等文化常识,这让他们在日常生活中会更好地运用本课所学,在社交中得心应手。

不仅如此,在整个过程中中国学生也得到了提升。在任务前,中国学生由于没有接触过留学生的实际教学工作,只能凭借书本知识设计教案,很多地方只能靠想象与假设。真正地参与到教学实践之中后,中国学生能认识到很多问题,这对他们来说也是一次不小的提升。

总之,这种形式的交互式课堂教学总体上还是利大于弊的。学生人数少,便于管理;在课堂上遇到突发问题或情况时可以集众人智慧,使问题及时得到解决。

参考文献

[1]窦焕新."交互式任务型教学法"初探[J].大理学院学报,2012,11(7):89—91.